400년
주식시장
절대지식

KB186756

400년 주식시장 절대지식

이대규 지음

GREAT IDEAS ON THE MARKET
THERE IS NO FREE LUNCH.
AS INVESTORS EXPLOIT
ARBITRAGE OPPORTUNITIES,
THE VALUE OF THE OVER-
PRICED SHARES WILL FALL
AND THAT OF THE UNDER-
PRICED SHARES WILL RISE.

BULL MARKETS ARE BORN ON PESSIMISM, GROW ON SKEPTICISM,
MATURE ON OPTIMISM, AND DIE ON EUPHORIA. THE TIME OF
MAXIMUM PESSIMISM IS THE BEST TIME TO BUY, AND THE
TIME OF MAXIMUM OPTIMISM IS THE BEST TIME TO SELL.
GELD + PSYCHOLOGIE = TENDENZ

주식시장을 이끌어온 생각들

나쁜 습관
들기 전에
제대로
개념 탑재

THE MARKET HAS NO MEMORY. IN AN
EFFICIENT MARKET, ON THE AVERAGE,
COMPETITION WILL CAUSE THE FULL
EFFECTS OF NEW INFORMATION ON
INTRINSIC VALUES TO BE REFLECTED
"INSTANTANEOUSLY" IN ACTUAL PRICES.

nomad
지식노마드

주식시장은 이율배반의 게임이 펼쳐지는 곳이다. 상반된 것으로 보이는 이론, 주장, 개념, 기법 등이 뒤섞여 공존한다. 한편에서는 분산투자를 주창하고, 다른 한편에서는 집중투자를 역설한다. 어떤 이는 기업의 내재가치를 분석하고, 다른 이는 주가의 패턴을 모색한다. 게다가 주가가 초 단위로 변한다는 사실은 이 게임에 치열함을 더한다. 이 때문에 장기투자를 해야 할지, 아니면 단기거래를 해야 할지 판단이 망설여지기도 한다.

이것으로 끝이 아니다. 주가 수준의 적정성을 평가하기 위한 주식 가치의 절대평가와 상대평가, 주식시장 진입과 탈출의 적절한 시점 선택, 투자종목을 발굴하고 선택하기 위한 상향식 접근과 하향식 접근도 고민거리가 된다. 게다가 자신의 스타일을 무시하고 유명한 투자 대가의 어깨에 올라탈 것인가, 아니면 홀로서기를 할 것인가, 투자자를 압박하는 쟁점은 계속된다. 투자자는 이러한 이율배반의 상황 속에서 이를 해결할 자신의 투자 원칙을 모색하게 된다.

우리는 투자 게임에 임하는 각자의 원칙을 수립하기에 앞서 주식시장이 어떤 모습인지 이해해야 한다. 주식시장에서는 다수가 경쟁적으로 참가하는 거래를 통해 가격이 결정된다. 주식시장은 시시각각 변하는 투자 수요와 공급에 의해 결정되는 가격 덕분에 다른 자산시장에서는 불가능한 매우 큰 유동성, 즉 환금성을 제공한다. 투자자는 기업에 대한 평가를 거래가격에 반영하며 이를 통해 기업을 감시하는 역할을 하기도 한다. 나아가 주식시장의 가격은 자원이 효율적으로 배분되도록 유도함으로써 경제성장에 이바지한다. 따라서 주식시장은 사람들이 주식투자를 통해 기업의 경제적 과실을 공유할 수 있는 주요 통로가 된다.

하지만 주식시장이 이렇게 선한 얼굴만 가지고 있는 것은 아니다. 주식시장의 다른 쪽 얼굴은 사기와 부정, 투기와 도박, 버블과 붕괴 등으로 화려하게 채색되어 있다. 주식시장이 탄생한 이후 거래 사기, 주가조작, 투기 광풍 및 버블의 변주곡은 끊이지 않았다. 어쩌면 주식시장은 야누스의 모습으로 그려질 수도 있을 것이다. 이것은 주식시장이 탄생했던 때부터 함께했던 특성인 듯하다.

주식시장의 특성에 대해 제대로 알지 못하고 투자에 대한 자신만의 원칙이 없다면 현란한 유인책을 쓰는 사람들의 꼬임에 쉽게 넘어갈 것이다. 주식 사기와 관련하여 자주 언급되는 이야기가 있다. 일반인 1,000명을 대상으로 500명에게는 주가 상승을, 다른 500명에게는 주가 하락을 예측하는 메시지를 보낸다. 이후 실제 주가가 상승하면 상승 예측 메시지를 보낸 500명 중 250명에게 주가 상승을,

다른 250명에게는 주가 하락을 예측하는 두 번째 메시지를 보낸다. 이번에는 실제 주가가 하락했다면 하락 예측 메시지를 받고 연속해서 주가 예측이 맞았다고 생각하는 250명을 대상으로 125명에게는 주가 상승을, 다른 125명에게는 주가 하락을 예측하는 세 번째 메시지를 보낸다. 이런 식으로 주가 예측 메시지를 보내서 연속 다섯 번을 맞추는 것을 확인하는 사람은 약 30명이 된다. 이 정도면 자기 돈을 맡기고 싶지 않을까? 물론 메시지를 보내는 자는 사기꾼이다.

또 다른 주식 사기 이야기는 유료로 주식을 추천하면서 멤버십을 여러 층으로 구분하고 이를 악용하는 경우이다. 예를 들어 인터넷의 한 투자업체에서 테마주나 급등 종목을 추천하면서 고액의 회비를 내는 VVIP 회원에게 먼저 매수를 추천하고, 시간이 좀 지나면 다음 금액의 회비를 내는 VIP 회원에게 해당 종목을 추천하고, 다시 시간이 좀 지나서 그다음 금액의 연간 유료 회원에게 해당 종목을 추천하고, 다시 시간이 좀 지나면 월간 유료 회원에게 추천하고, 마지막으로 무료 회원에게 서비스 차원에서 해당 종목을 추천하는 것이다. 주가가 오르는 동안 VVIP, VIP, 연회원, 월회원 등은 자신의 회비에 걸맞은 차익을 얻는다. 물론 단계마다 투자업체가 자체적으로 주가를 끌어올리는 주문행위를 통해 회원들의 참여를 유도하고, 적당한 시점에 고액의 회원에게는 매도를 권할 것이다.

이와 같은 주식시장의 특성을 고려할 때 투자자는 스스로 공부하고 자신의 투자 원칙을 세우려는 자세가 필요하다. 물론 그 방법은 여러 가지다. 시장에서 직접 경험을 통하는 방법이 아니라면 대개는 투자 서적을 통한 공부일 것이다. 시중에는 주식투자에 관한 많은 책이 나와 있다. 어떤 책은 주식시장의 역사나 증권분석에 관한 전문적 내용을 다루고 있거나 가치투자나 기술적 분석 분야에서 일가를 이룬 투자 대가의 투자 방법을 설명하고 있다. 또 어떤 책은 전문 투자자의 경험을 바탕으로 특정 시기와 상황에서 활용할 수 있는 투자 기법이나 구체적인 거래 방법을 다루고 있다. 하지만 가치와 패턴, 장기투자와 단기거래, 시점 선택과 종목 선택, 분산투자와 집중투자와 같이 일반 투자자가 직면하는 이율배반의 상황에 대해 저자 자신의 경험이나 성향에 따라 한쪽에 치우친 입장을 강조하는 경우가 흔하다. 더구나 일반 투자자는 투자 경험이나 기법 혹은 경제적 이해관계나 여건 등 여러 가지 면에서 증권업 종사나 전업 투자자와 매우 다르다. 따라서 자신의 발에 맞지 않는 신발을 신고 투자 여행을 떠나는 것은 어리석은 일이다.

이 책은 지금까지 주식시장을 탄생시키고, 선물에서 ETF에 이르기까지 다양한 투자상품을 발전시켜온 생각들을 다룬다. 아울러 투자자의 합리성과 시장의 효율성에 대한 상반된 견해가 시장을 어떻게 진화시켜왔는지 알아보고, 증권분석의 양대 산맥을 이루고 있는 가치분석과 패턴분석의 요점에 대해 살펴본다. 끝으로 이러한 내용을 기초로 자산배분, 종목 발굴 및 밸류에이션, 위험관리 등 일반 투자자가 자신의 투자 방식을 점검하는 데 필요한 몇몇 주제에 대해서도 알아본다. 하지만 특정한 투자 방식을 강조하거나 투자 비법을 제시하지는 않는다. 대신 일반 투자자가 투자를 하면서 고민하는 이슈를 자신에게 맞는 방식으로 수용할 수 있도록 개방된 시각을 유지하고자 했다.

이 책의 내용은 세계적인 석학들의 논문이나 투자 전문가들의 책으로부터 많은 도움을 받았다. 다루는 주제와 관련되어 증권시장의 역사에서 중요한 이정표가 되는 내용이나 널리 알려진 유명한 '원문'은 번역해 인용함으로써 조금이나마 원전의 맛을 느낄 수 있도록 했다. 이 책을 읽고 나면 대부분의 다른 증권 서적의 내용을 좀 더 편안하게 이해할 수 있을 뿐만 아니라 특정 이론이나 주장에 대해 객관적이고 분석적인 시각을 가질 수 있을 것으로 생각한다. 무엇보다 실수가 적은 플레이어가 승리하는 '패자의 게임loser's game'을 하는 독자 대부분이 패자의 게임에서 실수를 줄일 수 있도록 자신의 역량과 기질에 부합하는 투자 원칙 혹은 투자 철학을 정립하는 데 도움이 되기를 기대한다.

• CONTENTS •

제3부 가치와 패턴

제4부 투자의 기초

제1부

증권시장의
탄생과 진화

01
자유로운 지분양도와
시장의 탄생

즐거운 상상을 해보자. 여러분이 먼 친척으로부터 뜻하지 않은 유산을 받게 되었다. 유산은 11억 원에 상당하는 비상장주식과 10억 원의 상장주식 중에서 선택할 수 있다. 여러분은 어느 것을 선택하겠는가? 나라면 1억 원의 차이에도 불구하고 상장주식을 선택하겠다. 상장주식의 환금성이 제공하는 매력이 그 차이를 메우고도 남기 때문이다.

⦂ VOC와 암스테르담 주식시장의 형성

주식시장은 투자자들이 기업에 투자한 지분을 자유롭게 사고

파는 데서 시작되었다. 오늘날과 같은 주식시장이 탄생하는 역사적 계기가 된 것은 네덜란드 통합 동인도회사Vereenigde Oostindische Compagnie, VOC였다. 존속하는 동안(1602~1799년) 세계 최대의 회사였던 VOC는 무역 이외에 정부를 대신해 외교 및 군사 업무를 처리하는 것은 물론 회사 로고를 새긴 화폐까지 주조했다. 이런 점에서 VOC는 순수한 상업조직이라기보다는 군상 복합체에 가까운 '회사 국가'였다. 따라서 VOC의 자본금 규모나 사업 위험은 이전과는 차원이 달랐다. 이 때문에 설립자들의 지인이나 친인척을 넘어 불특정 다수를 상대로 자금을 모아야만 했다.

그때까지 무역회사는 설립자들이 자금을 모으고 해외로 무역선을 보내 필요한 거래를 하고 돌아오면 그 결과물을 배분하고 청산하는 방식의 일회성 모험기업이었다. 따라서 일회성 모험기업의 존속기간은 길어야 통상 수년 내의 단기간이었다. 그런데 VOC는 장기간 아시아 무역에 대한 독점권을 가지는 대신 이전 회사들과 달리 투자자들이 설립 후 10년간 청산을 통해 투자한 자본을 회수할 수 없다는 제약이 있었다. 이로 인해 투자자 모집에 어려움이 있을 것으로 판단한 설립자들은 이 문제를 해결할 방안을 모색했다. 그결과 VOC는 1602년 8월 투자자를 모집하면서 투자지분의 자유로운 양도를 허용하기로 했다. 투자지분의 이전이나 양도를 '명시적으로' 허용해 예비 투자자의 우려를 불식시킨 것이다.

"[지분은] 이 사무소의 회계 담당자를 통해 이전하거나 양도할 수 있다."[1]

VOC는 암스테르담, 미델뷔르흐, 엥크하위전, 호른, 델프트, 로테르담 등 여섯 개 지사에서 투자자를 모집했기 때문에 투자자는 자신이 응모한 지사의 사무소를 통해 양도할 수 있었다. VOC 이전에도 지분을 양도할 수 있었지만, VOC가 다른 점은 그 절차를 투명하고 명료하게 규정했다는 것이다. 그리고 이러한 VOC 지분거래는 암스테르담 주식시장의 탄생으로 이어졌다. 마침내 자본주의의 동맥이 형성되기 시작한 것이다. 더구나 지분의 자유로운 양도는 결과적으로 기업의 목적을 달성한 후 곧바로 청산하고 새롭게 또 다른 기업을 설립해야 하는 번거로움을 제거했다. 일회성 모험기업venture이 아닌 계속기업going concern으로 진화하는 과정에서 투자지분의 자유로운 양도는 자본주의의 자양분이 된 것이다.

공개적인 주식 유통시장이 조성되었다는 것은 매우 중대한 의미가 있다. 투자자산이 이전과 비교할 수 없는 정도로 높은 수준의 환금성을 갖게 됨에 따라 많은 사람이 기꺼이 투자하려는 환경이 조성되었다. 이것이 장차 거대자본의 조달과 상시적인 투자자금 회수가 가능한 자본시장으로 발전하는 출발점이었다. 결과적으로 투자지분의 자유로운 양도는 자본주의 사회가 발전하는 데 결정적 역할을 했다.

17세기 네덜란드 암스테르담의 주식시장은 태동기의 시장이라고 얕보기에는 매우 다양하고 정교한 거래행위가 이루어졌다. 선도계약이나 옵션계약과 같은 파생상품은 물론이고 차감결제나 공매도와 비슷한 기법도 활용되었다. 수천 년 전 '축의 시대'가 인류 지성의 대부분을 발아시킨 것처럼 17세기 암스테르담 시장은 증권시장의 축의 시대를 이끌었다고 할 수 있다.

그런데 VOC 주식 유통시장은 네덜란드 경제에 어떤 영향을 미쳤을까? 당시 증권시장에 비판적인 입장에서는 주식을 매매하는 것은 단순한 게임이며, 무역과 달리 네덜란드 경제에 직접적인 도움이 되지 않는다고 주장했다. 하지만 네덜란드 경제는 다른 나라에 앞서 발전된 주식시장의 혜택을 받았다. 유동성이 풍부한 주식시장은 여러 금융행위를 원활하게 하는 기반이 되었고, 이를 통해 네덜란드는 다른 나라보다 금리를 낮은 수준으로 유지할 수 있었다. 더구나 VOC가 일종의 '회사 국가'였다는 점을 생각하면 주식시장이 자본의 영구화에 이바지함으로써 17세기 네덜란드라는 글로벌 헤게모니 국가를 지탱하는 하나의 축이 되었다고 할 것이다.

⦂ 명예혁명과 금융

17세기 이후 여러 나라가 암스테르담 시장의 경험으로부터 많은 도움을 받았다. 그 혜택을 누린 첫 번째 후발국은 18세기의 영국이었다. 런던 증권시장은 암스테르담 시장을 빠르게 추월했고, 결국 영국은 금융 강대국으로 부상했다. 그 결정적 계기는 네덜란드 총독 오라녜공 빌럼Prins van Oranje Willem의 잉글랜드 침공으로 시작된 영국의 명예혁명(1688년)이었다.

명예혁명은 영국 의회를 대표하는 7인Immortal Seven(불멸의 7인)의 이름으로 보낸 침공 요청 서신에 대한 대답으로 네덜란드의 빌럼이

잉글랜드를 침공하여 제임스 2세James II를 몰아내고 절대왕정을 끝낸 역사적 사건이다. 영국은 명예혁명 이후 네덜란드 금융 시스템을 이식하면서 산업국가로 발돋움하여 세계 패권을 거머쥐는 발판을 마련한다. 흔히 영국의 명예혁명은 제임스 2세의 전제정치, 가톨릭 국교화 우려 및 가톨릭 국가인 프랑스와의 동맹에 대한 불안 등 정치적·종교적 저항 때문에 일어난 사건으로 알려져 있다. 하지만 이에 못지않게 경제적 동기가 명예혁명의 핵심 요인의 하나로 작용했던 것으로 보인다. 영국의 의회 귀족들은 왜 네덜란드의 빌럼을 필요로 했을까?

증권시장의 탄생과 은행 설립(1609년) 등에 힘입어 17세기 동안 네덜란드는 유럽의 경제 및 금융 선진국이었다. 반면 영국은 모직물 중심의 농업 국가였다. 당시 영국은 전쟁물자 조달을 위한 대규모 무역적자와 경화 부족에 시달렸다. 이러한 상황에서 부상하고 있던 신흥 런던 상인New London Merchants 집단은 제임스 2세의 경제정책에 큰 불만을 품고 있었다. 이들은 네덜란드의 상업적 성공을 부러워했고, 영국에서도 네덜란드식 경제 및 금융 정책이 이루어지기를 원했다. 네덜란드의 강점은 무엇보다 무역에서 두드러졌는데, 그 배경은 VOC였다. 그리고 바로 이 VOC가 자유로운 투자지분의 양도를 통해 증권시장을 탄생시킨 주역이었다. 불멸의 7인이 빌럼에게 침공 요청 서신을 보낸 배경에는 네덜란드의 금융환경을 부러워한 신흥 런던 상인들의 바람이 있었다고 할 것이다.

: 월스트리트와 뉴욕증권거래소의 태동

증권을 거래하는 시장이 형성되면서 다른 사람의 거래를 중개해주고 수수료를 받는 증권업자인 브로커broker도 생겨났다. 하지만 당시 증권시장은 시장참가자에 대한 제한이나 구속력 있는 거래 규칙이 존재하지 않았다. 한마디로 관습에 의해 돌아가는 조직화되지 않은 공개된 장터였다. 증권시장이 오늘날과 같은 거래소 시장의 모습을 갖추기까지는 오랜 시간이 걸렸는데, 그 본격적인 출발점은 미국 뉴욕에서 맺어진 '버튼우드 협약Buttonwood Agreement'이었다.

1792년 5월 17일 24명의 브로커가 월스트리트Wall Street의 버튼우드 나무 아래에 모여 단순한 한 문장의 합의서에 서명했다. 이들이 합의한 내용은 증권거래에서 서로에게 거래 우선권을 부여하고, 중개수수료 최저 요율을 정한다는 것이었다. 이 버튼우드 협약의 상호 간 거래 우선권은 협약에 서명한 회원들의 사업을 보호하는 수단이면서 최저 수수료 약속을 어기는 사람을 축출할 수 있는 제재 근거이기도 했다. 이 협약이 뉴욕증권거래소New York Stock Exchange, NYSE의 기원으로 알려져 있다.

> "공개주식의 매매 브로커인 우리 회원들은 이날부로 누구를 위해서든 모든 종류의 공개주식에 대해 정화specie 가치의 0.25% 미만의 수수료로는 매매하지 않을 것과 서로에게 거래 우선권을 줄 것을 엄숙히 맹세한다. 그 증거로 우리는 뉴욕에서 1792년 5월 17일 이에 서명한다."[2]

버튼우드 협약이 이루어질 당시까지 증권거래는 모두 경매auction 방식에 의해 공개된 장소에서 이루어졌다. 경매인이 수수료를 받고 증권 매도인이 맡긴 증권을 투자자나 본인의 이름으로 참석한 브로커를 대상으로 경매를 진행하는 방식이었다. 그런데 1792년 3월 투기꾼 일당의 결제 불이행 사건으로 일반 투자자의 투매가 이어지면서 금융공황이 발생했다. 결국 뉴욕주 의회는 재발 방지를 위해 증권의 공개경매를 금지했다. 당시 증권거래가 증가하기 시작하면서 브로커를 새로운 직업으로 삼는 사람들이 늘어나고 있었는데, 이들은 스스로 자신의 살길을 찾아야만 하는 상황에 놓이게 된 것이다. 이런 상황에서 24명의 브로커가 법을 우회하여 회비를 납부하는 회원 간에 증권경매를 할 수 있는 사설 클럽을 조직한 것이다. 물론 여기에는 증권거래에 대한 자체 감시를 통해 결제 불이행을 방지하려는 동기도 작용했다.

버튼우드 협약이 중요한 이유는 참가자의 경계와 규제가 느슨했던 증권시장market이 한층 강력한 구속력을 갖춘 조직된 모습의 거래소exchange로 새롭게 출발하는 계기가 되었기 때문이다. 이들이 채택한 '배타적 회원제'와 '자율규제'는 오랫동안 증권거래소 조직과 운영의 표준이 되었다. 거래소가 자리를 잡아가면서 증권거래는 사전에 정해진 일정한 게임의 규칙에 따라 다수 참가자의 집합적 경쟁으로 가격이 정해지게 되었다. 한편 거래소 밖에서 개별적으로 증권을 거래하는 시장은 장외시장over-the-counter/OTC market이 되었다.

: IPO와 신규상장

비상장기업이 불특정 다수를 대상으로 주식을 판매하는 것을 기업공개initial public offering, IPO(최초공모)라고 한다. 이런 의미에서 VOC는 기업공개를 통해 투자자를 모집한 것이다. 하지만 오늘날과 달리 매각할 주식에 대한 가치평가나 거래소 상장과 같은 절차는 없었다. 오늘날 기업공개를 통해 상장하려는 회사는 과거 실적, 미래 수익성, 재무건전성, 경영투명성 등에 대해 거래소의 심사를 받아야 한다.

IPO 기업은 매각할 주식의 가치를 평가하여 공모가를 정한다. 공모가는 이미 상장한 기업 중에서 사업 내용과 규모 등이 비슷한 유사기업들의 주가 수준을 참고해 정하는 것이 일반적이다. 이때 사용하는 지표는 대개 주가순이익비율price-earnings ratio, PER(주가÷주당순이익, 주가수익비율)인데, 이것은 주가가 주당순이익earnings per share, EPS의 몇 배에 해당하는가를 나타낸다. 내가 코스닥 시장에서 상장심사를 했던 경험에 비추어보면 IPO 기업들 대부분은 PER을 기준으로 공모가를 산정한다.

예를 들어 유사기업들의 평균 PER이 15배이고 IPO 기업의 주당순이익이 2,000원이라면 공모가는 3만 원(2,000원×15) 정도에서 정하는 것이 보통이다. 이때 IPO 기업이 희망하는 공모가는 특정한 단일 가격(예: 30,000원)이 아니라 일정한 범위(예: 28,000~33,000원)로 정하게 된다. 이렇게 정해진 희망 공모가를 내걸고 기관투자자들을 대상으로 수요예측book-building을 한 후 그 결과를 반영하여 최종 공모가를 정한다. 즉 실제 공모를 할 때의 가격은 기관투자자를 통해 확인한 시장의 수요가 많으면 희망 공모가의 상단(예: 33,000원)에 가깝게, 수요가 적으면 희망 공모가의 하단(예: 28,000원)에 가깝게 정해지는 것이다.

한편 증권거래소에 신규상장하는 주식의 가격결정 방법은 전일 종가를 기준으로 상하 30% 내에서 이루어지는 다른 종목과는 다르다. 최근 규정이 바뀌기 전까지 신규상장 주식의 '최초 가격'은 공모가격의 90~200%에 해당하는 다수의 주문을 받아서 매수와 매도가 균형을 이루는 가격에서 결정했다. 이렇게 시초가가 결정되면 이후에는 다른 종목과 마찬가지로 상하 30% 한도 내에서 거래가 이루어졌는데, 간혹 엄청난 기대를 모으는 기업은 시초가가 공모가의 두 배(200%)가 되고 여기에서 다시 상한가(30%)까지 상승(속칭 '따상') 하기도 했다. 이제는 거래소 규정이 바뀌어 신규상장일에 시초가를 결정한 후 이를 기준으로 30%의 가격제한폭을 적용하는 대신 공모가를 기준으로 곧바로 60~400% 범위에서 매매가 이루어진다.

그런데 신규상장기업에 대한 투자는 조심스럽게 접근해야 한다. 상장심사 통과를 위해 실적을 인위적으로 부풀리는 경우가 있어 상장 당시의 좋은 기업 실적이 계속 이어진다는 보장이 없기 때문이다. 대기업의 협력사인 중소기업의 경우에는 특히 그렇다. 대기업이 자사의 협력사가 거래소 상장심사를 통과할 수 있도록 일시적으로 실적을 떠받쳐주는 경향이 있기 때문이다. 이런 경우에는 상장 후 실적이 나빠져 주가에 악영향을 미칠 가능성이 크다. 따라서 신규상장 전후 해당 기업의 실적 추이를 주의해서 관찰할 필요가 있다.

: 혼돈 속의 혼돈과 시장의 두 얼굴

주식시장에서는 거래가 활발한 종목을 '유동성liquidity이 좋다'고 표현한다. 매수자와 매도자가 많아서 언제라도 시장가격과 큰 차이 없이 거래할 수 있다는 의미다. 따라서 투자자는 유동성이 좋은 종목에 투자하는 것이 좋다. 원하는 시기에 적정한 가격으로 거래할 수 있기 때문이다. 특히 시장 경험이 적은 투자자는 되도록 유동성이 좋은 종목에 투자해야 한다. 유동성이 낮은, 즉 거래량이 적은 종목은 주가가 급등락하기 쉽고 시세조종의 대상이 될 가능성이 상대적으로 크기 때문이다. 게다가 상장주식 수마저 적다면 더욱 조심해야 한다. 주식시장은 만만한 상대가 아니다.

주식시장에 들어서는 사람은 세계 최초의 증권시장 해설서라고 할 수 있는《혼돈 속의 혼돈Confusion de Confusiones》*에서 암스테르담 주식시장에 대해 묘사하고 있는 다음 글귀를 염두에 두어야 한다.

---

* 이 책의 저자는 요제프 펜소 데 라 베가(Joseph Penso de la Vega)이다. 그는 유대인으로 희곡, 시, 산문 등을 쓰는 문학가였고, 암스테르담거래소의 주식 브로커이기도 했다. 투자 전문가인 주주와 상인, 철학자 등 세 명의 등장인물 사이의 네 편의 대화 형식으로 구성된 이 책은 당시 암스테르담 증권시장의 작동 방식과 관행에 관한 이야기가 중심이다. 투자 전문가는 당시 새롭게 부상하고 있던 주식 사업에 익숙하지 않은 상인과 철학자에게 구체적인 사례와 추상적 비유를 섞어가며 설명한다. 신화, 철학, 구약 성경, 고대 시 등을 빈번하게 인용하며 스페인어로 쓰인 상당히 두꺼운 이 책은 현대인들이 읽어내기에는 무척 어렵다고 한다. 이 책은 1919년 독일어로, 1939년에는 네덜란드어로 번역되었다. 그런데 오늘날 증권 관계자들이 주로 접하는 영어 번역본은 원본 중에서 증권시장을 이해하는 데 도움이 될 만한 부분을 40여 쪽으로 발췌하고, 여기에 책의 내용을 해설한 도입(Introduction) 부분을 곁들인 것이다. 이 영어 축약본은 하버드대학 크레스 라이브러리(Kress Library)의 시리즈 출판물의 하나로 세상에 나온 것이다.

"이 수수께끼 같은 사업에 대해 아무것도 모르고 있다면 당신은 무지한 사람임이 분명합니다. 이 사업은 유럽에서 가장 공정하면서 가장 기만적이고, 세상에서 가장 고귀하면서 가장 악명이 높고, 세상에서 가장 훌륭하면서 가장 저속한 사업이지요. 이것은 학술적 배움의 정수이면서 사기행위의 전형입니다. 이것은 지성인의 시금석이면서 대담한 자들의 묘비석이며, 유용함의 보고이면서 재앙의 원천입니다. 끝으로, 이것은 영원히 쉬지 못하는 시시포스, 그리고 영원히 돌아가는 바퀴에 묶여 있는 익시온과 같은 것입니다."[3]

02
위험을 방어하는 금융선물

나는 미국 유학 중에 마치 표주박처럼 생긴 미국 배를 먹어보고 실망한 적이 있다. 맛이 건조했다. 이에 반해 한국 배는 시원한 단맛이 난다. 그래서 한국 배를 미국에 수출하면 괜찮겠다는 생각을 한 적이 있다. 이제 여러분이 맛있는 한국의 '나주배'를 해외에 수출하는 조그만 무역업체의 사장이라고 하자. 배는 매년 출하 시에 사서 저장하고, 수출대금은 상품을 인도하고 3개월 후에 달러로 받는다. 해외 수요가 안정적인 상황이라면 여러분이 신경 써야 할 것은 국내 배 가격과 환율일 것이다. 매입하는 배 가격이 상승하거나 환율이 하락하면 수익이 줄어들기 때문이다. 가격이 변해서 발생하는 이런 문제를 해결할 한 가지 방법은 배는 시장에 출하되기에 앞서 배 농장과 미리 정한 가격으로 물량을 확보하고, 수출대금으로 받는 달러는 지금 합의한 환율로 3개월 후에 원화와 교환하기로 약정하는 것이다.

⁝ 선물

이처럼 특정 자산을 지금 정한 가격으로 미래 일정 시점에 거래하기로 약정하는 계약을 선물先物, futures이라고 한다. 예를 들어 금 100온스를 지금 시점에서 온스당 1,800달러에 사고파는 것은 현물시장spot market의 거래이지만, 금 100온스를 3개월 후 온스당 1,830달러에 사고팔기로 합의하는 계약을 지금 시점에서 체결하는 것은 선물시장futures market의 거래이다. 즉 현물시장에서는 금 100온스를 사고팔지만, 선물시장에서는 금 100온스에 대한 선물계약futures contract을 사고파는 것이다. 이때 선물거래의 대상이 되는 금을 기초자산underlying asset이라고 한다.

계약을 체결(거래)한 후 계약 매수자는 합의한 대로 3개월 후에 온스당 1,830달러를 지급하고 100온스의 금을 받고, 계약 매도자는 온스당 1,830달러를 받고 100온스의 금을 건네주게 된다. 3개월 후 금과 대금을 주고받을 때 금 가격이 어떻게 되든 사전에 합의한 가격으로 거래를 마무리하는 것이다. 우리나라 농촌에서 흔히 농부와 산지 유통인 사이에 이루어지는 밭떼기 계약을 연상하면 이해하기 쉽다.

농작물을 수확하기 전에 미리 정해진 조건으로 거래하기로 계약하는 밭떼기는 '선도계약forward contract'이라고 할 수 있다. 선도계약은 선물계약처럼 지금 정한 조건으로 미래 일정 시점에 거래하는 것이지만 거래 당사자 각각의 필요에 따라 거래 조건을 정한 맞춤형 계약이다. 흔히 외환시장에서 거래되는 선물환이 선도계약의 대표적인 예이다. 하지만 다수가 참여해 원활한 거래를 하려면 계약의 표준화가 필요하다. 즉 기초자산의 내용, 만기, 거래가격의 간격과 상하한, 결제 방법 등을 사전에 일정하게 정하여 계약을 표준화하면 많은 사람이 거래에 참여하는 시장이 형성된다. 이렇게 선도계약을 표준화하여 다수의 시장참가자가 언제라도 매매할 수 있도록 한 것이 바로 선물계약이다.

선물은 기초자산이 무엇이냐에 따라 크게 상품선물commodity futures(원자재선물)과 금융선물financial futures로 구분한다. 상품선물이란 기초자산이 금, 석유, 밀, 돈육 등 실물상품(원자재)인 선물을 의미한다. 한편 기초자산이 주가지수, 주식, 채권(금리), 통화(환율) 등 금융상품인 선물은 금융선물이라고 한다. 선물은 기초자산을 기반으로 파생된 것이기 때문에 반드시 기초자산이 필요하다. 이런 의미에서 선물을 파생상품이라고 한다. 그리고 선물계약을 거래하는 시장을 선물시장 혹은 선물거래소라고 한다.

● 닉슨 쇼크

상품선물은 오래전부터 존재했던 반면, 금융선물은 보다 최근에 생겨났다. 그 출발은 통화선물이었다. 환위험을 관리하는 통화선물은, 당연한 이야기지만, 환위험이 커진 이후에 나타난 선물이다. 그런데 언제부터 환위험이 대두되었을까? 다시 말해 환율의 등락폭이 언제부터 그렇게 커진 것일까? 그것은 닉슨 쇼크Nixon Shock였다. 1971년 8월 15일 저녁, 리처드 닉슨Richard Nixon 대통령은 특별 생방송을 통해 대국민 담화를 발표했다. 그 골자는 임금과 물가에 대한 통제, 10% 수입과징금 부과, 금 창구 폐쇄였다. 그날 대국민 담화에서 닉슨 대통령은 다음과 같이 말했다.

> "우리는 국제통화 투기꾼들의 공격으로부터 달러를 보호해야 합니다. … 최근 몇 주 동안 투기꾼들은 미국 달러에 전면전을 벌여왔습니다. 한 나라의 통화의 힘은 그 나라 경제력에 바탕을 두고 있습니다. 미국 경제는 세계에서 비견할 수 없을 만큼 가장 강합니다. 따라서 저는 재무장관에게 투기꾼에 맞서 달러를 방어하는 데 필요한 조치를 취하라고 지시했습니다. 저는 코널리 재무장관에게, 그 규모와 조건이 통화안정과 미국의 최선의 이익을 위한 것으로 판단되는 경우를 제외하고, 달러를 금이나 다른 준비자산으로 태환하는 것을 일시적으로 중단하도록 지시했습니다. … 저는 미국 달러가 다시는 국제 투기꾼들의 손아귀에 잡힌 인질이 되어서는 안 된다고 다짐했습니다."[4]

닉슨의 담화가 있었던 다음 날 다우지수는 4% 가까운 큰 폭의 상승을 보였다. 주식시장은 닉슨의 신경제정책에 압도적인 지지를 보낸 것이다. 하지만 닉슨의 담화는 제2차 세계대전 이후 작동해온 국제통화 질서에 대한 사망 선고였다. 1944년 전후의 새로운 국제통화 질서를 모색하기 위해 미국 뉴햄프셔주의 브레턴우즈 Bretton Woods에서 44개국 대표들이 모였다. 그 결과 국제통화기금 International Monetary Fund, IMF 창설과 함께 새로운 국제통화제도인 브레턴우즈 체제가 출범했다. 브레턴우즈 체제는 기축통화인 미국 달러만이 일정 비율로 금과 교환할 수 있는 제도였다. 이 체제에서는 미국 달러만이 금 1온스당 35달러의 비율로 금과 교환할 수 있고 다른 나라 통화는 달러와 기준환율을 정해 환율안정을 도모했다.

초기에 브레턴우즈 체제는 무리 없이 작동했다. 미국이 공식적인 세계 금 준비gold reserve의 4분의 3을 보유하고 있었기 때문에 이 시스템은 견고한 것처럼 보였다. 그런데 1960년대 유럽과 일본이 경제 강국으로 부상하면서 미국의 국제수지가 악화되었다. 그 결과 달러 공급이 증가하며 보유 달러를 언제든지 금으로 교환할 수 있다는 믿음에 금이 가기 시작했다. 브레턴우즈 체제가 흔들리기 시작한 것이다. 이에 따라 달러를 금으로 바꾸려는 움직임이 커졌고, 미국이 보유한 금보다 다른 나라가 보유한 달러가 더 많아졌다. 이에 따라 미국의 금태환 대응 능력에 대한 신뢰가 깨지면서 달러를 금으로 태환하려고 몰려드는 골드런gold run의 위험이 부각되었다.

닉슨의 대국민 담화는 이러한 상황에 대한 미국 정부의 대답이었고, 이는 조정 가능 고정환율제도를 기반으로 한 브레턴우즈 체제의 붕괴를 의미했다. 달러를 금으로 태환할 수 없게 되었고, 브레턴우즈 체제의 국제통화제도가 작동을 멈춘 것이다. 이제 변동환율 시대가 시작된 것이다. 이후 각국은 자국의 여건에 따라 다양한 환율제도를 채택했다. 브레턴우즈 체제의 붕괴와 더불어 본격 시작된 변동환율은 환율의 불확실성을 야기했다. 불확실성은 리스크를 야기했고, 사람들은 리스크를 통제할 새로운 금융상품을 필요로 했다.

⦂ 통화선물과 선물의 진화

변동환율 시대가 되면서 무역회사들은 불안정한 환율에 무방비로 노출될 상황이었다. 이런 상황에서 1972년 5월 시카고상업거래소Chicago Mercantile Exchange, CME가 통화선물거래를 시작했다. 환율 변동에 대한 방어 수단이 생긴 것이다. 통화선물은 현재 시점에서 미래 일정 시점에 수수할 특정 통화 간 환율을 합의하여 거래하는 것이다. 이런 점에서 통화선물거래는 선물환거래와 유사하다. 하지만 앞서 언급한 것처럼 통화선물은 맞춤형 상대매매를 하는 선물환과 달리 거래액과 결제일이 표준화되어 있고, 거래소에서 공개경매 방식으로 거래가 이루어지며, 중앙집중화된 청산이 이루어진다. 또한 통화선물은 대부분 만기 이전에 반대매매로 매매 포지션이 상쇄되어 차액을 수수하는 것으로 거래를 마무리한다. 즉 만기에 계약 통화를 주고받기보다는 만기 도래 전에 매수자는 매도거래를 통해, 매도자는 매수거래를 통해 자신의 포지션을 청산하면서 그 차액만을 정산하는 효과를 보는 것이다.

CME의 통화선물시장 개설에는 경제학자 밀턴 프리드먼Milton Friedman의 이론적 지원이 큰 힘이 되었다. 통화선물시장의 설립을 지지하는 밀턴 프리드먼의 논문은 CME 이사장 레오 멜라메드Leo Melamed의 부탁으로 시작된 연구용역의 결과물이었다. 멜라메드는 버터, 계란, 돈육 등 원자재를 거래하는 CME에서 국제통화시장International Monetary Market, IMM을 개설하고자 했을 때 자신의 아이디어를 지지해줄 인물이 필요했다. 멜라메드는 경제학계의 거두로 통화 관련 연구에서 두드러진 업적을 쌓은 프리드먼을 찾아갔고, 프리드먼은 멜라메드의 아이디어에 매우 긍정적인 반응을 보였다. 결국 프리드먼은 7,500달러에 논문을 작성하기로 합의한다. 이렇게 탄생한 논문이 〈통화선물시장의 필요성The Need for Futures Markets in Currencies〉이었다.

이 논문에서 프리드먼은 환율 변동폭이 확대되면 국제무역에서 환리스크를 방어hedge할 수 있는 선물시장의 필요성이 커질 것이라고 진단했다. 하지만 당시 통화선물시장이 개설되면 투기거래 때문에 환율이 더욱 불안정해질 것이라는 비판이 있었다. 이에 대해 프리드먼은 다음과 같은 취지로 반박했다. 투기거래자는 가격이 너무 오르면 하락에 베팅해 매도하므로 가격의 지나친 상승을 억제하고, 가격이 너무 내리면 상승에 베팅해 매수하므로 가격의 지나친 하락을 방지한다. 즉 투기거래가 오히려 변동성을 축소한다는 것이었다. 다시 말해 제대로 된 통화선물시장이 되려면 보유하고 있는 기초자산의 위험을 방어하는 헤지거래hedge trading뿐만 아니라 헤지거래가 쉽게 이루어질 수 있도록 그 상대방이 되어 기초자산을 보유하지 않고 순수한 선물 매수나 매도 포지션(오픈 포지션open position)을 통해 기꺼이 위험을 떠안는 투기거래도 필요하다는 것이다.

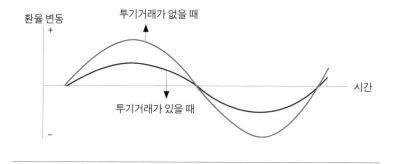

투기거래의 변동성 축소 효과

환율 변동

투기거래가 없을 때

투기거래가 있을 때

시간

"정말 만족스러운 선물시장이 되려면 외국 무역과 투자에 관련된 사람들의 헤지거래에만 의존할 수는 없다. … 시장은 헤지 포지션 뿐만 아니라 기꺼이 오픈 포지션을 취할 수 있는 투기거래자들이 필요하다. 투기거래량이 많을수록 시장에는 더 좋으며, 외국 무역과 투자를 하는 사람들이 헤지하는 것이 더욱 수월해질 것이다. 이는 조금씩만 움직이며 대규모 상업거래에도 큰 영향을 받지 않는 시장가격을 통해 적은 비용으로 헤지할 수 있기 때문이다."[5]

멜라메드에게 프리드먼의 논문은 완벽한 처방전이었다. 멜라메드는 가는 곳마다 프리드먼의 논문을 제시하며 통화선물시장의 필요성을 역설했다. 마침내 1972년 5월 7개 통화에 대한 선물거래를 시작으로 IMM이 문을 열었다. 통화선물에서 성공한 CME는 이후 곧바로 미 국채를 대상으로 한 금리선물을 시작했고, 마침내 1982년 4월 S&P500 지수에 대한 선물을 도입했다. 주가지수처럼 금액으로 표시할 수 없는 기초자산은 일정한 기준에 의해 금액으로 환산해 거래한다. 예를 들어 코스피200 선물에서 지수 1포인트는 25만 원과 같다. 환율, 금리, 주가 등 제반 가격의 변동성이 커진 불확실성의 시대에 금융선물이 금융 파수꾼의 역할을 시작한 것이다. 이 과정에서 시카고의 상품거래소들은 혁신을 통해 중요한 역할을 담당했다. 시카고가 금융파생상품의 메카로 부상한 것이다.

이제 선물거래소는 확실히 증권거래소의 범주에 포함되는 상황이 되었다. 비록 역사적으로 원자재를 거래하는 선물거래소, 즉 상품거래소는 주식이나 채권 등을 거래하는 증권거래소와 확연히 구분되었지만, 1970년대부터 선물거래소들이 금융선물을 거래하기 시작하면서 그 경계선이 희미해지기 시작했다. 이에 따라 증권거래소와 선물거래소 간의 경쟁은 그 어느 때보다 심해졌고, 많은 증권거래소가 금융선물 및 옵션을 자체 도입하거나 선물거래소와 합병을 통해 이러한 환경 변화에 대응해왔다. 7,500달러에 작성된 밀턴 프리드먼의 논문이 세계 증권시장의 진화에 결정적 역할을 한 것이다. 한국거래소도 1996년 5월 주가지수선물을 시작으로 주식, 금리, 통화, 원자재 등을 대상으로 한 선물을 거래하고 있다.

선물거래의 영향

금융선물시장이 발달하면서 전통적으로 선물거래의 대상이었던 원자재시장의 모습도 달라졌다. 원자재시장은 1970년대부터 금융화financialization라는 중대한 구조적 변화를 겪었다. 원자재의 생산, 유통, 소비와 무관했던 금융회사가 다양하고 풍부해진 원자재선물을 이용해 원자재시장의 큰손으로 등장하면서 실물경제의 금융화가 심화된 것이다. 이 때문에 우리의 경제적 삶은 과거와 달리 선물시장으로부터도 적지 않은 영향을 받게 되었다.

⦂선물의 손익구조

선물거래는 매수long와 매도short로 구분되는데, 선물계약을 매수하는 것을 롱포지션, 매도하는 것을 숏포지션을 취한다고 말한다. 아울러 롱포지션을 보유한 사람이 이를 매도하거나 숏포지션을 보유한 사람이 이를 다시 매수하는 반대매매를 하면 포지션이 청산되

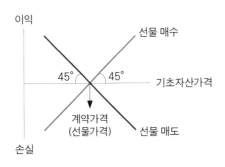

선물의 손익구조

이익 | 선물 매수 | 45° | 45° | 기초자산가격 | 계약가격(선물가격) | 선물 매도 | 손실

선물계약 후 기초자산의 가격이 오르면 선물 매수자는 이익이고 매도자는 손실인 상태가 된다. 반면 기초자산의 가격이 내리면 매수자는 손실이고 매도자는 이익인 상태가 된다. 이때 반대매매를 통해 포지션을 청산하면 손실과 이익은 확정된다. 이때 한쪽이 이익이면 다른 쪽은 손실이다. 그리고 그 손실과 이익의 크기는 같다. 이런 의미에서 선물거래는 주식거래와 달리 제로섬(zero-sum) 게임이라고 한다.

어 선물계약에 따른 의무에서 벗어나게 된다. 선물 매수와 매도에 따른 손익의 구조는 앞의 그림과 같다.

: 선물의 특징

선물이 주식과 다른 점은 각 선물에는 만기가 있다는 것이다. 예를 들어 3월, 6월, 9월, 12월의 두 번째 목요일 등과 같이 만기가 되는 달과 최종거래일이 정해져 있다. 이 때문에 선물과 같은 파생상품은 주식과 달리 만기가 되면 사라지고, 이를 대체하는 새로운 선물이 상장된다.

선물거래는 정해진 미래에 기초자산과 대금을 주고받는 계약이기 때문에 주식거래와 달리 거래대금을 거래 당시에 곧바로 주고받지 않는다. 대신 계약 의무를 성실히 이행하겠다는 뜻으로 거래대금 일부(예: 10%)만을 증거금으로 납부하도록 하고 있다. 그런데 만기에 이르기까지 가격 변동으로 인해 잠재 손실이 커지면 증거금으로 이를 감당할 수 없는 상태가 되어 계약을 이행하지 못할 위험이 있다. 이를 방지하기 위해 매일 각 거래자 포지션의 잠재 손익을 산정(일일정산marking to market)하여 증거금이 부족하다고 판단되면 이를 추가 납부하도록 요청(마진콜margin call)한다.

선물가격은 거래 대상인 기초자산의 가격(현물가격)과 연관되어 움직인다. 다음 그림과 같이 일반적으로 현물가격이 상승하면 선물가격도 상승하고, 현물가격이 하락하면 선물가격도 하락하는 경향이

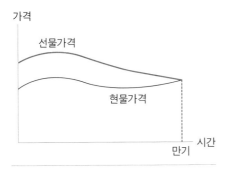

기초자산은 대금 전액을 지급하고 사야 하며 실물이면 보관비용이 든다. 물론 주식처럼 배당수익이 발생하기도 한다. 반면 선물은 증거금만으로 거래할 수 있고, 우선 당장 보관비용이 들지 않는다. 선물에서 배당 같은 수익이 발생하지도 않는다. 이 때문에 만기까지 선물과 현물의 가격 차이가 발생하지만, 만기에 가까워지면서 두 가격은 점차 수렴하게 된다.

* 상품 종류나 그 시기에 따라 현물과 선물의 가격 위치가 뒤바뀌기도 한다.

있다. 그리고 만기가 되면 선물가격은 현물가격과 같아진다. 만기 시에는 선물가격과 현물가격의 차이를 야기하는 모든 요인이 사라지기 때문이다. 따라서 당초 계약했던 선물의 거래가격과 만기일의 기초자산가격의 차이가 거래자의 손익이 된다.

: 선물거래의 동기

선물시장에 참가하는 사람은 그 목적이 다양하다. 먼저 배를 수출하는 업체의 사장처럼 보유하고 있는 자산의 가격 변동위험을 피하려는 사람hedger(위험방어 거래자)이 있다. 예를 들어 주식을 보유한 사람이 주가 변동위험을 방어하기 위해 해당 주식을 기초자산으로 하는 선물을 매도하는 경우가 이에 해당한다. 주가 하락으로 손실이 발생해도 선물 매도에서 발생하는 이익으로 이를 보충함으로써 위험을 막아내는 것이다.

예를 들어 어느 투자자가 10만 원에 매수한 주식이 현재 11만 원 정도에서 거래되고 있다고 하자. 앞으로 주가는 어떻게 될지 알 수 없다. 그 투자자는 자신이 보유한 자산(주식)의 가치가 11만 원 아래로 떨어지지 않기를 바란다. 즉 가격 변동위험을 피하려는 것이다. 이때 그 투자자는 해당 주식을 기초자산으로 하는 선물을 11만 원에 매도하면 자신이 원하는 자산의 가치를 유지할 수 있다. 주가가 9만 원으로 변하면 주식과 선물의 거래가격을 기준으로 주식에서 만 원의 손실이 발생하지만 선물에서는 2만 원의 이익이 발생해 최종적으로 만 원의 이익을 얻는다. 만일 주가가 12만 원이 되면 주식에서 2만 원의 이익이 발생하지만 선물에서는 만 원의 손실이 발생해 역시 최종적으로 만 원의 이익을 얻는다. 결국 투자자가 보유한 자산의 가치가 11만 원으로 유지되는 것이다. 물론 이처럼 선물을

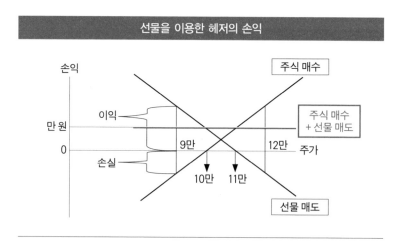

선물을 이용한 헤저의 손익

이용할 경우 주가가 상승한 이익을 제대로 누리지 못하지만, 이것은 가격위험을 회피하는 데 따른 대가라고 할 수 있다.

　다음으로 선물시장 참가자에는 가격 방향에 베팅해서 이익을 보려는 사람speculator(투기거래자)이 있다. 예를 들어 A주식을 보유하고 있지 않은 상태에서 이 주식의 가격이 하락할 것으로 예상하는 투자자는 A주식을 기초자산으로 하는 선물을 매도함으로써 이익을 얻을 수 있다. 이들은 현물의 가격위험을 방어하는 것이 아니라 선물 매도 또는 매수 포지션만으로 위험을 거래하는 사람이라고 할 수 있다. 이들의 손익은 앞서 살펴본 선물의 손익구조와 같다. 또 다른 선물시장 참가자는 현물(기초자산)과 선물이 일정한 가격 관계가 있다는 점을 이용해 상대적으로 저평가된 쪽을 매수하는 동시에 상대적으로 고평가된 쪽을 매도해 차익을 얻으려는 사람arbitrageur(차익거래자)이다. 차익거래에 대해서는 아래에서 좀 더 다루기로 한다.

　선물시장이 위험을 전가하거나 떠안고, 적정가격을 발견해 시장의 효율성을 높이고, 현물의 미래 가격을 예측하는 등 제 기능을 다 하려면 위험방어 거래자, 투기거래자, 차익거래자 모두가 필요하다. 흔히 투기꾼이라고 비난받는 투기거래자도 꼭 필요한 존재다. 어쩌면 이들이 선물시장의 역동성을 유지하는 데 필요한 버팀목일지도 모른다. 문제는 그들이 시장에서 과도한 비중을 차지하면서 가격조작을 통한 약탈적 거래를 하는가일 것이다.

• 일물일가의 법칙과 차익거래

차익거래는 금융이론에서 매우 중요한 개념이므로 이에 대해 좀 더 살펴보기로 하자. 동일한 자산은 시장가격도 같아야 한다. 이것이 일물일가一物一價의 법칙이다. 동일한 자산이란 금과 같이 동일한 물리적 자산을 의미할 수도 있지만, 동일한 현금흐름cash flow을 가진 복수의 자산을 의미하기도 한다. 이때 현금흐름이란 시간이 지나면서 자산에서 발생하는 현금의 유출입을 의미한다. 일물일가의 법칙에서 벗어나는 경우 상대적으로 고평가된 자산을 매도(공매도)하고 동시에 상대적으로 저평가된 자산을 매수하면 차익을 얻을 수 있다. 이러한 거래를 차익거래arbitrage라고 한다. 차익거래를 하는 이유는 당장은 일물일가의 법칙에서 벗어났다고 하더라도 미래 어느 시점에 가격이 같아질 것이라고 믿기 때문이다. 물론 그 시점이 언제인지는 특정할 수 없다.

차익거래는 동일한 자산뿐만 아니라 가격 간 일정한 관계가 있는 자산 간에도 가능하다. 따라서 보다 일반적인 의미에서 말하면, 차익거래는 자산 간 '가격 관계price relationship'가 균형 상태를 벗어났을 때 저평가된 자산을 매도하고 고평가된 자산을 매수하여 '위험 부담 없이' 이익을 얻는 거래행위라고 할 수 있다. 물론 이것은 형상기억합금처럼 향후 상대가격이 제자리로 돌아온다는 것을 전제로 한다. 차익거래 기회가 발생할 때마다 민첩한 투자자들이 이를 이용함에 따라 균형에서 이탈한 자산가격은 다시 균형을 회복하게 된다는 것이다. 거래 후 이탈했던 가격 관계가 통상적인 수준으로 회복되면 매수한 저평가 자산의 가격은 상대적으로 상승하고, 매도한 고평가 자산의 가격은 상대적으로 하락하게 되어 이익이 발생한다.

"투자자들이 이러한 차익거래 기회를 이용함에 따라 과대평가된 주식의 가치는 하락하고 과소평가된 주식의 가치는 상승하면서 이들의 시장가치 사이의 괴리를 없애는 경향이 있다."[6]

동일한 자산과 비슷하게 서로 관련된 자산들의 가격은 일정한 관계를 유지하는 경향이 있다. 예를 들어 같은 업종에 속한 주식들의 가격은 대체로 같은 방향성을 가지고 움직인다. 또한 한 기업의 보통주와 우선주의 가격, 그리고 모회사와 자회사의 주가도 어느 정도 균형 관계를 유지하며 움직이는 경향을 보인다. 자산 간의 이러한 가격 관계는 증권시장을 이해하는 핵심 개념 중 하나다. 차익거래 개념은 현대 자본구조 이론을 정립한 모딜리아니Franco Modigliani와 밀러Merton Howard Miller가 1958년 발표한 논문에서 제시한 것으로 현대 금융론에 일대 혁신을 가져왔다. 이 개념은 다양한 위험자산을 복제하는 기본 도구가 되었고, 옵션가격을 결정하는 블랙-숄즈 모형Black-Scholes model에도 활용되었다.

가격 '관계'를 이용한 차익거래는 개별 자산의 가격이 어떻게 될 것인가 예측할 필요가 없다. 예를 들어 주식 A는 2만 원, B는 1만 5,000원으로 통상적인 가격 관계(1:0.75)를 유지하고 있다고 하자. 이때 두 주식의 가격이 변해 통상적인 가격 관계에서 이탈하면 향후 균형(1:0.75)이 회복된다는 전제하에서는 가격이 어떻게 변하든 차익

가격 균형(1:0.75)에서 이탈한 자산 간 차익거래	
상황 1	상황 2
A=21,000 : B=14,000 1 : 0.67 = A 고평가 : B 저평가	A=18,000 : B=16,000 1 : 0.89 = A 저평가 : B 고평가
차익거래	
'A 매도 + B 매수' 후 가격 균형 회복 (1) A=18,000 : B=13,500 (1 : 0.75) (2) A=20,000 : B=15,000 (1 : 0.75) (3) A=24,000 : B=18,000 (1 : 0.75)	'A 매수 + B 매도' 후 가격 균형 회복 (1) A=22,000 : B=16,500 (1 : 0.75) (2) A=20,000 : B=15,000 (1 : 0.75) (3) A=16,000 : B=12,000 (1 : 0.75)
차익거래 결과	
(1) A(+3,000) + B(−500) = +2,500 (2) A(+1,000) + B(+1,000) = +2,000 (3) A(−3,000) + B(+4,000) = +1,000	(1) A(+4,000) + B(−500) = +3,500 (2) A(+2,000) + B(+1,000) = +3,000 (3) A(−2,000) + B(+4,000) = +2,000

거래를 통해 이익을 얻을 수 있다. 따라서 가격 관계를 이용한 거래에서는 개별 주식의 가격 자체를 예측할 필요가 없다. 다음 표에서 이를 확인할 수 있다.

물론 실제 자산 간 가격 관계는 정확한 비율이 아니라 일정한 범위가 될 것이다. 예를 들어 1 대 0.75가 아니라 1 대 0.7~0.8과 같이 일정한 범위에서 관계를 유지하는 것이다. 따라서 가격 관계가 이 범위를 상당히 벗어났을 때 차익거래를 통해 위험 부담 없이 이익을 얻을 수 있다.

：선물과 현물의 차익거래

차익거래는 선물과 현물 사이에서도 이루어진다. 예를 들어 코스피200에 포함된 주식을 묶음basket으로 하는 현물가격(코스피200 지수)과 코스피200 선물가격 간의 가격 관계를 이용해 차익거래를 하는 것이다. 앞서 언급한 것처럼 선물가격은 현물가격과 긴밀한 관계를 보이며 움직이는데 그 관계가 이론적으로 통상적인 수준에서 벗어나면 선물과 현물 간 차익거래를 통해 이익을 얻을 수 있다.

예를 들어 코스피200 종목의 주가가 고평가되고 코스피200 선물이 저평가되었다고 판단하면 코스피200 종목을 매도(또는 공매도)함과 동시에 코스피200 선물을 매수해 이익을 얻는다. 물론 그 반대인 상황에서는 코스피200 종목을 매수하고 해당 선물을 매도한다. 특히 코스피200 종목을 대량 보유하고 있는 외국인이나 기관투자자는 때때로 이러한 차익거래를 한다. 이때 코스피200 종목을 바스켓으로 묶어 거래하는 것처럼 다수의 종목(15종목 이상)을 한꺼번에 거래하는 것을 '프로그램 매매program trading'라고 한다. 특히 선물과 현물이 연계되어, 즉 선물을 매도하고 주식을 매수하거나 선물을 매수하고 주식을 매도하는 프로그램 매매를 '프로그램 차익거래'라고 한다. 선물과 연계되지 않은 프로그램 매매는 '비차익거래'라고 한다. 물론 프로그램 매매가 다량으로 이루어지면 주가에 적지 않은 영향을 미칠 수 있다. 이처럼 주식시장은 선물시장과 긴밀하게 연결되어 있으므로 선물에 투자하지 않는 투자자라 해도 선물시장에 주목할 필요가 있다.

⁝ 선물의 주가 변동성 영향과 지렛대 효과

그런데 프리드먼의 말처럼 선물시장이 가격 변동성을 줄인다는 것이 언제나 타당한 이야기일까? 그렇지는 않다. 1987년 10월 19일 월요일, 주가지수가 20% 넘게 폭락한 블랙 먼데이Black Monday는 주가 하락에 대응하여 기관들이 주가지수선물을 매도하고, 이것이 다시 주가를 떨어뜨리는, 주식시장과 선물시장 사이에 발생한 악순환의 결과였다. 이처럼 평소에는 긍정적인 기능을 하는 선물시장이 이따금 감당하기 힘든 상황을 초래하는 원인이 되기도 한다.

이와 같은 선물거래의 부정적 영향은, 항상 그런 것은 아니지만, 만기일의 주가 변동성에서도 확인할 수 있다. 특히 주가지수 선물과 옵션, 그리고 개별 주식의 선물과 옵션의 만기가 동시에 도래하는 3월, 6월, 9월, 12월의 두 번째 목요일은 네 개의 파생상품 만기일이 겹치는 '네 마녀의 날quadruple witching day'인데, 이때는 변동성이 크게 높아지기도 한다. 때로는 인위적인 거래를 통해 주가를 떨어뜨리려고 시도하기도 한다. 예를 들어 만기일까지 반대매매를 통해 청산하지 않은 선물 매도 포지션을 가진 외국인이나 기관은 선물의 정산가격이 되는 만기일의 주가가 하락하면 그만큼 이익을 본다. 이 때문에 코스피200 종목을 대량으로 매도하여 주가지수를 떨어뜨리는 주가조작 행위가 일어나기도 하는데, 이것은 결국 시장 변동성의 증가로 이어진다.

일반적으로 선물거래는 주식보다 더 투기적인 것으로 여겨진다. 물론 이것은 선물거래를 헤지나 차익거래가 아닌 투기의 목적으로 이용하는 경우에 그렇다는 것이다. 선물은 거래금액의 일정 비율 (예: 10%)만큼만 증거금으로 내면 거래가 가능해서 적은 금액으로 큰 규모의 거래를 할 수 있다. 이러한 지렛대 효과leverage effect 때문에 선물거래의 손익률은 주식에 비해 크게 확대된다. 예를 들어 1,000원의 증거금을 내고 선물을 매수한 투자자는 선물가격이 1만 원에서 1만 1,000원으로 변하면 반대매매를 통해 1,000원의 이익을 얻는다. 이때 선물투자자의 수익률은 10%가 아니라 100%가 된다. 1만 원을 투자한 것이 아니라 1,000원을 투자해서 얻은 수익이기 때문이다. 물론 선물가격이 9,000원으로 하락하면 투자금액을 모두 잃게 된다.

주가지수선물처럼 기초자산이 주고받을 수 있는 실물이 아닌 경우에는 만기 시 손익에 해당하는 금액만을 현금으로 주고받는다. 차액결제가 투기거래의 성향을 보이는 것은 역사적으로 증명된 사실이다. 이처럼 일부 선물은 실물 보유 없이 적은 금액으로 큰 이익 기회를 얻을 수 있어 단기간에 큰 수익률을 갈망하는 사람에게 아주 매력적으로 보일 수 있다. 하지만 잠재적인 손실 규모도 그만큼 크다. 따라서 투자 경험이 많지 않은 투자자는 주식시장에서 어느 정도 경험과 실력이 쌓이기 전까지는 선물거래를 하지 않는 것이 좋다.

⁞ 공매도

한편 선물을 주식 공매도空賣渡, short sale, short selling의 대용으로

생각하기도 한다. 주식선물거래에서 매도자는 기초자산인 주식의 보유 여부와 관계없이 매도할 수 있는데, 이것이 공매도와 비슷하기 때문이다. 공매도는 투자자가 자신의 이름으로 보유하고 있지 않은 주식을 매도하는 것을 말한다. 만일 어떤 기업에 대한 부정적 정보가 있다고 하자. 그런데 시장에서는 아직 그 부정적 정보가 주가에 반영되지 않은 상태라고 판단했을 때, 해당 기업의 주식을 보유하지 않은 투자자가 이 상황을 이용해 이익을 얻을 방법은 무엇일까? 바로 해당 주식을 빌려서 매도하는 것이다. 주가 하락이 예상되는 주식을 미리 매도하고 하락한 주가로 다시 매수하여 빌린 주식을 상환함으로써 차익을 얻는 것이다. 예를 들어 현재 15만 원인 A주식이 어떤 이유든 앞으로 13만 원 정도로 하락할 것으로 생각하는 투자자가 있다고 하자. 이 투자자는 주식 대여기관으로부터 A주식을 빌려서 15만 원에 매도한다. 이후 주가가 실제로 13만 원이 되면 투자자는 A주식을 13만 원에 매수해 차입한 주식을 상환한다. 그러

주식 매수와 공매도의 손익 비교

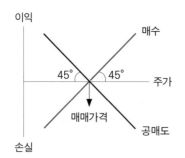

주식 매수자는 주가가 상승하면 이익을 얻지만, 공매도자는 주가가 하락할 때 이익을 얻는다. 매수자의 손실은 최대 매수한 가격으로 제한되지만, 공매도자의 손실은 이론상 무한대이다. 공매도자의 생각과 달리 주가가 끝없이 상승하는 경우 상승한 그 가격에 빌린 주식을 매입하여 반환해야 하기 때문이다.

면 투자자는 주당 2만 원의 이익을 얻는다. 물론 차입한 주식에 대해서는 수수료를 지불해야 한다.

공매도의 역사는 주식시장의 역사와 같다고 할 정도로 오래되었다. 암스테르담 주식시장에서도 오늘날과 비슷한 공매도가 널리 활용되었다. 소유하지 않은 VOC 주식을 미래 일정 시점에 양도하기로 합의하는 선도계약이 이루어졌는데, 이는 공매도와 비슷하다. 공매도의 종류에는 주식을 보유하지 않은 상태에서 매도하는 무차입공매도naked short sale와 다른 사람의 주식을 빌려서 매도하는 차입공매도covered short sale가 있다. 우리나라에서는 차입공매도만 허용된다. 예탁결제원, 증권금융, 증권사 등을 통해서 차입한 주식을 매도하는 것이다.

공매도가 특정 주식을 보유하고 있지 않은 상태에서 해당 주식의 주가 하락으로 이익을 얻는 방법이긴 하지만, 여러 가지 제약 때문에 개인투자자가 이를 적극적으로 활용하는 것은 어렵다. 따라서 개인투자자는 이를 대신해 주식선물을 이용한다. 주식을 빌릴 필요 없이 상대적으로 소액의 증거금만으로 누구나 쉽게 거래할 수 있기 때문이다. 이 때문에 시장 상황의 판단이나 거래에 자신감이 있다고 자부하는 투자자는 주식과 달리 하락 장에서도 손쉬운 거래를 통해 이익을 얻을 수 있는 선물거래에 관심을 가진다. 하지만 선물거래는 이따금 천당과 지옥의 갈림길이 되기도 한다.

공매도에 대한 평가는 선물에 대한 평가와 비슷한 점이 있다. 앞서 통화선물을 도입하려고 했을 때 선물로 인해 환율 변동이 더 심해질 것이라는 부정적 견해가 많았다. 마찬가지로 공매도가 매도를 부추겨 주가 하락을 확대한다는 부정적 견해가 있다. 이와 달리 부정적 정보가 있는 기업의 주식을 공매도한다면 가능한 모든 정보가 즉각적으로 주가에 반영되어 신속하게 적정한 주가를 찾는 데 도움이 된다는 견해도 있다.

문제는 약탈적 공매도이다. 이것은 부정적 정보에 기초한 순수한 의미의 거래 전략이라기보다는 주가 하락기에 기술적 공매도로 주가 하락을 부추겨 차익을 챙기려는 것이다. 실제로 어떤 공매도가 약탈적 공매도인가를 판가름하는 것은 어려운 일이지만, 이를 실행할 수 있는 것은 거래 규모가 큰 기관이나 외국인 투자자일 것이다. 때때로 개인투자자들이 특정 종목에 대해 기관이나 외국인의 과도한 공매도가 주가를 떨어뜨려 개미를 약탈한다는 비난을 하기도 한다. 따라서 공매도의 순기능에도 불구하고 여러 나라에서 약탈적 공매도로 인해 시장이 왜곡되고 시장에 대한 투자자 신뢰가 무너지는 것을 막기 위해 공매도 상황을 공시하거나 공매도 주문의 호가를 제한하는 등 일정한 규제를 가하고 있다.

03
금융공학의 레고 블록이 된 옵션

주식은 매수한 후 가격이 오르면 이익이지만 내리면 손실이다. 이익과 손실이 주가의 방향에 따라 대칭적이다. 그런데 주가가 하락하는 상황에서 보험처럼 손실을 제한할 수 있는 상품은 없을까. 가격이 변할 때 한 방향에서는 이익을 누리고 반대 방향에서는 손실을 제한할 수 있는 비대칭적 손익구조를 가진 투자상품이 있다면 보험처럼 다양한 용도로 사용할 수 있을 것이다. 물론 보험료는 내야겠지만 말이다. 옵션option이 바로 그런 상품이다.

옵션이란 말 그대로 선택권을 뜻한다. 옵션을 보유한 사람은 거래 내용에 따라 미리 정한 일정한 시점(만기) 또는 그 전에 일정한 가격(행사가격)으로 특정 자산(기초자산)을 매수call 또는 매도put할 수 있는 권리를 가진다. 옵션 보유자는 만일 자신의 권리를 행사하는 것이 불리한 상황이면 행사하지 않아도 된다. 그래서 옵션이라고 하는 것이다.

: 옵션거래소의 출범

시카고상품거래소Chicago Board of Trade, CBOT는 1848년 시카고에서 곡물 거래를 위해 설립된 상품거래소이다. 남북전쟁(1861~1865년) 동안 시카고가 북부 연방군의 주요 곡물 집적지가 되면서 CBOT는 농산물 선물거래에서 확실한 기반을 다지며 성장했다. 하지만 1960년대 농산물 시장은 정부 규제로 인해 가격이 하향 안정화되면서 가격 움직임에 대한 투기는 매력을 잃었다. 이에 따라 CBOT의 농산물 선물거래는 부진을 면치 못했다. 탈출구를 모색하던 CBOT는 주식옵션에 눈을 돌렸다. 하지만 금융파생상품 시장을 개설하는 데는 법적인 걸림돌 이외에 문화적 장애물도 있었다. 대공황은 금융시장에 대한 광범위한 적대감을 야기했는데, 특히 옵션은 투기 수단으로 여겨져 사회적 반감이 강했다. 이처럼 공공이익public interest에 반하는 것으로 인식되던 옵션은 마리화나에 비유되기도 했다.

CBOT는 한 컨설팅회사에 옵션거래소 문제를 의뢰했다. 그리고 이 컨설팅회사는 당시 조건부 권리행사 증권(옵션, 워런트, 전환사채 등 일정한 조건이 충족되면 증권 소유자가 미리 정한 내용에 따라 권리를 행사할 수 있는 증권)에 대한 연구로 유명했던 윌리엄 보몰William J. Baumol, 버튼

말킬Burton C. Malkiel과 리처드 콴트Richard Quandt에게 '옵션시장의 공공이익에 대한 영향'에 관한 보고서를 의뢰했다.

이렇게 마련된 1969년 보고서에서 이들은 옵션을 이용하면 옵션이 없을 때와는 달리 다양한 이득구조payoff를 가진 투자전략을 구축할 수 있다고 피력했다. 옵션의 비대칭적 이득구조를 이용하면, 장난감 블록으로 다양한 모형의 장난감을 만들어낼 수 있는 것처럼, 투자자가 원하는 손익구조를 설계할 수 있다는 것이다. 물론 풍부해진 투자전략은 실적 개선으로 이어질 가능성이 크다.

> "[옵션은] … 옵션을 이용할 수 없을 때와는 다른 다양한 이득구조를 가능하게 함으로써 투자자의 전략 레퍼토리를 풍부하게 한다."
> "투자자가 이용할 수 있는 전략이 많을수록 투자 실적이 개선될 가능성이 커진다."[7]

이 보고서를 계기로 CBOT는 금융옵션에 대한 규제당국의 부정적 인식을 바꾸는 노력을 시작했고, 마침내 CBOT와 별도로 시카고옵션거래소Chicago Board Options Exchange, CBOE를 조직하여 1973년 4월 주식옵션시장을 개설하게 되었다. 처음 16개 주식에 대한 콜옵션으로 시작된 거래는 1977년 6월에 풋옵션으로 확대되었다.

● 블랙-숄즈 모형

그런데 보험료인 옵션가격은 어떻게 결정될까? CBOE가 주식에 대한 콜옵션 거래를 시작한 직후 피셔 블랙Fischer Black과 마이런 숄즈Myron Scholes가 옵션가격을 결정하는 공식을 발표했다. 블랙과 숄즈는 주식과 옵션을 적절히 결합하면 일정 시간이 지난 후에 주가가 어떻게 변하든 최종 결과가 일정한 포트폴리오, 즉 무위험 포트폴리오를 구축할 수 있다는 것을 보여주었다. 블랙과 숄즈는 이 원리를 바탕으로 여러 가지 가정하에서 복잡한 수리적 과정을 거쳐 옵션가격을 결정하는 공식을 도출해냈다.

"만일 옵션이 시장에서 제대로 평가된다면 옵션과 그 기초자산인 주식의 매수 및 매도 포지션으로 이루어진 포트폴리오를 구축해서 확실한 추가 이익을 얻는 것은 불가능하다. 이 원리를 이용하면 이론적인 옵션가격결정 공식이 도출된다. 거의 모든 기업 채무는 옵션들의 조합으로 생각할 수 있으므로 이 공식과 이를 도출하는 데 사용된 분석 방법은 보통주, 회사채 및 워런트와 같은 기업 채무에도 적용할 수 있다."[8]

블랙과 숄즈는 옵션가격이 제대로 평가된다면 주식과 옵션을 결합한 무위험 포트폴리오를 통해서는 무위험이자율을 초과하는 추가 이익을 얻는 것은 불가능하다고 말한다. 블랙과 숄즈는 '공짜점심은 없다There is no free lunch'는 이 원리를 바탕으로 여러 가정하에서 복잡한 수학과 통계학을 활용하여 옵션가격을 결정하는 공식을 도출했다. 한편 로버트 머튼Robert C. Merton도 비슷한 시기에 블랙-숄즈 모형과 같은 옵션가격결정 모형을 제시했다. 이에 따라 블랙-숄즈 모형을 확장하여 블랙-숄즈-머튼 모형이라고 부르기도 한다. 이 공로로 숄즈와 머튼은 1997년 노벨경제학상을 받았다(블랙은 1995년 사망). 블랙-숄즈 모형은 매우 복잡하지만 우리는 단지 옵션가격을 산출할 때 어떤 변수들이 사용되는지 확인하는 것으로 족하다.

블랙-숄즈 모형에 따르면 옵션의 가치를 결정하는 요인은 주가, 행사가격, 이자율, 잔존 만기 그리고 주가수익률의 변동성이다. 여기서 주목할 점은 주식의 '기대'수익률은 결정요인에 포함되지 않는다는 것이다. 즉 옵션을 평가하는 데는 기초자산인 주식의 가격을 예측하지 않아도 된다는 것이다.

⦂ 내가격과 외가격

블랙-숄즈 모형은 주식과 옵션의 '가격 관계'를 공식으로 표현한 것인데, 다른 위험자산의 가격에도 적용할 수 있다. 예를 들어 주주는 다음 왼쪽 그림(ITM)처럼 기업의 자산이 부채보다 많을 때는 부채를 상환하고 잔여재산청구권을 행사한다. 즉 주주는 자신의 권리를 행사하여 부채 40을 상환하고 나머지 60을 주주의 몫으로 확보하는 것이다. 반면 오른쪽 그림(OTM)처럼 손실이 누적되어 자본 잠

주주 옵션의 손익 평가

〈ITM〉		〈OTM〉	
자산 100	부채 40	자산 30	부채 50
	자기자본 60		자기자본 -20

지금 권리를 행사하면 이익을 보는 상태(기초자산가격 > 행사가격)를 내가격(in the money: ITM)이라 하고, 그 반대 상태를 외가격(out of the money: OTM)이라 한다. 등가격(at the money: ATM)은 두 가격이 일치해 손익이 없는 상태다.

식으로 자산보다 부채가 많으면 유한책임을 지는 주주는 이미 출자한 금액을 포기하고 주주의 권리를 행사하지 않는다. 이런 의미에서 주주는 기업 자산에 대해 부채 금액을 행사가격으로 하는 콜옵션을 가졌다고 할 수 있다. 이것은 결국 주식의 가치도 블랙-숄즈 모형으로 평가할 수 있다는 의미다. 참고로 거래소에서 거래되는 옵션은 동일한 기초자산에 대해 행사가격이 다양하게 설정되어 상장된다.

그런데 행사가격이 기초자산가격보다 높은 옵션, 즉 외가격OTM 상태의 옵션은 무가치한 것일까? 지금 당장은 그렇게 보일지 몰라도 만기까지 기초자산의 가격이 어떻게 변할지 알 수 없으므로 외가격 옵션은 여전히 가치가 있다. 특히 시장의 변동성이 확대되고 미래에 대한 불확실성이 커지는 상황이라면 외가격 옵션의 가치는 그만큼 더 커진다. 기초자산의 가격이 크게 변동해서 외가격 옵션이 내가격ITM 옵션으로 전환될 가능성이 커지기 때문이다. 때로는 갑작스러운 상황 변화로 외가격 옵션가격이 급등하기도 한다. 이런 의미에서 극단적으로 말하면 옵션은 '변동성의 게임'이라고 할 수 있다. 주식시장에서는 적자기업이 흑자로 전환될 때 주가가 급등하는 턴어라운드turnaround 주식에서 비슷한 상황을 볼 수 있다.

이러한 특성 때문에 옵션도 선물과 마찬가지로 개인투자자의 투기 수단으로 널리 쓰인다. 주가 변화의 방향이나 크기를 예상하고 이에 따라 단일 옵션이나 다양한 옵션 조합을 만들어 베팅하는 것이다. 예를 들어 현재 주가가 행사가격보다 낮은 외가격 옵션은 만기 시 매수자가 권리를 행사할 가능성이 작으므로 가격이 싼 편인데 이를 이용해 대박을 꿈꾼다. 혹시 모를 주가 급등에 베팅해 외가격 콜옵션을 사고, 주가 급락에 베팅해 외가격 풋옵션을 사서 수십

9·11 테러를 전후한 코스피200 9월물 옵션의 수익률

행사 가격	콜옵션			풋옵션		
	11일 종가	12일 종가	수익률	11일 종가	12일 종가	수익률
85.0				18.40	25.50	39%
80.0				13.55	22.75	68%
75.0	0.01	0.01	0%	8.55	18.25	113%
70.0	0.04	0.01	-75%	3.60	12.50	247%
67.5	0.34	0.01	-97%	1.40	10.20	629%
65.0	1.55	0.04	-97%	0.19	7.50	3,847%
62.5	3.90	0.17	-96%	0.01	5.05	50,400%
60.0	6.30	0.52	-92%	0.01	3.00	29,900%
57.5	57.5	1.35	-85%	0.01	1.73	17,200%
55.0	11.30	3.70	-67%			

* 코스피200 지수: 66.55포인트에서 58.59포인트로 폭락

출처: 윤평식, 《파생상품의 원리》, 도서출판 탐진, 2014, p.34.

배 혹은 수백 배의 차익을 기대하는 것이다. 다시 말해 옵션을 거래하는 일부 투자자는 옵션을 보험으로 생각하지 않고 로또로 생각한다. 참고로 앞의 표를 보면 2001년 9·11 테러와 같이 주가가 급락할 때 옵션의 수익률이 얼마나 크게 변하는지를 알 수 있다.

● 굴절된 손익구조

현재 4만 8,000원인 주식을 3개월 후에 5만 원에 살 수 있는 권리를 가진 콜옵션을 샀다고 하자. 만기 시 주가가 5만 3,000원이라면 콜 매수자는 권리를 행사해서 5만 원을 지불하고 5만 3,000원짜리 주식을 받고, 주가가 4만 7,000이라면 권리를 행사하지 않으면 된다. 이 때문에 주식과 달리 옵션의 손익구조는 행사가격을 기점으

	주가	콜옵션 이득	풋옵션 이득
	55,000	5,000	0
	53,000	3,000	0
행사가격이 5만 원인 콜옵션과 풋옵션의 주가 변화에 따른 이득 *이득은 옵션 매수의 대가인 프리미엄을 반영하지 않은 값	51,000	1,000	0
	50,000	0	0
	49,000	0	1,000
	47,000	0	3,000
	45,000	0	5,000

행사가격과 콜옵션-풋옵션의 이득 비교

로 비선형의 굴절된 모습을 보인다. 풋옵션의 경우에는 이와 반대의 상황이 된다. 콜옵션과 풋옵션의 이득구조는 앞의 표에서 확인할 수 있다. 이것을 그래프로 나타내면 아래 그림의 콜옵션 매수와 풋옵션 매수와 같은 모양이 된다.

물론 옵션 매수자는 상황에 따라 행사할 수 있는 권리를 얻는 대신에 옵션 매도자에게 일정한 대가를 지불해야 한다. 이것이 옵션가격인데, 흔히 옵션 프리미엄option premium이라고 한다. 주식의 대칭적 손익구조와 프리미엄을 반영한 콜옵션과 풋옵션의 굴절된 비대칭적인 손익구조는 아래 그림과 같다.

그림에서 C, P로 표시된 것이 바로 옵션가격이다. C와 P는 콜옵션과 풋옵션 매도자가 권리를 매도하는 대가로 받는 프리미엄이고, −C와 −P는 콜옵션과 풋옵션 매수자가 권리 매수의 대가로 지불하는 프리미엄이다. 한편 옵션 매도자는 매수자의 권리행사에 대응

주식과 옵션의 손익구조

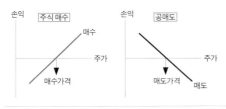

주식의 매수 및 매도의 손익은 매매가격을 중심으로 대칭이지만 옵션의 매도와 매수는 행사가격을 중심으로 굴절된 모양이다. 각 옵션의 매도와 매수는 가로축을 중심으로 대칭이다.

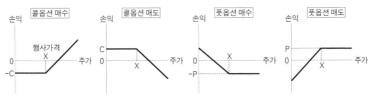

해야 할 의무가 있다. 따라서 옵션 매도자는 매수자와 달리 기초자산의 가격에 따라 위험에 노출된다. 따라서 다량의 옵션을 매도하는 거래자는 보험증권을 파는 보험회사처럼 자금력이 뒷받침되어야 한다.

: 옵션 비즈니스

옵션 매도자는 권리를 파는 대신에 옵션 프리미엄을 대가로 받는다. 이 때문에 외국인이나 기관투자자처럼 자금력이 풍부한 경우 프리미엄 수익을 목적으로 옵션을 대량으로 매도하기도 한다. 이것은 옵션으로 하는 일종의 보험 비즈니스라고 할 수 있다. 물론 간혹 매도한 옵션의 가치가 급등해 큰 손실을 보기도 하지만, 그런 경우는 흔치 않고 대개는 옵션 프리미엄을 통해 적지 않은 이익을 거둔다. 특히 옵션의 굴절된 손익구조를 활용하면 다양한 옵션 조합을 통해 옵션 매도자의 잠재 손실을 일정 수준으로 제한하는 것도 가능하다. 이런 이유로 옵션을 이용한 정교한 손익구조를 설계할 능력이 있는 외국인이나 기관은 물론이고 개인투자자 중에도 프리미엄 수익을 목적으로 옵션 비즈니스를 하는 사람도 있다.

옵션도 선물과 같이 만기가 존재한다. 옵션 만기일에 주가가 옵션의 행사가격보다 낮으면 옵션 매수자는 권리를 행사하지 않는다. 이 경우 이미 지불한 프리미엄은 옵션 매도자의 이익으로 굳어진다. 이 때문에, 예를 들어 거래가 활발한 코스피200 콜옵션에 대해 다량의 매도 포지션을 보유하고 있는 외국인이라면 옵션 만기일에 인위적으로 코스피200 종목을 매도함으로써 주가를 낮추려는 유혹에 빠질 수 있다. 따라서 옵션 만기일에는 프로그램 매도를 통해 대량의 주식이 시장에 나오면서 주가지수가 급락하기도 한다.

이런 상황은 옵션으로 선물을 복제할 때도 발생할 수 있다. 2장에서 설명한 것처럼 선물 만기일에 프로그램 매매로 인해 주식시장의 변동성이 커질 수 있고, 프로그램 매도로 주가를 떨어뜨리는 행위가 벌어지기도 한다. 다음 그림에서 알 수 있듯 콜옵션과 풋옵션을 합성하면 선물의 매수나 매도 포지션을 복제할 수 있다. 따라서 옵션에서도 선물과 같은 문제가 발생할 수 있다.

우리나라의 코스피200 옵션시장은 유동성 면에서 세계적인 수준을 자랑한다. 외국인도 활발하게 참여하고 있는데, 자금과 거래기법에서 상대적으로 우월한 외국인에게는 옵션 비즈니스를 하기에 아주 좋은 시장인 것이다. 그리고 그 비즈니스를 위해 특정 시기에

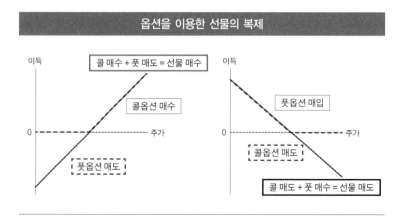

옵션을 이용한 선물의 복제

여러 가지 방법을 통해 주가지수, 즉 주식시장에 영향을 미치려고 시도할 가능성은 언제나 남아 있다고 할 것이다.

: 주식과 옵션의 결합

보험 기능을 가지는 옵션을 이용하면 주식의 가치를 일정한 수준 이하로 떨어지지 않도록 보호할 수 있다. 예를 들어 주식을 보유하고 있는 투자자가 풋옵션을 매수하면 주가 상승의 효과는 그대로 누리면서 주가 하락에 따른 손실을 방어할 수 있게 된다. 물론 풋옵션에 대한 프리미엄은 지불해야 한다. 다음 그림은 주식과 풋옵션 매수 포지션의 결합을 보여준다. 주식과 풋옵션의 이와 같은 조합을 '방어적 풋protective put'이라고 한다.

주식과 풋옵션의 결합은 개별 주식에 대해서도 가능하지만, 대개

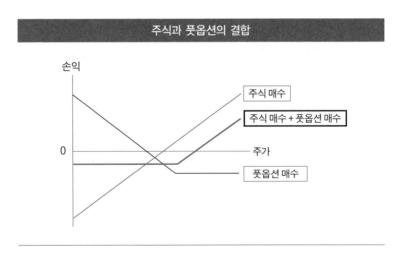

주식과 풋옵션의 결합

는 다수의 주식을 포함하는 포트폴리오에 대해 이용한다. 즉 유동성이 풍부한 코스피200 풋옵션을 이용해 코스피200 종목으로 구성된 포트폴리오의 가치를 보호하는 데 활용하는 것이다. 이렇게 보유 자산에 대해 풋옵션을 매입하여 포트폴리오의 가치를 보호하는 투자전략을 '포트폴리오 보험portfolio insurance'이라고 한다.

: 공포지수

한편 블랙-숄즈 모형은 투자자 심리를 분석하는 데도 활용된다. 블랙-숄즈 모형에 변동성을 포함한 제반 변수를 대입하면 옵션의 이론가격이 산출된다. 하지만 이론가격은 시장가격과 다를 수 있다. 이때 우리는 시장가격에 기초해서 변동성을 역으로 산출할 수 있다. 즉 블랙-숄즈 모형에 옵션의 시장가격과 함께 변동성을 제외한 나머지 변수를 대입해 변동성을 역산해내는 것이다.

이렇게 산출한 변동성을 실제 옵션가격이 품고 있는 변동성이라는 의미에서 내재변동성implied volatility이라고 한다. 내재변동성은 과거 데이터를 통해 산출한 역사적 변동성과 달리 투자자들이 '향후' 기초자산가격의 변동성이 어느 정도라고 생각하고 있는가를 가늠하는 지표가 된다.

CBOE는 2003년부터 S&P500 지수에 대한 콜옵션과 풋옵션의 시장가격을 기초로 향후 30일 동안 기대되는 내재변동성을 산출해 공표하기 시작했다. 이것이 VIX 지수Volatility Index(변동성지수)인데,

내재변동성

추정한 미래 변동성
& 주가, 행사가격,
잔존 만기, 이자율

블랙-숄즈
모형

이론가격

내재변동성

시장가격
& 주가, 행사가격,
잔존 만기, 이자율

흔히 공포지수fear index, fear gauge라고 불린다. VIX 지수는 CBOE 홈페이지에서 확인할 수 있다. VIX 지수의 상승은 시장이 예상하는 주가 변동성이 증가한다는 의미이며, 이것은 투자심리가 불안해진다는 것을 뜻한다. 따라서 VIX 지수는 시장심리를 감지하는 투자지표로 활용된다. 일반적으로 VIX 지수와 주가는 역의 관계를 보인다. VIX 지수가 급등하면 주가가 급락하는 것이다. 이것이 공포지수라고 불리는 이유이다. 한국거래소도 VIX 지수와 비슷한 한국의 변동성지수로 KOSPI200 옵션가격을 기초로 주식시장의 변동성을 나타내는 VKOSPIvolatility index of KOSPI 200를 산출하고 있으나 VIX 지수만큼 널리 활용되고 있지는 않다.

﹕옵션을 품은 전환사채와 신주인수권부사채

옵션과 같은 조건부 증권 중에서 주식시장에서 흔히 접하는 것이 전환사채convertible bond, CB이다. CB는 채권을 발행할 때 전환기간, 전환가격 등 미리 정한 일정한 조건이 충족되면 채권자의 청구에 따라 CB 액면금액만큼을 발행 회사의 주식으로 전환할 수 있는 권리, 즉 전환권이 부여된 채권이다. 그리고 전환권은 일종의 옵션이다. 불리하면 행사하지 않아도 되는 것이다. 아울러 전환권이라는 CB의 기본 옵션 이외에 콜옵션이나 풋옵션이 추가로 부여되기도 한다. 이때의 콜옵션은 발행 회사가 CB를 만기 이전에 되살 수 있는 권리, 즉 조기에 상환할 수 있는 권리를 말한다. 반면 풋옵션은 채권자가 발행 회사에 CB를 조기에 상환해달라고 요구할 수 있는 권리다.

CB는 채권에 추가하여 채권자에게 유리한 전환권이 결합된 것이므로 금리는 일반 회사채에 비해 낮다. 전환권을 행사할 때 1주당 지불해야 하는 전환가격은 발행 당시의 주가에 프리미엄이 붙은 가격이 된다. CB 발행 후에 주가가 하락하는 경우 또는 발행 회사가 주가를 희석시키는 유무상 증자를 하는 경우 전환가격을 하향 조정하는 리픽싱refixing 조항이 포함되기도 한다. 이 경우에는 CB 액면금액은 그대로이므로 향후 발행 가능한 주식 수가 증가한다.

CB 소유자는 전환권 행사 조건이 충족된 상태에서 해당 기업의 주가가 전환가격보다 높으면 전환을 청구하고, 그렇지 않으면 전환을 포기할 수 있다. 만일 전환권을 행사하면 CB의 액면금액을 전환가격으로 나눈 수만큼 주식을 받고 해당 CB는 소멸한다. 예를 들어 액면 1억 원인 CB의 전환가격이 2만 5,000원이라면 4,000주를 받고 CB는 소멸한다. 즉 채권이 주식으로 전환되는 것이다. 이

때 주가가 2만 7,000원이라면 2만 7,000원짜리 주식을 주당 2만 5,000원에 4,000주 사는 것과 같다. 만일 주가가 전환가격보다 낮으면 전환을 포기하는데, 이 경우에는 일반 회사채에 비해 낮은 이자를 감수해야 한다.

일반 투자자 입장에서 CB가 중요한 이유는 이것이 주가를 희석하는 요인이 되기 때문이다. CB가 전환되어 주식이 발행되면 물량 증가로 주가에 부정적이다. 그러므로 CB를 많이 발행한 기업에 투자할 때는 각별한 주의가 요구된다. 특히 CB가 특정 개인이나 기관에 배정되는 사모발행인 경우에는 회사의 자금 사정에 문제가 있거나 주식지분율과 관련된 모종의 움직임이 진행되고 있을 가능성이 있다. 따라서 일반 투자자는 CB 금리나 전환가격이 채권자에게 지나치게 유리한 것은 아닌지 살펴볼 필요가 있다.

CB와 유사한 회사채로 신주인수권부사채bond with warrant, BW가 있다. BW는 일반 회사채에 미리 정한 일정한 가격으로 신주를 인수할 수 있는 권리가 붙은 것이다. BW의 금리 수준, 신주인수가격의 리픽싱 등의 발행 조건은 대체로 CB와 비슷하다. 다만 CB가 주식으로 전환되어 소멸하는 것과 달리 BW는 신주인수권을 행사한 후에도 채권은 그대로 존속한다. 신주인수대금을 채권이 아닌 별도의 자금으로 납부하는 것이다. BW는 이에 붙어 있는 신주인수권을 분리할 수 있는가에 따라 분리형과 비분리형(결합형)으로 구분한다. 분리형은 BW에 붙은 워런트, 즉 신주인수권증권만을 따로 떼어 거래할 수 있다. BW도 향후 발행되는 주식이 늘어나 기존 주식의 가치를 희석하므로 투자자는 BW를 많이 발행하고 있는 기업에 대해

CB와 같은 주의가 필요하다.

⦂ 금융공학과 퀀트

옵션은 굴절된 비대칭적 손익구조를 이용해 레고 블록처럼 다양한 상황에서 원하는 형태의 손익구조를 만들어내는 데 탁월한 기능이 있다. 이 때문에 블랙–숄즈 모형은 수많은 금융파생상품을 만드는 데 활용되었다. 결과적으로 블랙–숄즈 모형은 증권시장에서 정교한 수학을 활용해 금융 문제를 해결하는 금융공학financial engineering의 발달에 기폭제가 되었고, 이를 통해 위험관리 기법이 크게 발달했다. 위에서 살펴본 주식과 풋옵션을 결합한 포트폴리오 보험도 금융공학의 산물이었다. 그리고 이때부터 수학자, 계량경제학자, 통계학자, 물리학자, 컴퓨터공학자 등이 증권산업에서 본격적으로 중요한 역할을 담당하기 시작했다. 이들을 흔히 퀀트quant라고 부른다.

사실 이전에도 퀀트는 있었다. 수학자인 에드워드 소프Edward Thorp는 카지노의 블랙잭 게임에서 카드 카운팅을 통해 승률을 올리는 방법을 고안했던 사람이다. 그가 도박 다음으로 연구한 것은 주식시장이었다. 소프는 1967년 발간된 《시장을 이기다Beat the Market》에서 시장 상황과 관계없이 워런트warrant, 전환사채 또는 옵션과 같은 전환증권과 이들의 기초자산인 주식 사이에 존재하는 가격 관계를 분석하면 개별 증권의 가격을 예측하지 않고도 지속적으로 큰 이익을 얻을 수 있다고 주장했다.

실제로 소프는 과대평가된 워런트를 공매도하고 워런트의 대상이 되는 기초주식을 매수하는 방법을 이용했다. 워런트는 행사가격이나 만기 등의 조건을 표준화한 옵션과 달리 특정 기업이 이들 조건을 개별적으로 정해서 발행하는 일종의 콜옵션이다. 이를 통해 그는 오랫동안 지속적으로 연 20%대의 수익률을 올렸다. 이 방법의 핵심은 과대평가된 워런트를 어떻게 찾는가였다. 그는 2차대전 이후 약 20년간 잔존 만기별로 워런트 가격과 주가를 비교 분석해 두 가격의 통상적인 관계를 찾아냈다. 만일 워런트 가격이 자신이 발견한 통상적인 수준을 넘으면 그 워런트는 과대평가된 것으로 판단했다. 물론 소프는 워런트와 주식을 이용한 이러한 차익거래를 위해 주가나 워런트 가격 자체를 예측할 필요는 없었다. 자산가격 자체를 예측하지 않고 이들의 가격 관계만을 이용해 이익을 내는 거래를 할 수 있다는 것은 매우 매력적이었다. 이것이 오늘날 컴퓨터의 계산 능력이 향상되면서 퀀트가 널리 확산되고 있는 중요한 배경 요인이다.

> "우리는 전환증권(워런트, 전환사채, 전환우선주, 풋옵션 및 콜옵션)과 관련 보통주 사이에 존재하는 가격 관계를 진단하고 분석한다. 이렇게 함으로써 우리는 미래의 가격 관계와 이익을 예상할 수 있다. 우리는 수익을 내기 위해 개별 증권의 가격을 예측할 필요가 없다."[9]

소프는 자신의 투자 기법을 정립하는 데 수학, 경제학 및 컴퓨터를 적극 활용했다. 그는《시장을 이기다》출간 이후 헤지펀드hedge fund를 설립해 수학자, 물리학자, 컴퓨터과학자 등으로 팀을 꾸려 자신의 투자 시스템을 더욱 진화시켰다. 이것은 계량 분석에 기초한 퀀트 투자의 본격적인 시작을 알리는 것이었다. 이런 이유로 그를 '퀀트 투자의 아버지'라고 부른다.

퀀트는 기본적으로 각종 숫자 데이터를 분석하여 최적의 거래 기회를 포착하는데, 투자 로직의 실효성 확보를 위해 과거 데이터를 통해 로직의 타당성을 검증하는 백테스트backtest 과정을 거친다. 예를 들어 PER 기준으로 투자종목을 선정하는 로직을 세워 모델을 만들면 상장법인의 PER 수준과 주가에 관한 과거 데이터를 분석하여 최고의 수익률을 기록한 PER 수준과 투자기간을 찾아낸다. 이렇게 찾은 투자 실행 조건, 즉 로직을 자신의 컴퓨터 알고리즘으로 구축하여 거래를 실행하는 것이다.

이처럼 퀀트 투자를 위해서는 가격에 영향을 미치는 변수를 찾아내고, 변수의 움직임에 따른 주가를 산출하고, 거래 기회를 포착하여 실행할 수 있는 거래자 고유의 투자 로직을 체계화한 복잡한 모델이 필요하다. 오늘날에는 컴퓨터 기술의 발달로 일반 투자자도 퀀트 프로그램 등을 통해 이전보다 훨씬 쉽게 퀀트 투자를 실행할 수 있게 되었다.

04

시장수익률을 추구하는
인덱스펀드

투자자는 종목 선택을 통해 수익률을 높이려 한다. 하지만 고수익 종목일 것으로 판단해 매수한 종목이 극히 저조하거나 마이너스 수익률을 보이는 경우가 허다하다. 개인투자자와 마찬가지로 펀드 중에서도 액티브펀드active fund는 적극적 종목 선택을 통해 고수익을 추구한다. 액티브펀드의 이런 행위는 시장보다 더 높은 수익률을 얻을 수 있다는 믿음에 기반을 둔 것이다. 하지만 잘못된 선택으로 큰 손실을 보기도 한다. 적극적으로 종목을 선택해 일시적으로 높은 수익률을 얻는다고 해도 오랫동안 계속해서 그런 성과를 유지하는 것은 어렵다. 이 때문에 액티브펀드의 수익률이 주가지수 수익률에도 미치지 못하는 경우가 많다. 그렇다면 적극적인 종목 선택이 꼭 필요할까.

: 패시브 투자

분산투자를 극단적으로 확장하면 시장의 모든 종목에 투자하는 것이 된다. 그 방법은 종합주가지수를 추종하는 인덱스펀드index fund에 가입하거나 거래소에 상장된 펀드(상장지수펀드ETF)를 사는 것이다. 이처럼 개별 종목을 적극적으로 발굴하는 대신 특정 범주에 속하는 모든 종목에 투자하는 것을 패시브 투자라고 한다. 패시브 투자는 주가지수로 대변되는 시장수익률을 추구하는 전략이다.

고수익을 위해 적극적으로 종목을 발굴하는 액티브펀드가 시장을 이길 수 없다는 생각을 일반 대중에 널리 알린 사람은 프린스턴대학 교수인 버튼 말킬이었다. 그는 1973년 출간된 《A Random Walk Down Wall Street(역서: 랜덤워크 투자수업)》에서 주가는 무작위로 움직이므로 가치를 분석하거나 패턴을 모색해 투자해도 시장수익률을 초과하기는 어렵다고 지적했다. 이런 생각을 바탕으로 그는 주가지수를 구성하는 수백 종목을 매수해 보유하는 펀드의 필요성을 역설했다. 물론 빈번하게 종목을 교체할 필요가 없는 이 펀드는 운용비용이 낮을 것이다. 말킬은 일반 투자자들이 저렴한 비용으로 주가지수를 살 수 있는 환경이 되어야 한다고 강조했다. 그리고 얼마 지나지 않아 인덱스펀드가 세상에 모습을 드러냈다.

"우리에게 필요한 것은 그저 종합주가지수를 구성하는 수백 개의 주식을 매입하고, 상승 종목을 잡기 위해 빈번하게 종목 갈아타기 거래를 하지 않는, 판매수수료 없이 최저 운용수수료를 부과하는 뮤추얼펀드다."[10]

: 승자의 게임과 패자의 게임

일반 대중이 이용할 수 있는 최초의 인덱스펀드는 뱅가드Vanguard 그룹의 존 보글John C. Bogle이 1976년 8월 출시한 뱅가드 S&P 인 덱스펀드다. 보글이 인덱스펀드를 출시했던 주요 배경은 액티브 펀드의 저조한 실적이었다. 보글은 자신의 저서 《뮤추얼펀드 상식 Common Sense on Mutual Funds》에서 자신의 인덱스펀드 출범을 촉 발한 글이나 논문을 소개하고 있는데, 여기서 공통으로 지적하고 있는 것은 펀드매니저의 저조한 실적이다. 특히 〈패자의 게임The Loser's Game〉은 펀드매니저의 저조한 실적이 증권시장 환경의 구조 적 변화에 기인한다고 분석했다.

자산관리 컨설팅회사의 파트너였던 찰스 엘리스Charles D. Ellis가 1975년 《파이낸셜 애널리스트 저널Financial Analysts Journal》에 발표 한 〈패자의 게임〉에 따르면 1974년까지 과거 10년간 기관투자자의 85%가 S&P500 수익률보다 저조한 실적을 보였다. 결과적으로 액 티브펀드의 존재 이유가 흐릿해진 것이다.

"투자관리 사업은 … 전문적인 펀드매니저가 시장을 이길 수 있다 는 단순한 근본적인 믿음에 기초하고 있다. 이 전제는 잘못된 것으 로 보인다."

"지난 10년간 전문적으로 관리되는 펀드의 85%가 S&P500 지수보다 수익률이 낮았다."[11]

기관투자자가 저조한 실적을 보인 이유는 기관투자자가 시장에서 지배적인 플레이어가 되면서 기관투자자 간 경쟁이 심화되어 투자비용이 증가했기 때문이었다. 이것은 기관의 투자가 '승자의 게임winner's game'에서 '패자의 게임loser's game'으로 변했다는 것을 의미했다. 찰스 엘리스는 승자의 게임과 패자의 게임을 테니스 게임을 통해 설명한 사이먼 라모Simon Ramo 박사의 논리를 차용한다. 라모 박사는 자신의 저서 《평범한 플레이어에게는 평범하지 않은 테니스 Extraordinary Tennis for the Ordinary Player》에서 승자의 게임과 패자의 게임의 결정적 차이점을 제시했다고 한다. 그에 따르면 테니스에는 한 종류가 아닌 두 종류의 게임이 있는데, 하나는 프로 선수 및 극히 일부의 뛰어난 아마추어 플레이어가 펼치는 게임이고, 다른 하나는 나머지 사람들이 펼치는 게임이다. 두 게임의 기본 성격은 완전히 다른데, 이를 요약하면 '프로 선수는 포인트를 따고win points, 아마추어는 포인트를 잃는다lose points'는 것이다. 프로 테니스 선수의 게임은 최종 결과가 승자가 포인트를 따내는 행위로 결정되기 때문에 승자의 게임이라고 부른다. 이와 달리 아마추어 테니스 게임에서 승자는 상대방보다 더 높은 점수를 얻지만, 그것은 상대방이 그보다 더 많은 포인트를 잃기 때문이다. 즉 아마추어 테니스는 최종 결과가 패자의 행위에 의해 결정되는 패자의 게임인 것이다.

적극적인 펀드매니저가 시장을 이길 수 있다는 믿음은 기관의 투자가 승자의 게임이라는 것을 의미한다. 프로인 기관투자자는 아마추어인 개인투자자가 다수를 차지하는 투자 게임에서 승자가 될 수 있었다. 아마추어 투자자를 상대로 이익을 볼 수 있었던 것이다. 하지만 엘리스는 과거 10년 동안 발생한 중요한 변화 때문에 이제 기관투자자가 펼치는 승자의 게임은 유지될 수 없는 현실이 되었다고 말한다. 가장 중대한 변화는 기관투자자가 자신이 속한 시장에서 지배적인 플레이어가 되었고, 앞으로도 계속 그럴 것이라는 점이었다.

엘리스에 따르면 승자의 게임이 전개되었던 1960년대에 뮤추얼펀드와 연기금으로 자금이 유입되면서 투자환경에 근본적인 변화가 일어났다. 기관투자자의 거래 비중이 10년 만에 30%에서 70%로 급증하면서 모든 것을 변화시켰다. 전문 펀드매니저는 이제 아마추어가 아닌 다른 전문가와 경쟁해야 했다. 아마추어를 상대로 이익을 보던 과거와 달리 기관 간 경쟁이 치열해지면서 이들의 포트폴리오 회전율도 높아졌으며, 이에 따라 거래비용도 증가했다. 이것이 기관의 투자를 승자의 게임에서 패자의 게임으로 바꾸어놓은 것이다.

⦂ 백만 달러 내기

제대로 된 투자를 하려면 정보 수집과 분석에 상당한 노력을 기울여야 한다. 하지만 개별 종목에 대한 질적·양적 정보를 철저히 분석해 투자한다고 해도 시장수익률보다 저조한 성과를 보이는 경우가 적지 않다. 그렇다면 굳이 힘들여 정보를 분석하거나 미래를 전망하지 않고 꾸준히 시장수익률 정도의 성과를 얻을 수 있다면 훌륭한 투자라고 할 수 있을 것이다. 특히 종목 선택에 어려움을 느끼는 초보 투자자도 광범위한 분산투자를 하는 인덱스펀드는 비교적 마음 편히 투자할 수 있다.

2006년 5월 버크셔 해서웨이Berkshire Hathaway의 정기 주주총회에서 이사회 의장이자 CEO인 워런 버핏Warren Buffett은 도발적인 내기를 제안했다. 높은 수수료를 부과하면서도 적극적으로 고수익을 추구한다는 이유로 많은 인기를 끌고 있는 헤지펀드 중 최소 5개를 한 세트로 해서 S&P500 인덱스펀드와 10년 기간의 수익률 대결을 하면 인덱스펀드가 이길 것이라고 주장한 것이다. 그가 제시한 인덱스펀드는 뱅가드 S&P 펀드였다.

2007년 7월 헤지펀드 프로테제 파트너스Protégé Partners가 내기에 나섰다. 내기의 조건에 따라 양측이 각각 32만 달러를 내 총 64만 달러로 채권을 사두면 당시 금리 등 제반 사정을 고려할 때 10년 후에 약 100만 달러가 될 것으로 예상되었다. 따라서 이 내기는 '백만 달러 내기Million-Dollar Bet'라고 불리었다.

내기의 결과는 버핏의 승리였다. 2008년부터 2017년까지 S&P 인덱스펀드의 전체 기간 수익률과 연평균 수익률은 125.8%과 8.5%였다. 반면 5개 헤지펀드의 기간 수익률과 연평균 수익률은 각각 21.7%와 2.0%, 42.3%와 3.6%, 87.7%와 6.5%, 2.8%와 0.3%, 27.0%와 2.4%였다. 버핏은 내기를 한 10년 동안 주식시장의 행태에 별다른 특이사항은 아무것도 없었다는 점을 강조했다. 다시 말해 버핏의 승리가 내기를 시작한 후 시장 상황이 달라져 버핏에게 유리하게 작용했기 때문은 아니라는 것이다. 버핏은 월스트리트의 전문가들이 엄청난 돈을 버는 동안 그들에게 의지한 많은 투자자가 잃어버린 10년을 경험했다고 지적했다. 버핏은 투자수익은 들쑥날쑥하지만, 수수료는 한결같이 지불해야 한다는 점을 지적했다. 이를 통해 버핏은 헤지펀드에 지불하는 막대한 수수료는 사실 그만한 가치가 없다는 것을 역설한 것이다.

버핏은 적극적인 종목 발굴과 장기투자를 통해 세계 최고의 부자가 된 사람이다. 그런 그가 S&P500 인덱스펀드를 내세운 이 대결을 통해 말하려고 했던 것은 무엇이었을까? 버핏은 종목 발굴을 위해 증권분석을 할 만한 시간과 능력이 안 된다고 생각하는 투자자에게 저렴한 비용으로 분산투자를 할 수 있는 인덱스펀드를 권한 것이다.

⦂ 벤치마크

인덱스펀드는 특정 지수를 자신의 벤치마크로 이용한다. 우리나라의 대표 주가지수는 한국종합주가지수KOSPI(코스피)와 코스피200이다. 코스피200은 선물 및 옵션 등 다양한 파생상품의 기초지수로도 이용된다. 미국의 대표적인 주가지수는 다우지수Dow Jones Industrial Average, DJIA(다우30)와 S&P500이다. 그 밖에 널리 사용되는 것 중의 하나가 2,000개의 중소기업small-cap으로 구성된 러셀Russell

2000이다. 물론 나스닥 상장기업을 대상으로 한 나스닥 종합지수 Nasdaq composite도 있다.

영국의 대표지수는 런던거래소에 상장된 상위 100대 기업으로 구성된 FTSEFinancial Times Stock Exchange 100 지수이다. FTSE 100은 흔히 풋시footsie라고 부른다. 독일의 DAXDeutscher Aktienindex(독일주가지수) 30은 독일거래소에 상장된 상위 30대 기업으로 구성된 지수이다. 프랑스의 대표지수인 CACCotation Assistée en Continu 40은 파리거래소Euronext Paris의 상위 40대 기업으로 구성한 지수이다.

일본의 대표지수는 일본경제신문사가 도쿄거래소 제1부에 상장된 일본의 상위 기업 중 225개를 선정하여 산출하는 니케이Nikkei, 日経平均株価 225이다. 그런데 200이나 250이 아닌 225개 종목을 택한 이유가 무엇이었을까? 당초 200개 기업이었는데 지수에 포함되길 원하는 여러 기업의 로비를 받아 그렇게 숫자가 늘어난 것일까? 한국의 코스피200도 원래는 200종목이 아니었다는 비슷한 이야기가 있다. 한편 도쿄거래소 제1부 상장기업을 대상으로 한 종합지수 TOPIXTokyo Stock Price Index, 東証株価指数도 많이 사용된다.

홍콩의 대표지수는 항성종합지수Hang Seng Composite Index, 恒生綜合指數이다. 중국의 대표지수는 상하이거래소SSE의 전체 상장종목을 대상으로 한 상하이종합주가지수SSE Index와 선전거래소SZSE 상위 500대 기업을 대상으로 한 선전거래소 성분지수SZSE Component Index이다. 최근에 활발히 이용되는 지수는 CSI 300인데, 이는 상하이거래소와 선전거래소의 상장주식 중에서 시가총액, 유동성, 재무현황 등을 고려해 선정한 300개 종목으로 구성되어 있다.

그런데 주가지수는 어떻게 시작되었을까? 1884년 《월스트리트 저널The Wall Street Journal, WSJ》의 전신인 다우존스앤컴퍼니Dow Jones & Co.의 커스토머스 애프터눈 레터스Customer's Afternoon Letters에 최초의 주식시장 지수가 발표되었다. 찰스 다우Charles Dow가 11개 주식의 평균주가를 발표하기 시작한 것인데, 이들 대부분은 철도 주식이었다. 그리고 12개 산업주의 평균인 다우존스 산업평균DJIA은 1896년부터 발표했다. 이 지수의 편입 회사는 1926년 20개로 확대되었고, 1928년부터 현재와 같이 30개가 되었다. 처음 다우30을 구성했던 모든 종목이 시간이 지나면서 지수에서 퇴출되었고, 마지막으로 남아 있던 GEGeneral Electric마저 2018년 6월 의약품 유통업체인 월그린스Walgreens로 대체되었다.

한편 스탠더드 스태티스틱스 컴퍼니Standard Statistics Company는 1923년부터 주식시장 지수를 산출하기 시작했다. 233개 기업의 주식으로 구성된 지수를 매주 산출한 것이다. 3년 후에는 90개 종목의 주가지수를 개발하여 매일 산출했다. 1941년에 푸어스 퍼블리싱Poor's Publishing과 합병하여 스탠더드 앤드 푸어스Standard & Poor's로 새롭게 탄생한 후에는 400개가 넘는 기업으로 지수를 구성했다. 그리고 마침내 1957년 3월 S&P는 S&P500 지수를 산출하기 시작했다.

이후 이 지수는 다양한 투자상품의 대상으로 이용되었다. 1976년 8월 뱅가드 그룹은 S&P500 지수를 추적하는 최초의 인덱스펀드를 출시했다. 1982년 4월 CME는 S&P500 지수선물을 시작했으며, CBOE는 1983년 7월부터 S&P500 지수에 대한 옵션거래를 시작했다. 1993년 1월 자산운용사 스테이트 스트리트State Street는 SPDRStandard & Poor's Depositary Receipts S&P500이라는 상장지수펀드exchange traded fund, ETF를 출시하여 아메리칸증권거래소American Stock Exchange, AMEX에서 거래하기 시작했다. ETF에 대해서는 다음 장에서 다룬다.

한편 CME는 1997년 9월 기존 S&P500 지수선물의 거래단위를 5분의 1로 줄인 E-mini S&P 선물을 도입했고, 이 미니 선물은 가장 활발히 거래되는 선물계약이 되었다. 지금은 이보다 거래단위를 더 줄인 마이크로micro E-mini S&P 선물도 거래하고 있다. 그리고 2004년 3월 흔히 공포지수라고 불리는, S&P500 지수옵션의 내재변동성에 기초한 CBOE 변동성지수Volatility Index, VIX 선물거래가 시작되었다. 2006년에는 VIX 옵션이 도입되었다. 이처럼 활발하게 이용되는 S&P500 지수는 '미국 증권시장'과 동의어로 쓰일 정도로 미국 주식시장을 대변하는 주가지수가 되었다. 흔히 사람들이 '시장을 이긴다beat the market'라고 할 때의 '시장'은 대개 S&P500과 같이 각국을 대표하는 종합주가지수를 의미한다. 주가지수에 편입되는 종목이 제한되어 있는 경우 특정 종목의 주가지수 편입 여부는 각 지수를 관리하는 지수위원회가 결정한다. 지수위원회는 지수 구성과 관련된 규칙의 변경, 기업의 성장 및 쇠퇴, 합병 등을 반영하여 편입종목을 조정한다. 지수 편입이나 제외는 단순히 기계적으로 이루어지는 것이 아니며 상황을 고려하여 상당히 주관적으로 처리될 수도 있다.

: 지수 편입과 제외의 효과

우리나라의 경우 기업이 신규로 상장되면 당연히 종합주가지수에 편입되기 때문에 별다른 주의를 끌지는 못한다. 하지만 주가지수 선물이나 ETF의 경우 종합주가지수보다 제한된 범주의 하위 지수를 이용하는 경우가 많다. 이 경우에는 해당 지수의 구성종목이 바뀌면 변경된 그 종목에 대한 수요에 영향을 주는 경향이 있다. 예를 들어 코스피200에 포함되어 있던 종목이 지수에서 제외되면 해당 주식에 대한 수요가 감소하고, 새롭게 편입되면 그 주식에 대한 수요가 증가한다. 코스피200을 추적하는 기관들의 투자행위로 인해 제외되고 편입되는 해당 종목에 대한 매도 및 매수 거래가 증가하기 때문이다.

각 주가지수는 특별한 경우가 아니라면 대개 매년 일정한 시기에 편입종목을 조정한다. 따라서 다양한 투자상품의 기초지수로 널리 활용되는 주가지수에 새롭게 편입되는 종목을 미리 안다면 투자에 유리할 수 있다. 실제로 편입 교체 시기에는 신규편입 종목 후보에 대한 미확인 정보가 시장에 퍼지며 신규편입에 대한 기대가 해당 종목의 주가에 미리 반영되기도 한다.

: 빛과 그림자

인덱스펀드는 지난 50년 가까이 투자의 혁명을 이끌어왔고, 많은 사람이 투자비용을 절감하도록 했다. 이제 인덱스펀드는 거대 산업이 되어 증권시장의 조류를 바꾸어놓고 있다. 누구나 쉽게 적정 수익률을 얻을 수 있다는 생각을 하도록 만든 인덱스펀드는 투자 세계의 새로운 발명이었다. 경제학자 폴 새뮤얼슨Paul A. Samuelson은 2005년 한 행사에서 인덱스펀드에 대해 인류 문명을 바꾼 바퀴, 알파벳, 구텐베르크 인쇄술과 같은 역사적인 발명이라고 극찬했다.

그렇다고 인덱스펀드가 좋은 점만 있는 것은 아니다. 인덱스펀드로 대변되는 패시브 투자는 개별 증권이 아니라 포트폴리오 수준에서 이루어진다. 펀드매니저는 지수에 편입된 모든 종목을 한꺼번에 투자하므로 개별 증권의 가치에는 별다른 관심이 없다. 또한 패시브 투자자금의 유출입에 따라 추종하는 지수의 종목 전체를 매수하거나 매도하므로 지수를 구성하는 종목들의 가격 움직임이 비슷해진다. 따라서 패시브 투자의 비중이 증가할수록 개별 종목의 가격이 진정한 가치와 그만큼 더 멀어질 위험이 있다. 이것은 결국 효율적 자본 배분이라는 주식시장의 본래 기능을 약화시킨다.

또한 인덱스펀드, 즉 패시브펀드로 과도한 자금이 몰릴 경우 주주 권리를 적극 행사함으로써 투자 대상 기업의 가치를 높이려는 주주행동주의shareholder activism의 긍정적 영향이 희석될 여지도 있다. 예를 들어 경쟁 관계에 있는 A와 B 두 기업이 있다고 하자. 그중 상대적으로 실적이 저조한 A기업에 주주행동주의 펀드가 개입하여 비용절감, 투명경영, 이사진 교체를 통한 경영혁신을 주장한다. 만일 이 펀드의 주장이 수용되면 A기업의 시장점유율이 증가하는 반면, B기업의 시장점유율은 하락하는 효과가 있을 것으로 여겨진다.

주주행동주의 펀드와 A기업의 줄다리기가 이어진 후 결국 A기업은 주주총회를 열어 의견을 묻는다. 투표 결과 주주행동주의 펀드가 패배한다. 이유는? A기업의 주요주주인 다수의 패시브펀드가 반대했기 때문이었다. 패시브펀드들의 입장에서는 A기업과 B기업은 한 울타리 안에 있는 것이다. 따라서 A기업의 시장점유율이 올라가는 것은 B기업의 시장점유율이 하락하는 것을 의미한다. 그들에게 A와 B는 주머닛돈이 쌈짓돈인 것이다. 그들에게 자신의 입장에서 최종 결과가 동일하다면 굳이 추가 비용을 들이면서까지 번거로운 일을 하려고 하겠는가.

05
펀드를 주식처럼 거래하는
ETF

인덱스펀드가 분산투자 효과를 가진 편리한 투자상품이기는 하지만 펀드 가입과 해지 등 절차가 번거롭다. 게다가 가입한 펀드를 거래할 수도 없다. 한마디로 은행 예금이나 적금처럼 유동성이 떨어진다. 인덱스펀드에 주식과 같은 환금성이 추가된다면 금상첨화일 것이다. 양도성예금증서처럼 말이다.

⦁ 펀드 상장

아메리칸증권거래소AMEX의 상품개발 책임자인 네이선 모스트 Nathan Most는 인덱스펀드를 상장해서 주식처럼 거래한다는 아이디어를 가지고 있었다. 1992년 초 어느 날 그는 자신의 아이디어를 실현하기 위해 인덱스펀드의 아버지로 불리는 뱅가드 그룹의 존 보글을 찾아갔다. 하지만 보글은 그의 아이디어에 부정적이었다. 펀드 자체를 거래하면 펀드 가입과 해지가 반복되어 관리비용이 상승한다는 것이 문제였다. 저비용의 펀드를 추구하는 보글에게는 어쩌면 당연한 결론이었을 것이다.

모스트는 이 문제를 해결하기 위해 고민하다가 과거 자신이 일했던 상품선물시장에서 사람들이 상품을 창고에 보관하고 입고증을 거래했던 것을 떠올렸다. 그는 이를 응용하여 펀드 관리와 거래를 분리하는 방법을 생각해냈다. 인덱스펀드의 편입종목을 보관 은행에 맡기고 이를 근거로 주식처럼 다수의 지분증권을 발행해 거래소에 상장하는 것이었다.

"이 문제를 해결하기 위해 나는 상품시장에서 나의 경험을 되돌아보고 본질적으로 창고 운용과 같은 방식을 이용함으로써 펀드 관리와 거래소 거래의 기능을 분리할 수 있지 않을까 생각했다. 널리 사용되는 주가지수의 편입종목으로 구성한 포트폴리오를 신탁은행에 예탁하면 은행은 예탁자에게 예탁증서를 발행한다. 이 예탁증서는 많은 조각으로 분할된다. 이렇게 분할된 증서는 증권거래소에서 지분증권처럼 거래할 수 있을 것이다."[12]

⦂ 블랙 먼데이

그런데 모스트가 ETF를 생각하게 된 결정적 계기는 무엇이었을까? 어떻게 투자자산의 묶음basket을 하나의 자산처럼 거래한다는 생각을 하게 된 것일까? 그것은 블랙 먼데이에서 시작된 것으로 보인다. 이미 살펴본 것처럼 주가지수가 20% 넘게 폭락한 1987년 10월 19일 블랙 먼데이는 주가 하락에 대응한 기관들의 주가지수선물 매도가 다시 주가를 떨어뜨리는, 두 시장 사이에 발생한 악순환의 결과였다. 그 과정에서 주가지수선물 매도거래의 상대방이 자신의 매수 포지션을 헤지hedge하기 위해 일단의 지수 구성종목을 바스켓으로 묶어 제출한 프로그램 매매 주문의 처리가 원활하게 이루어지지 않았다. 이 때문에 주식시장과 선물시장의 유기적인 관계가 단절되는 상황이 연출되었고, 이것이 그날의 사태를 악화시킨 한 원인으로 지적되었다.

프로그램 매매는 사전에 설계된 컴퓨터 프로그램에 따라 특정 조건이 충족되면 자동으로 주식의 매도 또는 매수 주문을 실행하는 것을 말한다. 뉴욕증권거래소NYSE는 종목별로 주문 체결을 담당하는 회원specialist이 정해져 있는데, 프로그램 매매 주문이 제출되면 이에 포함된 주식들은 종목별로 분리되어 각 종목의 담당 회원에게 전달되어야 한다. 따라서 프로그램 매매는 거래비용을 증가시킬 뿐만 아니라 주가 급변으로 주문이 폭주할 때는 주문 체결을 지연시키는 문제가 있다. 만일 지수 구성종목을 바스켓으로 한 프로그램 매매 주문이 종목별로 구분 처리되지 않고 한 번에 처리되었다면 어땠을까?

미 증권거래위원회SEC는 블랙 먼데이 이듬해 2월 조사보고서를 발표했다. SEC는 이 보고서에서 당시 프로그램 매매의 문제점을 지적하고, 그 대안으로 지수 구성종목을 모두 한 번에 처리하는 새로운 방법을 모색할 것을 제안했다. 그리고 AMEX의 상품개발 책임자인 네이션 모스트가 이 보고서를 읽으면서 새로운 세계가 열리기 시작한 것이다. 다소 시간이 걸리기는 했지만 SEC가 찾고자 했던 새로운 방법이 결국에는 모스트에 의해 거래소에 상장되어 거래되는 인덱스펀드, 즉 상장지수펀드Exchange Traded Fund, ETF로 탄생한 것이다.

모스트는 첫 번째 ETF의 기초지수로 S&P500을 선택했다. 당시 기관투자자들이 가장 많이 따르는 지수였기 때문이었다. 모스트는 자신의 아이디어에 부정적이었던 뱅가드 그룹 대신에 다른 자산운용사인 스테이트 스트리트를 통해 ETF를 출시하게 된다. 마침내 1993년 1월 SPDRStandard & Poor's Depositary Receipts이 거래를 시작했다. 이것은 흔히 스파이더spider라고 불린다. 사실 SPDR은 세계 최초의 ETF는 아니었다. 이미 캐나다의 토론토증권거래소TSE가 AMEX에 앞서 세계 최초로 ETF를 도입한 것이다. 하지만 미국의 거대 시장을 배경으로 SPDR은 ETF의 대명사가 되었고, 이때부터 ETF 시장이 본격적으로 성장하기 시작했다.

⦂ 다종다양

ETF는 펀드와 주식의 장점을 결합한 투자상품으로 펀드 가입과 해지의 번거로움을 없애고 환금성을 높인 것이다. 따라서 적은 금액으로도 펀드처럼 분산투자 효과를 누릴 수 있고, 개별 종목을 분석해 발굴하는 과정 없이 비교적 마음 편하게 이용할 수 있다. ETF는 시장을 이기는 것이 어렵다고 생각하는 투자자에게 아주 좋은 선택이 될 수 있다. 예를 들어 우리나라를 대표하는 대형주에 분산투자하고 싶다면 코스피200 ETF에 투자하고, 중소형주에 마음이 끌리면 코스닥 150 ETF에 투자하면 된다. 우리 증시보다 미국이나 중국 증시가 더 유망하다고 생각하면 S&P500이나 CSI 300을 추적하는 ETF에 투자하면 된다.

ETF가 시장 대표지수만을 추적하는 것은 아니다. 업종별, 그룹별, 자산 종류별로 다양한 ETF가 있다. 게임, 이차전지, 바이오 등 다양한 업종의 ETF도 있고, 삼성그룹이나 현대차그룹과 같은 기업집단형 ETF도 있다. 배당투자에 관심이 있다면 고배당을 추구하는 ETF에 투자할 수도 있다. 또한 채권 ETF는 물론 금이나 구리, 원유와 같은 원자재 ETF에도 투자할 수 있다. 따라서 개인투자자도 환금성을 누리면서 적은 금액으로 기관투자자처럼 광범위한 분산투자를 할 수 있게 되었다. ETF가 증권시장의 새로운 게임 체인저로 부상한 것이다.

투자자는 시장 상황이나 자신의 성향에 맞추어 다양한 손익구조를 가진 ETF를 선택할 수 있다. 만일 시장이 하락할 것으로 생각한다면 기초지수의 수익률을 거꾸로 추적하는 인버스inverse ETF를 선택할 수 있다. 인버스 ETF는 기초지수가 1% 하락(상승)할 때 1% 상승(하락)하도록 설계되어 있다. 일종의 공매도인 것이다. 따라서 인버스 ETF는 하락장에서도 수익을 낼 수 있다. 물론 시장이 자신이 생각한 대로 움직이지 않으면 당연히 손실을 본다.

아주 공격적인 투자자라면 기초지수의 수익률을 2배로 추적하는 레버리지leverage ETF가 눈에 들어올 것이다. 레버리지 ETF는 지렛대 원리를 이용해 손익을 증폭시킨 것으로 기초지수가 1% 상승할 때 2% 상승하도록 설계되어 있다. 물론 하락할 때도 같은 원리가 적용된다. 따라서 레버리지 ETF는 매우 공격적인 투자를 원할 때 활용된다. 게다가 인버스와 레버리지를 결합한 ETF도 있는데, 이는 추적 지수의 수익률을 역으로 두 배 따라가는 것으로 흔히 곱버스(인버스2X)라고 부른다. 다만 투기적인 요소가 강한 인버스나 레버리지 ETF에 투자할 때는 시장 전망에 대한 강한 자신감이 필요하다.

주의할 점은 ETF가 특정 지수를 추적한다고 해서 ETF의 수익률이 해당 지수수익률과 항상 같은 것은 아니라는 점이다. ETF는 추적하는 지수와 높은 상관관계를 가지지만 ETF가 지수 자체는 아니므로 ETF의 가치(순자산가치, NAV)와 지수의 일간 변동률에 괴리가 발생할 수 있다. 이처럼 ETF와 그것이 추적하는 지수의 상관관계가 일정 수준 아래로 떨어져 상당 기간 회복되지 않으면 해당 ETF는 상장이 폐지된다.

⁞ ETF와 분산투자

일반적으로 ETF는 수십, 수백 종목을 편입한 펀드여서 분산투자 효과가 있다. 하지만 모든 ETF가 그런 것은 아니다. 분산투자 효과는 편입된 종목들의 가격이 서로 다른 방향으로 움직일 때 플러스 효과와 마이너스 효과가 상쇄되어 나타난다. 그런데 특정 산업이나 그룹 또는 특정 원자재에 기초한 ETF에서 그것을 기대하기는 어렵다. 따라서 진정한 분산투자를 원한다면 시장 대표지수를 추적하는 ETF나 고배당 ETF와 같이 여러 업종에 걸쳐 수십 종목을 추적하는 ETF가 좋은 선택이 될 것이다.

ETF를 포함한 분산투자의 기본 전제는 시장은 장기적으로 우상향한다는 믿음이다. 그렇지 않다면 분산투자의 명분은 사라진다. 따라서 인버스나 레버리지 ETF와 같이 투기적 성격이 강한 경우를 제외하고, ETF 투자에서 효과를 보려면 장기투자를 고려하는 것이 바람직하다.

ETF는 '투자의 민주화'를 가져온 금융혁신이라는 찬사를 받았다. 과거 기관투자자만이 할 수 있었던 수준의 광범위한 분산투자를 일반 투자자가 적은 금액을 가지고도 저렴한 비용으로 손쉽게 할 수 있도록 만들었기 때문이다. 종합주가지수를 추적하는 것이 일반적이었던 ETF 개발 초기에는 이러한 평가는 적절했던 것으로 보인다.

그런데 ETF 산업이 성장하면서 경쟁이 격화되자 종합주가지수를 추적하는 ETF에서 벗어나 틈새시장을 공략하게 되었다. 특정 산업이나 섹터, 혹은 테마를 기반으로 한 지수를 추적하는 ETF가 늘어난 것이다. 이에 따라 분산투자보다는 수익률에 초점을 맞춘 ETF의 비중이 증가해왔다. 이처럼 종합주가지수로 대변되는 시장 전체를 기반으로 한 ETF에 비해 특정 부문에 특화된 ETF는 분산 효과가 떨어지는 것은 당연하다. 또한 특화된 ETF는, 항상 그런 것은 아니지만, 해당 부문에 투자자의 관심이 쏠리는 시기에 만들어지는 경향이 있어 편입 주식들이 과대평가된 상태일 가능성이 크다. 그렇다면 해당 ETF도 과대평가되었을 가능성이 있다. 결국 특화된 ETF의 투자수익률이 저조할 가능성도 그만큼 크다는 것이다. 따라서 유행을 타는 특화된 ETF에 투자할 때는 많은 주의가 필요하다.

제2부

시장의 효율성
– 이콘 대 휴먼

06
랜덤워크와 효율적 시장

동전 던지기에서 앞면과 뒷면 중 어느 쪽이 나올지 계속해서 맞히는 것은 불가능하다. 다만 던지는 횟수를 계속 늘려가면 앞면과 뒷면이 나올 확률은 각각 2분의 1로 수렴할 것이다. 주가는 어떨까? 동전 던지기와 다를 바 없다. 상승과 하락 확률은 50:50이다. 1900년대 초반 미국을 대표하는 은행가인 J.P. 모건Morgan이 주식시장 전망에 대한 질문을 받고 한 대답이 "들쑥날쑥할 것이다It will fluctuate"였다고 한다.

공정 게임

프랑스 수학자 루이 바슐리에Louis Bachelier는 1900년 박사학위 논문 〈투기이론Théorie de la spéculation〉에서 주가는 일정한 방향성을 가지지 않으며 상승하거나 하락하는 폭과 확률은 같다고 말한다. 그렇다면 손익의 기댓값은 제로(0)가 된다. 그는 이렇게 손익의 기댓값이 제로인 게임을 '공정 게임fair game'이라고 불렀다.

"투기자의 수학적 기댓값은 제로(0)이다."[13]

바슐리에의 〈투기이론〉은 증권시장의 움직임을 수학적으로 분석한 최초의 연구였다. 그런데 그의 논문은 발표된 지 50년도 더 지나서야 세상에 널리 알려졌다. 우수한 논문이기는 했지만, 당시 수학이라는 학문적 관점에서 바슐리에가 분석한 증권시장은 수학자들에게 너무 낯선 것이었다. 〈투기이론〉은 1954년이 되어서야 햇빛을 보게 되었다. 우연한 기회에 바슐리에의 '공정 게임'이라는 개념이 경제학자 폴 새뮤얼슨에게 알려졌고, 이후 새뮤얼슨이 바슐리에의 아이디어를 적극 확산시킴에 따라 현대 금융사의 큰 줄기가 만들어졌다. 결국 〈투기이론〉은 금융이론의 새로운 출발을 알리는 신호탄이 되었다.

바슐리에의 첫 번째 질문은 '주가를 예측할 수 있을까?'라는 것이었다. 바슐리에는 주가에 영향을 미치는 요인은 무수히 많아서 그 등락을 수학적으로 정확히 예측할 수는 없다고 생각했다. 대신 그는 증권시장에서 벌어지는 거래를 확률 게임으로 이해하고 확률이론을 활용해 주가 움직임의 행태를 예측하려고 했다.

"이러한 가격 변동을 결정하는 것은 수많은 요인의 영향을 받는다. 따라서 가격 변동의 수학적 정밀성을 기대하는 것은 불가능하다."[14]

⠿ 진정한 가격

바슐리에는 시장참가자를 투기자speculator라 부르고, 증권시장은 이들의 총합으로 생각했다. 여기서 잠시 '투기'라는 말을 살펴보자. 영어의 'speculation'을 옮긴 이 말은 부정적인 의미가 강하다. 하지만 본래 금융이론에서 말하는 투기는 각자의 판단에 따라 확실하지 않은 가격의 방향성에 베팅한다는 뜻으로 가치중립적이며 기술적인 용어다. 바슐리에가 논문 제목을 '투기이론'이라고 한 이유를 알 것 같다.

그는 시장에서 형성된 현재 가격을 진정한 가격이라고 보았다. 시장에는 수많은 매수자와 매도자가 존재하므로 현재 결정된 가격은 매도와 매수의 힘이 총집결한 결과라는 것이다. 따라서 '일정 시점에서' 볼 때 시장은 힘의 균형 상태이므로 상승 또는 하락할 것으로 기대되지 않는다. 다시 말해 시장이 가능성이 가장 크다고 판단한 가격이 바로 현재의 진정한 가격이라는 것이다. 만일 시장이 달리 판단했다면, 현재 시장가격이 아닌, 더 높거나 낮은 가격으로 시세를 매겼을 것이기 때문이다.

"시장에서 평가된 각 가격에 대해서는 매수자만큼이나 많은 매도
자가 있으므로 투기자들의 총합인 시장은 주어진 일정 시점에서 볼
때 꼭 상승하거나 하락할 것으로 생각할 이유는 없는 것 같다."[15]

: 랜덤워크와 시간의 제곱근

그렇다면 '시간이 지니면서' 주가는 어떻게 움직일까? 바슐리에는
미래의 가격이 현재의 진정한 가격에서 벗어나 상승하거나 하락하
는 폭과 확률은 같다고 말한다. 결국 주가는 일정한 방향성을 가지
지 않으며 어떻게 변할지 알 수 없다는 것이다. 오늘날 이러한 주가
변화 행태를 '랜덤워크random walk, 亂步, 醉步(불규칙 보행)'라고 표현한
다. 랜덤워크는 흔히 술 취한 사람의 걸음걸이에 비유되는데, 과거
의 움직임을 보고 미래의 방향을 알 수 없다는 것이다. 〈투기이론〉
은 '시장은 기억이 없다'는 랜덤워크 이론의 출발점이었다.

바슐리에는 랜덤워크 행태를 보이는 주가 변화는 좌우가 대칭
인 정규분포normal distribution를 따른다고 주장했다. 정규분포는 주
가 등락의 폭과 그 확률이 좌우 대칭이면서 아주 매끄러운 곡선의
형태를 지닌 확률분포이다. 정규분포를 사용한다는 것은 주가 변
동의 범위와 확률을 잘 정의된 평균(μ)과 표준편차(σ)로 예측할 수
있다는 의미다. 정규분포에 따르면 평균을 중심으로 $\pm 1\sigma$ 이내에

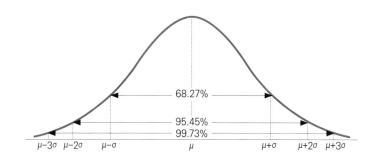

68.27%

95.45%
99.73%

$\mu-3\sigma$ $\mu-2\sigma$ $\mu-\sigma$ μ $\mu+\sigma$ $\mu+2\sigma$ $\mu+3\sigma$

68.3%의 관측치가 포함되고, ±2σ 이내에는 95.4%의 관측치가 포함되며, ±3σ 이내에는 99.7%의 관측치가 포함된다.

이를 이용하면 주가 변화의 범위를 확률적으로 계산할 수 있다. 예를 들어 과거 일정 단위기간의 관측치들의 평균이 10%이고, 표준편차가 15%라면 다음 기간에 일어날 주가 변화가 ±1σ(−5~25%) 내에 포함될 확률은 약 68%이고, ±3σ(−35~55%) 범위를 벗어날 가능성은 0.3%로 아주 작다.

그런데 단위기간을 달리하면 주가는 어느 정도나 변할까? 다시 말해 현재 가격에서 얼마나 멀리 벌어질 것인가? 시간 간격을 하루, 한 달, 일 년 등으로 늘리면 주가 변화는 대개 그만큼 더 커질 것이다. 바슐리에는 주가가 변해 현재 가격에서 좌우 대칭으로 벌어질 간격interval은 시간의 제곱근에 비례해서 증가한다고 말한다.

"이 간격[주가 변동폭]은 시간의 제곱근에 비례한다."[16]

다시 말해 주가 변화의 가능성은 시간이 짧을수록 제로(0)에 가깝고, 시간이 길어지면서 시간의 제곱근($6\sqrt{t}$)에 비례해서 커진다는 것이다. 이때 σ는 단위기간의 표준편차다. 예를 들어 단위기간을 1개월로 했을 때 월간 주가 변동폭이 ±6%라면 연간 변동폭은 $\pm6\sqrt{12} \fallingdotseq \pm21\%$라는 것이다.

주가 변동폭이 경과 시간의 제곱근에 비례한다는 바슐리에의 결론은 언뜻 보기에 큰 의미가 없는 것처럼 보인다. 하지만 이것은 투자위험 관리에서 매우 중요하다. 왜냐하면 시간 경과에 따라 처하게 될 위험의 정도를 구체적인 수치를 통해 가늠할 수 있기 때문이다. 예를 들어 어떤 투자은행이 '향후 1개월 이내에 10억 달러 이상의 손실을 보지 않는다고 어느 정도 확신할 수 있는가' 하는 문제는 은행의 생존과 관련해 매우 중요한데, 이 문제를 해결하는 VaRValue-at-Risk(발생 가능한 최대 손실금액) 모형의 논리적 기초를 바슐리에가 제공한 것이다. 나아가 바슐리에의 논리는 블랙—숄즈 모형에 활용되며 현대 옵션이론의 초석을 다지는 데 이바지했다.

⦂ 브라운 운동

그런데 바슐리에의 이론에서 정규분포를 보이는 것은 1,000원, 2,000원, 만 원 등과 같은 절대금액으로 나타낸 주가의 변동폭이다. 하지만 정말 그럴까? 미 해군연구소의 천체물리학자인 모리 오스본Maury F. M. Osborne은 미 해군성이 발행하는 《작전연구Operations

Research》1959년 3~4월호에 〈주식시장의 브라운 운동Brownian Motion in the Stock Market〉을 발표했다. 그는 주가—정확히는 주가의 로그값—가 변하는 모습이 물 위에 떠 있는 꽃가루 입자의 무작위적인 움직임, 즉 브라운 운동과 아주 유사하다는 사실을 증명하고자 했다.

오스본은 이 논문에서 절대금액으로 표시한 주가 분포가 종 모양의 정규분포가 아님을 보여주었다. 대신 주가에 자연로그를 취하면 종 모양에 가깝다는 사실을 확인했다. 다시 말해 바슐리에의 주장과 달리 주가는 로그를 취했을 때 정규분포를 따른다는 것이다. 이처럼 원래의 데이터가 정규분포를 보이지는 않지만, 이에 로그를 취하면 정규분포의 모양을 띠는 경우 이를 로그정규분포log normal distribution를 따른다고 말한다.

주가 자체가 아닌 로그를 취한 주가의 움직임이 정규분포를 따르는 이유는 무엇일까? 투자자가 거래할 때는 현재의 주가 수준을 고려한 상대가격으로 의사결정을 한다. 예를 들어 주가의 변화가 1,000원이라고 했을 때 그 느낌은 기준 주가가 만 원일 때와 10만 원일 때는 서로 다르다. 주가의 변화가 같은 느낌을 주려면 만 원일 때의 1,000원의 등락은 10만 원일 때는 만 원이 되어야 한다. 즉 투자자는 등락액보다는 등락률을 기준으로 의사결정을 한다. 이때 주가가 만 원일 때의 1,000원의 변동과 10만 원일 때의 만 원의 변동은 투자자에게 동일한 느낌을 주는 '등간격equal interval' 변동이라고 할 수 있다. 다시 말해 '동일한 비율'이 된다.

오스본은 로그정규분포를 설명하면서 정신물리학의 베버-페

절대가격과 상대가격(수익률)에 의한 등간격		
가격 변동	바슐리에 (절대가격)	오스본 (수익률)
① 10,000원 → 11,000원 = 1,000원 ② 100,000원 → 101,000원 = 1,000원	등간격	이간격
③ 10,000원 → 11,000원 = 1,000원 ④ 100,000원 → 110,000원 = 10,000원	이간격	**등간격**

로그값에 의한 등간격 = 수익률의 등간격(A→B인 경우 수익률은 lnB-lnA)
10,000원→ 11,000원 : ln11,000-ln10,000 = ln(11,000/10,000) = ln1.1
100,000원→ 110,000원 : ln110,000-ln100,000 = ln(110,000/100,000) = ln1.1

히너 법칙Weber-Fechner law을 인용한다. 이것은 음성, 빛, 소음 등 물리적 자극의 변화와 이를 인지하는 주관적 감각 사이에는 일정한 관계가 있다는 법칙이다. 즉 감각의 변화를 야기하는 최소한의 자극은 기존 자극의 크기에 비례하며, 감각으로 느끼는 강도는 자극 강도의 절댓값이 아닌 로그값에 비례한다는 것이다. 오스본에 따르면 물리적 자극과 감각의 관계처럼 투자자는 주가 변동액보다는 주가수익률, 즉 주가 로그값의 변화에 반응하여 의사결정을 한다.

게다가 주가에 로그값을 취하면 또 다른 문제를 해결할 수 있다. 바슐리에는 주가 움직임이 좌우 대칭인 정규분포를 따른다고 가정했기 때문에 주가가 음수가 되는 상황이 발생할 수 있다. 만 원짜리 주식이 2만 원 상승하여 3만 원이 될 가능성이 있다면 2만 원 하락하여 마이너스(-) 만 원이 될 가능성도 있어야 하기 때문이다. 그러나 주가는 0 아래로는 떨어지지 않는다. 이를 해결하는 방법은 변동액을 기준으로 주가의 무작위적 움직임, 즉 브라운 운동을 변동률(주가수익률)을 기준으로 재구성하면 된다. 이렇게 재구성한 브라운 운동을 '기하적 브라운 운동geometric Brownian motion'이라고 한다. 바슐리에의 이론을 널리 확산시킨 폴 새뮤얼슨도 1965년 발표한 논문 〈합리적 워런트 가격결정 이론Rational Theory of Warrant Pricing〉에서 주가에 로그값을 취하는 기하적 브라운 운동 모형으로 바슐리에의 취약점을 극복할 수 있음을 보여주었다.

: 정보와 효율적 시장

랜덤워크 이론은 1960년대와 1970년대 유진 파마Eugene Fama의 손을 거쳐 효율적 시장가설Efficient Market Hypothesis로 이어진다. 효율적 시장이란 중요한 정보를 자유롭게 이용할 수 있으며, 주가가 새로운 정보에 즉각적으로 반응하며 변하는 시장이다. 다시 말해 효율적 시장에서 주가는 일정한 패턴 없이 정보에 반응해 움직이며, 현재 가격은 모든 정보를 반영한 진정한 가격이다.

"'효율적' 시장은 개별 증권의 미래 시장가치를 예측하려고 노력하고 활발히 경쟁하며 이익 극대화를 추구하는 다수의 합리적인 시장참가자가 존재하는, 아울러 유통되는 중요한 정보를 모든 시장참가자가 거의 자유롭게 이용할 수 있는 시장으로 정의된다."
"효율적 시장에서 경쟁은 새로운 정보의 내재가치에 대한 모든 영향을, 평균적으로, '즉시' 시장가격에 반영되도록 한다."[17]

효율적 시장가설은 차트분석가, 애널리스트 등이 하는 일을 시간 낭비라고 생각하도록 만들었다. 효율적 시장가설의 핵심은 모든 정보를 즉시 반영하며 무작위적으로 변하는 시장가격은 항상 '옳다 right'는 것이다. 그렇다면 패턴을 찾아 가격을 전망하거나 가치를 분석하는 것은 쓸모없는 일이 된다. 차트분석이나 가치분석으로는 시장을 이길 수 없다는 것이다. 따라서 효율적 시장에서는 많은 종목에 분산투자하거나 시장지수를 추종하는 인덱스펀드에 투자하는 편이 더 나을 것이다. 사실 효율적 시장가설은 오늘날 거대 산업이 된 인덱스펀드의 배경 이론이었다.

그런데 파마에 따르면 시장이 효율적인 이유는 이익을 추구하는 다수의 합리적인 시장참가자가 활발히 경쟁하고, 모든 참가자가 중요한 정보를 자유롭게 이용할 수 있기 때문이다. 그렇지 않다면 시장의 효율성은 제한적일 것이다. 역설적이게도 높은 수익률을 얻기 위해 증권분석을 하는 시장참가자가 늘어날수록 시장은 더 효율적으로 변해 증권분석의 유효성을 그만큼 떨어뜨린다.

: 미스터 마켓

벤저민 그레이엄Benjamin Graham은 《현명한 투자자The Intelligent Investor》에서 '미스터 마켓Mr. Market'이라는 가상의 인물을 통해 주가의 변화를 설명한다. 시장의 효율성을 믿는 사람들은 시장은 대체로 효율적이지만 가끔 비효율적일 때가 있다고 말한다. 하지만 미스터 마켓을 보면 시장은 대체로 비효율적이지만 가끔 효율적이라는 생각이 든다.

> "당신이 어떤 개인회사에 1,000달러를 투자하여 약간의 지분을 가지고 있다고 가정하자. 동업자 중 한 명인 미스터 마켓Mr. Market은 기꺼이 남을 도우려고 하는 매우 친절한 사람이다. 그는 매일 당신의 지분가치에 대해 자신이 생각하는 바를 말해주고, 그것을 기준으로 당신의 지분을 사거나 혹은 당신에게 추가로 지분을 팔겠다는 제안을 한다. 때때로 그의 가치평가가 그럴듯하고 당신이 알고 있는 그 회사의 현황과 전망에 비추어 타당한 것으로 보인다. 다른 한편 미스터 마켓은 종종 열정이나 공포에 휩쓸리기도 하며, 그가 제안하는 가치가 아주 우스꽝스러워 보일 때도 있다. 만일 당신이 신중한 투자자이거나 분별 있는 사업가라면 보유하고 있는 그 기업의 1,000달러어치 지분가치에 관한 판단을 매일 달라지는 미스터 마켓의 의견에 맡기겠는가?"[18]

፧ 군자표변

하지만 주식시장은 벤저민 그레이엄이 시장의 비효율성을 믿고 《증권분석Security Analysis》을 가르치던 때와는 확연히 달라졌다. 먼저 투자자 수 및 거래량이 급증했고, 기업 재무제표, 경제 및 산업 보고서 등 관련 정보의 생산량도 엄청나게 늘어났다. 정교화된 현대 금융이론도 시장의 효율성을 강화하는 쪽으로 작용했다. 결정적으로 정보통신기술의 발달은 정보의 유통을 극대화함으로써 증권분석의 범위를 확대하고 내용을 심화시켜 가치와 가격의 괴리를 축소시켰다. 이에 따라 그레이엄의 시대보다 주식시장의 효율성이 크게 높아졌다.

물론 아직도 시장의 비효율성을 믿는 가치투자는 유효하다. 하지만 예전처럼 그렇게 훌륭하게 작동하지는 않는다고 할 것이다. 시장의 효율성이 증대하면서 시장의 비효율성 때문에 발생하는 가치와 가격의 괴리를 발견하는 일이 훨씬 어려워진 것이다. 그레이엄은 이러한 환경 변화를 인식한 것으로 보인다. 1976년 그는 한 인터뷰에서 증권분석에 대한 질문에 대해 다음과 같이 말했다. 인터뷰에서처럼 생애 말년에 그레이엄은《증권분석》과《현명한 투자자》에서 피력했던 투자에 대한 태도를 바꾸었다.

Q: 보통주 포트폴리오를 구축할 때 당신은 여러 상이한 종목들에 대해 세심한 연구를 통해 엄선할 것을 권고하는 입장입니까?

A: 일반적으로 그렇지 않습니다. 저는 더 이상 탁월한 가치 기회를 찾기 위한 정교한 증권분석 기법을 지지하지 않습니다.《증권분석》이 처음 출판되었던, 그러니까 40년 전에는 그런 활동은 보상이 따랐습니다. 하지만 그때 이후로 상황이 아주 많이 변했습니다. 과거에는 잘 훈련된 증권분석가는 누구나 세밀한 분석을 통

해 저평가된 종목을 전문적으로 선별할 수 있었습니다. 하지만 지금은 엄청난 양의 리서치가 이루어지고 있다는 점에 비추어 저는 대부분의 경우 그러한 엄청난 노력을 한다고 해서 그 비용을 정당화할 만큼 충분히 월등한 종목 선정을 할 수 있을지 의문입니다. 그와 같은 아주 한정된 차원에서 저는 지금 교수들로부터 널리 받아들여지고 있는 '효율적 시장' 학파의 입장입니다.[19]

⦂ 찌그러진 동전

효율적 시장가설은 증권시장론에서 경제학의 완전경쟁이론과 비슷한 지위를 차지한다. 순수한 완전경쟁은 하나의 이상적 상황이라고 할 수 있는데, 이것을 가정하면 많은 복잡한 문제가 깔끔하게 해결된다. 이 때문에 그 단점이나 한계를 알면서도 경제학에서는 이를 중요하게 다룬다. 마찬가지로 효율적 시장도 이상적 상황이다. 다만 증권시장은 실물 재화라는 물리적 제약 없이 수많은 사람이 분초를 다투며 상호작용을 하는 곳이기 때문에 다른 시장에 비해 참가자 간 경쟁이 훨씬 치열한 곳이다. 더구나 전산화로 인해 그 정도는 더욱 심화되었다. 그렇기 때문에 아마도 존재하는 모든 시장 중에서 완전경쟁에 가장 가까운 시장일 것이다.

하지만 주식시장은 효율적 시장가설이 주장하는 것처럼 가격이 모든 정보를 완벽하게 반영한다고 할 수는 없다. 시장제도나 거래비용 등으로 인한 차익거래의 불완전성, 시장참가자들의 집단심리에 따른 불합리성, 시세조종 등에 따른 가격 왜곡 등이 여전히 존재하기 때문이다. 또한 시장은 미공개정보까지 완벽하게 반영하는 것 같지는 않다. 그리고 투자자들은 이 틈을 노리는 것이다. 증권시장에서 던지는 동전은 랜덤워크를 낳는 균형 잡힌 동전이 아니라 기술적 분석이나 기본적 분석으로 효과를 볼 수 있는 찌그러진 동전이라고 믿는 것이다.

: 정보 비대칭과 불공정 게임

이 때문에 투자자들은 모두 정보에 목말라한다. 조금이라도 빨리 주가에 긍정적인 정보를 안다면 막대한 이익을 얻을 기회를 가질 수 있기 때문이다. 일반적으로 주식시장에서 기업정보는 공개정보와 미공개정보로 나눈다. 상장기업이 거래소에 신고한 주요 경영사항, 분기보고서, 사업보고서 등 공시정보가 대표적인 공개정보이다. 이와 함께 시장에 배포된 애널리스트의 분석보고서나 사실을 다룬 방송뉴스도 일종의 공개정보라고 할 수 있다.

공개정보 중 실적 발표를 이용한 거래를 살펴보자. 만일 어느 기업의 이익이 시장의 일반적인 예상을 크게 넘어서는 어닝 서프라이즈earnings surprise라면 주가는 상승한다. 그런데 이 경우 실적 발표일 뿐만 아니라 이후 일정 기간 주가가 상승하는 경향이 있다고 한다. 물론 이때도 중요한 것은 이익의 질quality of earnings이다. 일회성 특별이익이나 지속성이 의심되는 실적이라면 주가의 반응은 순간적일 수 있다. 특히 실적 부실을 감추거나 부정한 목적을 위해 허위 매출 등 회계조작을 통해 만들어낸 어닝 서프라이즈라면 추후 주가 급락뿐 아니라 상장폐지로 이어질 수도 있다. 따라서 정보를 무조건 액면 그대로 받아들이는 것은 투기로 빠질 위험이 있다. 특히 전망이나 예측 등 연성정보soft information를 다루는 공정공시fair disclosure 또는 fair and full disclosure, FD를 통해 시장에 전달된 기업정보는 더 큰 주의와 세심한 해석이 필요하다.

과거에 증권사, 자산운용사, 연기금 등 기관투자자는 상장기업의 실적 전망이나 경영 계획 등 미공개정보에 접근할 수 있었기 때문에 정보 면에서 개인투자자보다 우월적 지위에서 게임을 했다. 그런데 한국증권거래소가 2002년 11월 '공정공시'를 도입하면서 상황이 변했다. 당시 나는 공시제도팀 과장으로 공정공시 도입의 실무책임자였다. 관련 제도를 마련한 후 시행 전에 관계자를 대상으로 거래소 국제회의장에서 설명회를 개최했다. 증권업계와 상장기업의 공정공시에 관한 관심을 반영하듯 회의장 1층과 2층은 청중으로 가득했다. 공정공시에 관한 관심이 그렇게 컸던 이유는 새로 도입되는 공시제도 위반으로 제재를 받지 않으려는 점도 있었지만, 기관투자자, 애널리스트 등에게만 제공하던 정보를 이들과 동시에 얻을 수 있다는 기대 때문이었을 것이다.

공정공시는 상장기업이 장래 계획, 실적 전망, 잠정 실적이나 공시시한이 도래하지 않은 주요 경영사항 등 주가에 영향을 미칠 것으로 생각되는 중요한 정보를 증권업자, 기관투자자, 언론사 등 특정인에게 선별적으로 제공하려는 경우에는 해당 정보를 제공하기 전에 거래소를 통해 모든 시장참가자에게 공시하도록 한 것이다. 이 제도의 목적은 시장참가자 간 정보의 불균형, 즉 정보 비대칭 information asymmetry을 완화하고 공시정보의 범위를 넓히려는 것이었다. 이를 통해 시장참가자 간 공정한 경쟁이 촉진되고, 정보의 신속한 확산으로 시장의 효율성이 높아질 것으로 기대했다. 그런데 공정공시를 통해 전망이나 예측 등 연성정보와 더불어 기업이 중요하다고 판단하는 제반 정보를 공시할 수 있는데, 이를 악용해 주가 부양용 혹은 홍보성 정보를 공시할 수도 있다. 따라서 투자자는 공정공시의 내용을 비판적으로 검토하는 자세가 필요하다.

정보를 이용한 투자에서 근본적인 문제는 정보가 공개되는 순간 이를 이용한 투자의 유효성이 감소한다는 것이다. 주식시장에서 어느 정도 거래 경험이 있는 사람은 대체로 어떤 정보가 주가에 긍정적인지 부정적인지를 알고 있지만 모든 사람에게 공개된 정보의 유효기간은 극히 짧다. 정보의 유효기간을 늘릴 방법은 여러 정보를 종합적으로 분석하여 정보들의 행간을 읽는 것이다. 안타깝지만 개인투자자에게는 쉽지 않은 일이다. 그리고 이런 상황이 사람들을 기업정보에 의존하지 않는 기술적 분석에 빠지도록 몰아가는 배경이 되기도 한다.

⦂ 소문과 뉴스

미공개정보는 기업 외부에 공개적으로 알려지지 않은 정보이다.

이는 회사의 임직원 및 주요주주와 회계사, 세무사, 경영 컨설턴트 등 회사와 업무상 관계된 사람들에게만 제한적으로 알려진 내부정보이다. 이들 회사 내부자 등이 당해 회사의 미공개정보를 이용해 거래하는 것을 내부자거래insider trading라고 하며, 이는 대표적인 불공정거래이자 위법한 거래행위다.

하지만 아직 공개되지 않은 기업의 내부정보라 해도 여러 루트를 통해 조금씩 외부로 흘러나오는 경향이 있다. 이 때문에 주식시장에는 "소문에 사서 뉴스에 팔아라"라는 투자 격언이 있다. 이것은 상장기업에 관한 긍정적인 소문이 돌 때 매수하고 이후 뉴스로 확인되면 매도하라는 것이다. 긍정적인 소문으로 인해 주가가 상승하지만, 뉴스가 나올 때면 이미 그 정보가 주가에 반영된 후인 경우가 많기 때문이다. 예를 들어 실적 개선에 관한 소문이 돌아 주가는 이미 실적 개선을 반영한 후이므로 실제로 어닝 서프라이즈가 아니라면 확인된 뉴스에 대한 시장의 반응은 무덤덤하다.

하지만 소문과 뉴스에 관한 이 전략이 언제나 유효한 것은 아니다. 주식시장에는 거짓 소문이 적지 않다. 소문이 소문으로 그치면 주가가 대응하기 어려울 정도로 한순간에 급락하기도 한다. 매수합병M&A은 이 전략과 관련해서 자주 언급되는 이벤트다. M&A 소문이 돌면 표적기업의 주가는 대개 점진적으로 상승하고, 뉴스로 확인되면 급등한다. 이 경우에는 소문과 함께 상승하고 있는 주식을 매수해서 M&A 뉴스로 주가가 급등한 후 매도하면 꽤 괜찮은 이익을 얻을 수도 있다. 하지만 M&A 과정은 매우 복잡하며 변수가 많다. 따라서 상황은 예상하지 못한 방향으로 전개될 수 있다. M&A

가 불발로 그치면서 주가는 소문을 듣고 산 가격 이하로 급락할 수 있다. 이 때문에 막연한 M&A 소문에 기초한 거래행위는 투기가 될 가능성이 있다.

07

위험을 줄이는 분산투자

오늘날 투자자가 지켜야 할 제1원칙이 무엇인지 물으면 많은 사람이 '분산투자'라고 답할 것이다. 하지만 분산투자가 일반화된 것은 주식시장 역사에 비하면 그리 오래되지 않았다. 1952년 해리 마코위츠Harry M. Markowitz가 〈포트폴리오 선택Portfolio Selection〉이라는 논문에서 그 중요성을 역설한 이후에야 분산투자는 주식시장의 전면에 내걸린 슬로건이 되었다.

⦂ 포트폴리오

포트폴리오란 여러 자산의 묶음을 의미한다. 그림을 그리거나 디자인을 하는 사람이 자신이 그린 그림이나 디자인 작품을 하나로 묶어놓은 것을 포트폴리오라고 하듯이 투자에서도 투자자가 투자한 여러 자산의 그룹을 그 투자자의 포트폴리오라고 하는 것이다. 물론 투자자마다 포트폴리오를 구성하는 종목이나 그 수는 각양각색이다. 마코위츠 이전에도 여러 투자자산을 하나의 그룹으로 간주하여 투자 결정을 한다는 생각은 있었겠지만, '포트폴리오'를 증권시장의 일상 용어로 만든 것은 마코위츠의 〈포트폴리오 선택〉이다.

마코위츠에게 노벨경제학상을 안겨준 이 논문에서 그는 위험자산에 투자할 때는 기대수익률expected return만이 아니라 위험risk도 함께 고려해야 한디고 역설했디. 그리고 이것이 분신투자가 필요한 이유라고 주장했다. 어떤 투자자도 개별 종목의 미래 수익률을 정확히 예측할 수 없으므로 위험을 낮추려면 여러 종목으로 포트폴리오를 구성해야 한다는 것이다.

일반적으로 예측치와 실제값이 차이가 날 가능성을 위험이라고 한다. 그러면 이 위험은 어떻게 측정할 수 있는가? 정교하게 발달한 오늘날의 투자이론에서는 주가 변동률, 즉 수익률들이 평균수익률에서 얼마나 멀리 떨어져 분포되어 있는지를 나타내는 분산(σ^2) 또는 표준편차(σ)로 위험을 측정한다. 따라서 가격 등락이 심한 것, 즉 주가 변동성이 커서 기대수익률의 범위가 넓은 것은 위험이 크다는 것을 의미한다. 예를 들어 향후 일정 기간 투자수익률이 ±5%인 종목보다 ±10%인 종목의 위험이 더 크다는 것이다. 미래는 불확실한 것이므로 투자위험은 추정할 수밖에 없는데 대개 과거에 나타난 주가수익률의 변동성을 이용하여 평가한다.

시장에서 거래되는 수백, 수천 개 종목 중에서 일부를 선택해서 만들 수 있는 포트폴리오는 하나만 있는 것이 아니다. 그렇지만 선택 대상이 되는 것은 기대수익률과 위험의 조합이 '효율적efficient'이어야 한다. 여기서 효율적이란 주어진 기대수익률에서 위험이 가장 낮거나 주어진 위험 수준에서 기대수익률이 가장 높은 경우를 말한다. 따라서 투자자는 수익률과 위험이 효율적으로 조합된 포트폴리오 중에서 자신의 위험회피 성향을 고려해 가장 큰 만족을 주는 포트폴리오를 선택하면 된다.

> "$E–V$ [기대수익률−수익률의 분산] 기준에 따르면 투자자는 … 효율적인 ($E–V$) 조합, 즉 주어진 기대수익률이나 이를 초과하는 수익률에 대해 분산이 가장 낮으며, 주어진 분산이나 이를 밑도는 분산에 대해 수익률이 최고인 조합을 제공하는 포트폴리오 중에서 하나를 선택한다(혹은 선택해야 한다)."[20]

⋮ 공분산과 포트폴리오 위험

만일 기대수익률만을 기준으로 하면 최고의 수익률이 예상되는 종목에 100% 투자해야 한다. 하지만 그 종목의 위험이 높다면? 마코위츠는 위험을 낮추려면 여러 증권을 함께 고려해야 한다고 말한다. 그는 여러 증권을 하나로 묶은 포트폴리오를 구성하면 포트폴리오 전체적으로 변동성이 감소하여 위험이 줄어든다는 것을 보여주었다.

그런데 분산투자를 하면 위험이 줄어드는 것은 왜일까? 그것은 각 종목의 가격 움직임이 같지 않기 때문이다. 한 종목의 가격이 오르면 다른 종목의 가격은 내리거나 덜 오를 수 있다. 이 때문에 가격 움직임이 상쇄되거나 축소되어 포트폴리오 전체적으로는 변동성이 줄어든다. 물론 그 정도는 포트폴리오에 포함된 각 종목 가격이 얼마나 다르게 움직이느냐에 달려 있다. 가격 움직임이 서로 다를수록 분산투자가 위험을 줄이는 효과는 커진다.

그렇다면 다양한 기대수익률과 위험을 가진 개별 종목들을 하나로 묶은 포트폴리오의 기대수익률과 분산은 이렇게 계산할 수 있을까? 포트폴리오의 기대수익률은 포트폴리오에 편입된 개별 종목의 기대수익률을 투자 비중으로 가중평균한 값이다. 하지만 포트폴리오의 분산은 단순히 개별 종목의 분산을 투자 비중으로 가중평균한 값이 아니다. 앞서 언급한 것처럼 종목 상호 간의 가격 움직임은 서로 상쇄될 수 있기 때문이다. 따라서 포트폴리오의 위험은 편입된 개별 종목 간의 공분산covariance을 반영하여 결정된다. 공분산은 편입된 개별 종목들의 가격이 같은 방향으로 움직이는 모습을 보이면 플러스(+)이고, 반대 방향으로 움직이면 마이너스(-)가 된다. 따라서 공분산이 작을수록, 즉 포트폴리오를 구성하는 종목들의 가격 움직임이 서로 다를수록 포트폴리오의 분산 효과는 더 커진다.

다음 표는 간단한 분산투자의 예를 보여준다. A와 B 두 종목에 균등하게 분산투자하면 기대수익률은 11%가 되고 위험(변동성, 표준

구분	A 종목	B 종목	'A+B' 포트폴리오 (투자 비중 5:5)		
			A와 B의 수익률 상관계수(ρ)		
			−1	−1 $<$ ρ $<$ 1	1
기대수익률	8%	14%	11%	11%	11%
표준편차 (위험)	13%	25%	6% = (25-13)/2	6%$<$위험$<$19%	19% =(13+25)/2

분산투자의 효과

두 변수의 값이 서로 같은 방향으로 움직이는 정도를 상관계수로 나타낸다. 상관계수는 공분산을 측정 단위와 관계없이 표준화한 것이다. 상관계수는 −1과 +1 사이의 값을 가지는데, −1이면 완전히 반대로 움직이는 것이며, +1이면 똑같이 움직이는 것이다.

편차)은 최저 6%와 최고 19% 사이가 된다. 만일 A와 B 두 종목의 가격이 완전히 반대로 움직인다면 위험은 6%로 급감한다. 설혹 가격이 완전히 똑같이 움직인다고 해도 위험은 B종목의 25%보다 낮은 19%가 된다. 그렇다면 분산투자는 기대수익률을 어느 정도 확보하면서 위험을 낮추는 좋은 투자전략이 될 수 있다.

분산투자가 위험을 감소시키는 효과는 단순히 포트폴리오에 포함되는 종목 수에만 달려 있지 않다. 가격이 같이 움직이는 경향이 작을수록 분산 효과가 크다. 따라서 분산투자를 할 때는 여러 업종의 종목에 투자하는 것이 좋다. 예를 들어 자동차 종목만을 여러 개 사는 것보다 자동차, 에너지, 소비재, 게임 등 다양한 산업의 종목에 나누어 투자하는 것이다. 일반적으로 같은 업종의 종목은 비슷한 움직임을 보이는 경향이 있기 때문이다.

"투자자는 분산이 충분히 이루어졌는가는 단지 보유하고 있는 증권 종목 수에만 달려 있다고 생각하지 않는다. 예를 들어 60개 종목의 철도 증권으로 이루어진 포트폴리오는, 증권 종목 수는 같지만 일부는 철도, 일부는 공공 유틸리티, 광업 및 다양한 종류의 제조업 등으로 구성된 포트폴리오만큼 제대로 분산되어 있다고 할 수 없을 것이다. 그 이유는 일반적으로 동일 산업 내의 기업은 이종 산업의 기업에 비해 동시에 실적이 저조할 가능성이 더 크기 때문이다."[21]

⦂ 위험 프리미엄

마코위츠는 수익률만으로 종목을 선정하던 전통적 방법을 수익률-위험(평균-분산)이라는 통계적 수치를 이용한 체계적 방법으로 대체하여 분산투자를 기본으로 한 투자이론을 제시했다. 그런데 극단적인 수준까지 분산투자를 하면 위험을 모두 제거할 수 있을까? 물론 그것은 불가능하다. 일반적으로 투자종목이 20~30개 정도가 될 때까지는 위험이 감소하다가 그 이상이 되면 거의 감소하지 않는 것으로 알려져 있다. 이처럼 분산투자를 통해서도 피할 수 없는 위험을 흔히 체계적 위험systematic risk이라고 하며, 분산투자로 제거할 수 있는 위험을 비체계적 위험unsystematic risk이라고 한다. 그리고 시장은 투자자가 피할 수 없는 체계적 위험을 감수하는 대가로 더 높은 수익률을 제공하는데, 이것을 위험 프리미엄risk premium이라고 한다.

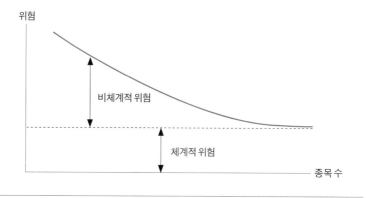

비체계적 위험은 각 기업의 개별적 상황으로 야기되는 투자수익률의 변동성을 의미하며, 기업고유위험firm-specific risk이라고도 한다. 예를 들어 개별 기업의 매출액 변동, 파업, 소송, 소유권 분쟁, 공장 화재, CEO 행태 등 특정 기업이 직면한 상황에 따라 주가가 변하는 위험이다. 이러한 기업고유위험으로 인한 수익률의 변동성은 여러 기업에 분산하여 투자하면 긍정적인 요인과 부정적인 요인이 상쇄되어 제거할 수 있는 위험이므로 분산 가능한 위험이라고 한다. 이와 같은 분산 가능한 위험을 분산을 통해 제거하지 않고 방치하는 것은 투자자 자신의 책임이므로 시장이 굳이 이를 보상할 이유가 없다고 하는 것이다.

반면 체계적 위험은 전반적인 시장 상황으로 인해 야기되는 투자수익률의 변동성을 의미하며, 시장위험market risk이라고도 한다. 예를 들어 전체 상장기업에 영향을 미치는 경기 사이클, 투자상품에 대한 시대적 선호나 새로운 메가트렌드megatrend에 따른 주식투자 수요의 변화, 전쟁, 시대적 정치 흐름의 변화, 전국적 자연재해 등 시장이 직면하는 상황에 따라 주가가 변하는 위험이다. 체계적 위험이 존재하는 근본 이유는 모든 기업이 전반적인 경제활동 수준에 공통으로 종속되어 있기 때문이다. 따라서 이 위험은 투자자가 떠안고 가야 할 최소한의 위험이라고 할 수 있다.

물론 시장위험의 수준은 시기별로 달라질 수 있고, 그것이 개별 종목에 미치는 영향도 종목마다 다르다. 기업마다 전체 경제활동 수준에 대한 민감도나 수익구조 등이 다르기 때문이다. 따라서 개별 종목의 위험 프리미엄은 해당 종목이 시장위험에 반응하는 정도에 따라 결정된다. 시장위험에 민감하게 반응하면 위험 프리미엄이 높고, 상대적으로 둔감하게 반응하면 위험 프리미엄이 낮다.

결론적으로 분산투자는 적절한 포트폴리오를 구성해서 개별 기업에 고유한 위험을 제거하는 기법이라고 할 수 있다. 따라서 분산투자를 통해 시장에 발을 담그고 있는 모든 투자자가 직면하는 시장위험을 피할 수는 없다. 시장위험을 피하려면 시장을 떠나야 한다. 만일 향후 경제가 어려울 것으로 판단한다면 잠시 시장을 떠나는 것이 바람직한 이유이기도 하다.

: 집중 vs. 분산

마코위츠의 분산투자는 한 종목에 투자하지 말고 여러 종목을 하나로 묶은 포트폴리오를 구성해서 투자하라는 것이다. 계란을 한 바구니에 담지 말라는 것이다. 물론 이미 언급한 것처럼 투자하는 종목들은 주가 움직임이 서로 달라야 한다. 쉽게 말해 업종을 달리하여 복수 종목에 투자하라는 것이다. 단순히 투자종목 수가 아니라 특성이 다른 여러 기업 간 분산이 필요한 것이다.

분산투자는 기본적으로 보수적인 투자이다. 주가 움직임이 서로 다른 종목에 투자할 경우 이 포트폴리오가 전체적으로 크게 하락하는 경우도 적겠지만, 크게 상승하는 경우도 적다. 따라서 공격적인 투자를 선호하는 사람들은 분산투자를 좋아하지 않는다. 만일 다양한 정보나 분석을 통해 특정 산업이 크게 성장할 것으로 전망한다면 해당 업종에 속하는 기업들만으로 자신의 포트폴리오를 구축할 수 있다. 이 경우 그 전망이 현실화된다면 높은 수익률을 달성할 수 있다.

버핏은 분산투자는 자신의 무지를 드러내는 것 이외에 아무것도 아니라고 비판하기도 한다. 이런 이유로 분산투자는 투자자 자신이 워런 버핏이 아니라는 점을 분명하게 자각하는 것을 의미한다고 말하는 사람도 있다. 버핏처럼 투자 대상을 발굴할 때 철저한 분석을 통해 기업가치를 평가한다면 굳이 분산투자를 할 필요가 없다는 것이다. 그런데 많은 사람이 자신이 워런 버핏이 아니라는 사실도 잊은 채 투자를 위해 시간을 내어 공부도 하지 않으면서 분산투자를 경시하는 경향이 있다. 일종의 자만이다.

분산투자는 몇 종목으로 할까? 분산투자 시 포함하는 종목의 수는 투자금액에 따라 다르다고 할 수 있다. 일반적인 개인투자자라면 보통은 3~5종목으로 하는 것을 권장한다. 사실 이 정도의 분산이면 버핏이 비판의 대상으로 삼는, 무지를 드러내는 분산투자가 아니다. 오히려 집중투자에 가깝다. 버핏은 자신의 능력 범위를 넘어 수십에서 수백 종목에 걸쳐 지나치게 분산투자하는 문제점을 지적한 것이다. 어쨌든 개인투자자 입장에서 분산투자가 말하는 것은 최소한 한 종목에 올인하지는 말라는 것이다. 투자금액이 늘어나면 투자종목도 점차 증가하는 경향이 있다. 그 수는 어디까지나 투자자 각자의 성향과 능력에 따라 다를 수 있다. 자신이 관리할 수 있는 종목 수의 범위 내에서 정하면 될 것이다.

분산투자는 투자자를 태풍으로부터 보호하는 방풍림과 같다. 물론 방풍림이 모든 태풍을 완벽하게 막아주지는 못한다. 대공황이나 블랙 먼데이처럼 숲 자체를 폐허로 만드는 태풍도 있기 때문이다. 이럴 때를 대비하는 한 가지 방법은 현금이나 현금성자산을 분산투자의 한 종목으로 간주해 보유하는 것이다. 현금을 보유하는 것은 수익률을 높이는 데 치중해 자기과신이나 과잉반응으로 인해 고갈될 수 있는 투자 체력을 안정적으로 유지하는 데도 도움이 된다. 게다가 주식시장이 대세 하락의 장세가 아니더라도 주기적으로 주식과 현금의 비중을 조절할 수도 있다. 등락을 거듭하는 시장에서 주식과 현금의 비중을 50:50으로 주기적으로 리밸런싱rebalancing(재분배)하면 자산을 주식만으로 보유했을 때에 비해 위험은 작고 투자수익률은 높다는 이론(섀넌의 도깨비Shannon's Demon)도 있다.

08

두꺼운 꼬리와 검은 백조

대공황(1929년), 아시아 외환위기(1997년), IT 버블 붕괴(2000년)와 서
브프라임 사태(2007~2008년)는 투자자에게 큰 고통을 안겨주었다.
몇몇 사람을 제외하고는 누구도 이 사건을 예견하지 못했다. 주가
는 평소 경험하지 못한 수준으로 변했고, 투자자들은 당황했다. 게
다가 증권시장의 기술적인 문제가 주가 급변으로 이어진 사례도 있
었다. 블랙 먼데이(1987년)와 플래시 크래시Flash Crash(2010년)가 그랬
다. 이처럼 주식시장은 다른 시장에 비해 가격이 급변하는 경우가
많다. 달리 말해 주가 흐름이 매끄럽지 못하다는 것이다.

⦁ 점프

　프랙탈fractal 기하학의 창시자인 브누아 망델브로Benoit Mandelbrot는 주가 변화의 행태가 바슐리에가 주장했던 것처럼 아주 매끄러운 종 모양의 정규분포가 아니라고 주장했다. 그는 주가의 변화, 더 정확하게 말하면, 주가수익률의 변화를 그래프로 그리면 정규분포보다 중심부가 더 뾰족하게 솟아 있고, 꼬리 부분은 더 길게 뻗어 있는 모양long tail이라고 말한다. 꼬리가 길다는 것은 정규분포보다 꼬리가 두껍다fat tail는 것이다. 이는 평균에서 멀리 떨어진 꼬리에 해당하는 값이 발생할 확률이 정규분포가 예상하는 것보다 훨씬 높다는 걸 의미한다. 그렇다면 정규분포의 분산이나 표준편차를 이용해 주가수익률의 범위를 제대로 추정하기 어려울 것이다.

　　"가격 변화의 분포는 사실 꼬리가 매우 길어서 표본의 분산이 불규칙하게 변하는 것이 일반적이다."[22]

　다음 그림은 정규분포와 두꺼운 꼬리 분포를 비교한 것이다. 정규분포의 중앙은 상대적으로 두툼하며 꼬리는 가느다란 모양이다. 이것은 평균에서 크게 벗어나지 않는 작은 폭의 주가 변동은 빈번하게 발생하지만 평균에서 멀리 떨어진 큰 폭의 주가 변동은 드물게 발생한다는 것을 뜻한다. 이에 반해 중심부가 뾰족한 두꺼운 꼬리 분포에서는 정규분포가 예상하는 만큼 작은 폭의 주가 변동이 그렇게 빈번하게 발생하지 않는 대신 예상치 못한 급격한 주가 변동

122

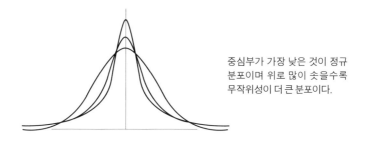

정규분포와 두꺼운 꼬리 분포

중심부가 가장 낮은 것이 정규분포이며 위로 많이 솟을수록 무작위성이 더 큰 분포이다.

출처: Benoit Mandelbrot & Richard Hudson, *The (Mis)Behavior of Markets*, Basic Books, 2004, p.40.

jump이 생각보다 자주 발생한다는 것이다. 망델브로는 이런 모습을 보이는 주가수익률 변화 행태를 '거칠게 무작위하다wildly random'고 표현한다.

：두꺼운 꼬리 위험

이것이 실제 증권시장에서 의미하는 것은 무엇인가? 정규분포를 따르는 주가 변화는 대체로 매끄럽게 연결되는 움직임을 보이는 반면, 두꺼운 꼬리 분포를 따르는 주가 변화는 점프와 같은 단절된 비연속적 움직임을 보인다는 것이다. 이 때문에 아주 매끄러운 종 모양의 정규분포가 잘 정의된 일정한 분산 또는 표준편차를 갖는 것과 달리 두꺼운 꼬리 분포는 전체 영역에 일관되게 적용할 수 있는 잘 정의된 표준편차가 존재하지 않는다. 따라서 변동성 지표로 정규분포의 표준편차를 이용한 예측이나 위험관리는 두꺼운 꼬리 분포, 즉 현실을 제대로 반영하지 못하게 된다. 이를 흔히 두꺼운 꼬리 위험fat tail risk이라고 한다. 망델브로는 현실의 두꺼운 꼬리를 제대로 반영하지 못하는 정규분포normal distribution를 정상normal이라고 주장하는 포트폴리오 이론이 비정상이라고 비판한다.

> "포트폴리오 이론에 따르면 이런 큰 폭의 등락이 발생할 확률은 100만분의 1의 100만분의 1, 그리고 이것의 100만분의 1의 100만분의 1보다 조금 더 클 것이다(이러한 등락은 10σ 범위 밖에 존재하는 것이다). 하지만 사실 우리는 매달 정기적으로 급등락을 목격하며, 그 확률은 100에 2~3번 정도가 된다. 이런 실정임에도 종 모양의 곡선은 흔히 정상, 보다 정확하게는 정규분포로 묘사된다. 아니, 그렇다면 금융시장이 비정상적이라고 해야 하는가? 물론 그렇지 않다. 그것이 본래 금융시장의 모습이다. 잘못된 것은 바로 포트폴리오 이론이다."[23]

랜덤워크에 기반하여 효율적 시장가설을 주창했던 유진 파마도 망델브로의 주장이 현실과 부합한다는 점을 인정했다. 그는 〈주식시장 가격의 행태The Behavior of Stock-Market Prices〉에서 주가수익률이 정규분포가 아니라 중앙이 더 뾰족하고 꼬리가 더 두껍다는 사실을 확인했다. 파마에 따르면 만일 가격 변화가 엄격하게 정규분포를 따른다면 평균에서 $\pm 4\sigma$보다 큰 가격 변화는 50년 만에 한 번 발생하겠지만, 실제로는 매 5년 동안 네 번 정도 관찰된다고 한다. 그리고 정규분포는 ±5σ보다 큰 가격 변화가 7,000년에 한 번 발생하는 것으로 예측하지만, 실제는 3~4년 만에 한 번씩 발생한다는 것이다.

망델브로는 꼬리가 긴 분포가 의미하는 것은 수익률의 분산이 불규칙하게 변한다는 것이라고 해석했다. 즉 일정한 분산을 갖는 정규분포와 달리 긴 꼬리 분포는 잘 정의된 분산이 존재하지 않기 때문에 분산을 이용하여 수익률의 범위를 추정하는 게 어렵다는 것이다. 다시 말해 전통적 변동성 지표인 분산을 이용한 예측이나 위험관리는 현실을 제대로 반영하지 못하고 잘못된 결론으로 이어진다는 것이다. 만일 그렇다면 전통적 변동성 지표인 분산 대신에 다른 변동성 지표를 사용해야 한다.

망델브로는 1967년 발표한 논문 〈영국의 해안선은 얼마나 길까 How long is the coast of Britain?〉에서 굴곡이 심한 영국 해안선의 길이를 측정하는 이야기를 한다. 먼저, 가능하다면 아주 긴 자를 이용하여 직선으로 보이는 부분마다 길이를 재서 대략적인 길이를 알 수 있다. 하지만 해안선은 긴 자로 정확히 잴 수 있을 정도로 반듯한 직선이 아니다. 다시 더 짧은 자를 이용하면 좀 더 진실에 가까운 길이를 잴 수 있다. 하지만 이것도 아직 정확한 길이는 아니다. 계속해서 더 정밀한 측정을 위해서는 더 짧은 자를 이용해야 한다. 그렇다고 해도 해안선의 정확한 길이를 재는 것은 불가능에 가깝다. 그리고 더 정밀한 자를 이용할수록 해안선의 길이는 계속해서 늘어난다. 이러한 망델브로의 논리에 따르면 정규분포를 사용하는 것은 긴 자를 이용해서 영국 해안선의 길이를 재는 것과 같다.

: 무난한 무작위성

망델브로는 정규분포 대신에 두꺼운 꼬리 위험을 반영할 수 있는 확률분포를 사용할 것을 제안했다. 그런데 그의 이론이 가지는 유용성은 어느 정도 인정받고 있기는 하지만 증권시장에서 널리 활용되고 있지는 않다. 근본적인 이유는 그의 이론이 현장에 적용하기에는 너무 복잡하고 과격하기 때문이다. 그의 이론을 시장에 적용하기 위해서는 지금까지 정규분포를 바탕으로 개발해 사용하고 있는 수리통계적 기법들을 포기해야 한다. 그건 결코 쉬운 일이 아니다.

1964년 폴 쿠트너Paul Cootner는 당시까지 발표된 여러 학자의 주요 논문을 모아 《주식시장 가격의 무작위성The Random Character of Stock Market Prices》이라는 책을 편집 출간했다. 여기에는 우리가 앞서 보았던 오스본의 논문과 함께 망델브로의 논문도 실려 있었다. 그렇지만 학자들은 망델브로가 아닌 오스본을 선택했고, 이것이 오늘날 정규분포를 중심으로 하는 랜덤워크가 학계의 주류로 자리 잡는 한 계기가 되었다. 학자들은 오랜 논쟁과 연구 끝에 수익률의 분포는 꼬리가 두껍기는 하지만 망델브로가 제시한 것처럼 분산, 심지어 심한 경우 평균까지도 제대로 정의할 수 없을 정도로 그렇게 거칠게 무작위한 것은 아니라고 판단했다. 다시 말해 주가수익률의 분포가 정규분포에 기반한 표준적인 기법들을 적용할 수 있는 수준은 된다는 것이다.

⦂ 블랙 스완

그렇지만 두꺼운 꼬리는 생각보다 자주 나타난다. 이번에는 '검은 백조'라는 이름으로 모습을 드러냈다. 2007년 나심 탈레브Nassim Taleb의 《블랙 스완The Black Swan》이 출간되고 나서 곧바로 서브프라임 모기지 사태가 터졌다. 이후 검은 백조는 엄청난 충격을 몰고 오는 극단적 사건을 의미하는 일상 용어가 되었다. 탈레브에 따르면 검은 백조는 생각보다 자주 출현한다. 100년에 한 번 있을까 말까 하는 정도로 생각하는 사건이 사실은 10년에 한 번 정도 발생한다는 것이다.

> "우리가 여기서 검은 백조Black Swan라고 부르는 것은 다음 세 가지 속성을 가진 사건을 말한다.
> 첫째, 검은 백조는 일반적인 기대 영역 밖에 위치한 *이상치*인데, 과거의 어떤 것도 그 발생 가능성을 설득력 있게 암시하지 못하기 때문이다. 둘째, 검은 백조는 극심한 충격을 동반한다. 셋째, 검은 백조가 기대 영역 밖의 이상치라는 사실에도 불구하고 사람의 본성은 사건 *발생 후* 그 사건이 발생한 이유를 지어내어 그것을 설명할 수 있고 예측 가능한 것으로 만든다."[24]

탈레브는 사람들이 검은 백조를 과소평가하는 경향이 있다고 말한다. 실제로는 10년에 한 번인 것을 100년에 한 번 정도로 판단한다는 것이다. 그 이유는 우리의 직관은 '평범의 세계Mediocristan'에 속하지만, 실제 세상은 대체로 '극단의 세계Extremistan'인 경우가 많기 때문이다. 탈레브가 명명한 평범의 세계에서는 개별 사건 자체는 특별한 의미를 지니기 어렵다. 즉 비슷비슷한 사례들이 집단을 구성하고 있어서 어떤 단일 사례가 전체에 중대한 영향을 줄 수 없다. 예를 들어 1,000명의 몸무게나 키를 재보면 우리는 정규분포와 같은 종 모양의 곡선을 얻을 수 있는데, 이때 어느 한 사람의 몸무게나 키가 아무리 예외적이라고 해도 평균에는 아주 미미한 영향밖에 주지 못한다. 새롭게 거인을 추가한다고 해도 별달리 큰 변화는 없을 것이다. 이처럼 물리적 세계는 대체로 정규분포를 따른다고 해도 **좋**을 것이다.

반면 극단의 세계에서는 하나의 관측값이 전체에 중대한 영향을 미친다. 우리가 관측하는 세계는 몸무게나 키와 같은 물리적 세계가 아닌 경우가 많다. 예를 들어 매년 4월 여의도 벚꽃 축제에 오는 사람 중 1,000명을 무작위로 뽑아 재산을 조사하면 아마도 정규분포를 보일 것이다. 그런데 여기에 여의도 증권거래소 방문 중에 벚꽃 구경을 나온 워런 버핏이 포함되면 상황은 달라진다. 아마 버핏의 재산이 전체 재산의 99%를 넘을 것이다. 버핏을 제외한 나머지 사람의 재산 규모는 모두 평균 이하가 될 것이다. 이 예에서 워런 버핏처럼 검은 백조가 출현하면 기존의 평균값이 무너진다. 새로운 관측값 때문에 평균이 급격하게 변하기 때문이다. 그렇다면 정규분포와 달리 표준편차도 불안정하게 된다. 다시 말해 평상시에는 정규분포에 기초해 위험을 측정하고 관리할 수 있지만 검은 백조가 나타나면 정규분포를 기반으로 구축된 위험관리 전략은 무용지물이 된다. 두꺼운 꼬리 위험에 빠지는 것이다.

⦙ 바벨 전략

그렇다고 검은 백조를 미리 예견하는 것은 거의 불가능하다. 검은 백조는 예상 밖의 '이상치outlier'이기 때문이다. 단지 검은 백조가 나타났을 때 손실을 최소화할 수 있는 대책을 마련하는 것이 최선일 뿐이다. 이런 대책의 하나로 탈레브는 바벨 전략barbell strategy을 제시한다. 바벨 전략이라는 말은 가운데를 비우고 양 끝에만 금속판을 걸고 근력운동에 이용하는 바벨(역기)에 비유한 표현이다. 원래 바벨 전략은 채권투자에서 중기채를 제외하고 단기채와 장기채만으로 포트폴리오를 구성하는 전략이다.

> "만일 예측이 잘못되었을 때 심한 타격을 입을 수 있다고 생각하거나 검은 백조 때문에 대부분의 '위험 척도'에 결함이 있다는 것을 인정한다면 당신은 적당히 공격적이거나 보수적인 전략 대신에 가능한 한 지극히 보수적이며 공격적인 전략을 채택해야 한다."[25]

탈레브는 자산의 85~90%를 단기국채와 같이 지극히 안전한 자산으로 보유하고, 나머지를 벤처기업 주식과 같은 지극히 투기적인 자산으로 보유할 것을 추천한다. 만일 부정적인 검은 백조가 나타나면 손실은 투자 비중이 작은 투기적인 자산으로 한정할 수 있고,

반대로 긍정적인 검은 백조가 나타나면 투기적인 자산에서 상당한 이익을 기대할 수 있다는 것이다. 바벨 전략은 검은 백조가 나타날 때뿐만 아니라 금리, 물가, 환율 등 주가에 영향을 미치는 변수들의 변동성이 확대되어 시장 대응이 어려운 상황에서도 자산배분에 적절히 활용할 수 있는 투자전략이다.

09

경제학과 심리학의 만남

연준 의장이었던 앨런 그린스펀Alan Greenspan은 1996년 한 연설에서 과도한 자산가격의 상승을 '비이성적 과열irrational exuberance'이라는 말로 표현했다. 이제 이 말은 심리적인 영향으로 인해 비정상적으로 높은 수준까지 폭등하는 투기적 버블 상황을 묘사하는 대표적인 표현이 되었다.

"계속해서 물가가 낮은 수준을 유지한다는 것은 확실히 미래에 대한 불확실성이 작다는 것을 뜻하고, 이에 따라 위험 프리미엄이 감소하면 주식을 포함한 수익자산의 가격이 상승한다는 것을 의미합니다. 우리는 이런 현상을 과거 주가순이익비율과 인플레이션율 사이에 나타났던 역관계를 통해 확인할 수 있습니다. 하지만 언제 비이성적 과열이 자산가격을 과도하게 밀어 올린 후, 지난 10년간 일본에서 그랬던 것처럼, 오랫동안 예기치 않은 경기침체에 처하게 될지 우리가 어떻게 알겠습니까?"[26]

이콘 vs. 휴먼

감정은 투자에 도움이 될까? 정통 경제학은 합리적인 경제인을 가정한다. 이들은 수학과 통계학적 사고로 무장한 순수이성의 투자자로서 투자안의 결과와 그 확률을 기초로 기댓값을 산출해 투자결정을 한다. 이들은 다양한 상황에서도 감정 통제에 어려움이 없고, 선호의 일관성을 유지하며, 합리성을 잃지 않는다. 행동경제학자 리처드 세일러Richard H. Thaler는 이렇게 완전한 합리성을 가진 인간을 '이콘Econ, homo economicus'이라 부르고, 나머지 사람을 제한된 합리성을 가진 '휴먼Human'이라 불렀다.

그린스펀이 의도한 바는 아니었겠지만, 비이성적 과열은 이콘이 아닌 휴먼의 본질적 속성을 드러내는 말이기도 하다. 행동경제학자인 로버트 쉴러Robert Shiller는 《비이성적 과열Irrational Exuberance》에서 시장의 움직임을 결정하는 진정한 요인 중 하나는 케인스가 제시한 '야성적 충동animal spirit'이라고 지적한다. 그는 야성적 충동이 정상적인natural or healthy 과열이라는 점에서 비이성적 과열과는 다르지만, 이 둘은 여전히 경제와 우리의 삶을 추동하는 중요한 요인이라는 점에서 공통분모를 가진다고 말한다. 결국 우리는 휴먼이라는 것이다.

: 전망이론

앞서 살펴보았던 효율적 시장가설은 합리적인 투자자를 가정한다. 하지만 효율적 시장가설은 행동재무학이나 행동경제학으로 불리는 새로운 경제학의 도전을 받고 있다. 행동경제학은 간단히 말하면 경제학과 심리학의 만남이다. 행동경제학은 투자자 대부분은 이콘이 아닌 휴먼이라는 자명한 사실을 받아들인 결과이다. 그리고 행동경제학의 발전에 중요한 전기를 마련한 것은 1979년 대니얼 카너먼Daniel Kahneman과 아모스 트버스키Amos Tversky가 발표한 〈전망이론Prospect Theory: An Analysis of Decision under Risk〉이다. 아래에서 제시되는 선택 문제는 이 논문에 실려 있다.

휴먼의 속성을 좀 더 자세히 들여다보기에 앞서 정통이론을 간단히 살펴보기로 하자. 일반적으로 사람들은 어떻게 의사결정을 할까? 이에 대한 답으로 가정 널리 받아들여지는 것은 기대효용이론expected utility theory이다. 기대효용이론은 일관성 있는 합리적 의사결정을 하는 이콘이 자신의 효용함수utility function에 따라 각 결과outcome, x에서 얻을 수 있는 효용u(x)에 확률을 곱한 값을 극대화한다는 것을 가정한다. 기대효용이론은 합리적 선택을 위한 몇 가지 기본 원리를 제공한다. 예를 들면 사람들은 위험을 회피하며, 효용에 영향을 미치는 것은 이익이나 손실이 아니라 그 결과인 부富의 최종 상태라는 것이다. 또한 A보다 B를 선호하고(A<B), B보다 C를 선호한다면(B<C), A와 C 중에서 선택할 때는 A보다 C를 선택한다(A<C)는 것이다. 논리적으로 선택의 일관성을 유지하는 것이다.

과연 그럴까? 카너먼과 트버스키는 여러 가지 선택 문제를 통해 전통적 효용이론과 일치하지 않는 결과를 보여준다. 먼저 다음 두 문제에서 사람들은 A와 B 중 어느 것을 선택할까?

〈문제 1〉	A	B
결과	$1,000	$500
확률	0.5	1.0

〈문제 2〉	A	B
결과	-$1,000	-$500
확률	0.5	1.0

〈문제 1〉은 이익을 얻는 게임이며, 〈문제 2〉는 손실을 보는 게임이다. 실제 실험 참가자들은 〈문제 1〉에서는 84%기 B를 선택했고, 〈문제 2〉에서는 69%가 A를 선택했다. 기댓값이 같다고 해도 전망prospect이 긍정적이어서 이익을 기대하는 경우에는 위험회피risk averse 성향을 보인 반면, 전망이 부정적이어서 손실이 예상되는 경우에는 위험추구risk seeking 성향을 보인 것이다. 이는 합리적인 행동과 모순되는 결과이다.

또 다른 선택 문제를 보자.

〈문제 3〉	A	B
결과	$6,000	$3,000
확률	0.45	0.90

〈문제 4〉	A	B
결과	$6,000	$3,000
확률	0.001	0.002

〈문제 3〉에서 실험자의 86%가 B를 선택한 반면, 〈문제 4〉에서는 73%가 A를 선택했다. 각 문제의 선택 결과는 다음 표와 같이 각 결

과의 효용에 해당 확률을 곱하여 표시할 수 있다.

선택 결과	〈문제 3〉	0.45u(6,000) < 0.90u(3,000) (양변을 450으로 나누면 ⇒) = 0.001u(6,000) < 0.002u(3,000)
	〈문제 4〉	0.001u(6,000) > 0.002u(3,000)

선택 결과를 살펴보면 〈문제 3〉과 〈문제 4〉의 부등호 방향이 바뀐 것을 알 수 있다. 〈문제 3〉과 같이 확률이 상당히 높은 수준일 때 사람들은 확률이 높은 선택안을 고르는 반면, 〈문제 4〉와 같이 확률이 극히 낮은 상황에서는 결괏값이 큰 선택안을 골랐다. 즉 상황에 따라 선택의 기준이 달라진 것이다. 이는 기대효용이론에 어긋나는 결과이다.

이렇게 전통적인 기대효용이론과 다른 선택이 이루어지는 이유에 대해 카너먼과 트버스키는 사람들이 특정 전망의 결과를 인식할 때 부의 최종 상태가 아닌 손익을 통해 인식하고, 관련 확률을 주관적으로 결합, 분리 또는 상쇄를 통해 재편집하기 때문이라고 설명한다. 즉 휴먼이 이콘의 논리를 수정하는 것이다.

∶ 가치함수와 손익의 한계가치

전망이론은 가치(효용)를 결정하는 것은 무엇인가라는 질문에 대해 정통 경제학과 다른 답을 제시한다. 즉 가치를 결정하는 것은 부

wealth의 '최종 상태'가 아니라 부의 '변화'인 손익이라고 주장한다. 왜냐하면 사람의 인지 장치는 절대적인 크기보다 상대적인 차이에 더 민감하게 반응하기 때문이다.

> "위험한 전망 중에서 선택행위는 효용이론의 기본 원리에 어긋나는 몇 가지 유력한 결과를 보여준다. … 대안적인 선택이론이 개발되었는데, 이 이론에서는 최종 자산이 아닌 이익과 손실에 가치를 부여한다."
>
> "이 이론의 핵심은 가치의 운반체가 부富나 복지의 최종 상태가 아니라 그 변화라는 것이다. 이 가정은 인지와 판단의 기본 원리에 부합한다. 우리의 인지 장치는 절대적인 크기를 평가하기보다는 변화나 차이를 평가하는 데 맞추어져 있다."[27]

물론 변화나 차이만이 가치에 영향을 미치는 것은 아니다. 변화가 시작된 부의 절대 규모, 즉 준거점reference point 또한 가치에 영향을 미치는 중요한 요인이다. 이 논리를 바탕으로 카너먼과 트버스키는 S자 모양의 가치함수value function를 제시한다.

> "우리가 주장하는 바를 요약하면, 가치함수는 ① 준거점과의 편차를 정의역定義域으로 하고, ② 일반적으로 이익에 대해서는 오목하고 손실에 대해서는 볼록하며, ③ 이익보다 손실에 대해 더 가파르다는 것이다."[28]

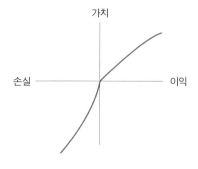

가치함수

가치

손실 ──────────── 이익

출처: 〈전망이론〉, p.279.

위 그림에서 보듯 전망이론의 가치함수는 손익의 준거점에서 출발해 이익의 경우에는 아래로 오목한 모양이고, 손실의 경우에는 아래로 볼록한 모양이다. 가치함수는 이익과 손실이 한 단위 늘어남에 따라 증감하는 한계가치marginal value는 감소하는 모습을 보인다. 즉 이익이 늘면서 가치의 증가분은 감소하고, 손실이 늘면서 가치의 감소분은 감소한다. 쉽게 말해 손익의 크기가 커질수록 사람들이 둔감해진다는 것이다.

● 손실회피

그런데 전망이론의 가치함수에서 주목할 점은 같은 크기의 이익과 손실을 비교했을 때 이익 곡선의 기울기보다 손실 곡선의 기울기가 더 가파르다는 것이다. 즉 S자 곡선은 준거점에 대해 완전한 대칭이 아니라는 것이다. 전망이론에 따르면 손실에 대한 반응이 같은 크기의 이익에 대한 반응보다 1.5~2.5배 더 강하다. 같은 금액일 경우 이익의 기쁨보다 손실의 아픔이 대략 2배 정도 강하다는 뜻이다. 휴먼에게 나타나는 이런 현상을 '손실회피loss aversion'라고 한다.

주식시장에서 나타나는 손실회피의 대표적인 사례는 이익 종목은 지나치게 빨리 처분하고, 손실 종목은 아주 오래 보유하는 것이다. 이것은 손실의 아픔이 현실화되는 것을 억지로 유보하는 것을 뜻한다. 이는 비자빌직 장기투자의 한 원인이기도 하다. 손실회피와 더불어 주식시장에서 나타나는 휴먼의 특성으로 자기과신, 군집행동, 과잉반응 등이 많이 언급된다.

⋮ 자기과신

'자기과신overconfidence'은 자신의 능력을 실제보다 과대평가하고, 자신이 어떤 상황을 적절히 통제할 능력이 있다고 여기며, 자신의 전망에 대해 낙관적인 성향을 보이는 것을 말한다. 사람은 누구나 자신의 존재를 증명하고 싶어 한다. '나 여기 있다'라고 외치고 싶은 것이다. 주식거래를 하는 사람들은 투자수익을 통해 자신의 존재를 증명하려고 한다. '나 정도면 주식에서도 이 정도 수익률은 거둬야지'라고 생각한다. 특히 시장에 들어온 초기에 초심자의 행운으로 어느 정도 수익을 본 사람은 이것을 자신의 능력으로 여기고 자신을 대견해하며 은연중 주위 사람들에게 떠벌린다.

그러면 이후에도 계속 자신의 존재를 증명하려는 욕구가 커진다. 주가가 자기 생각대로 움직이지 않으면 시장이 잘못되었다고 비난하거나 '어디 한번 해보자'라는 심정으로 시장과 싸우려고 한다. 때로는 가족, 친구, 직장동료에게 능력 있는 자신의 존재를 증명하는 것이 주식거래의 목적이 되어버린다. 그럴수록 무리하게 판단하고 행동할 가능성이 커진다. 주식거래가 신중한 투자에서 무모한 투기로 넘어가는 것이다. 주식시장에서 자신의 능력을 증명하려고 애쓰는 것은 그리스 신화에 나오는 이카루스의 날개만큼이나 어리석은 일이다. 주식시장에서는 생존 자체가 존재 증명이다.

⁝ 군집행동과 과잉반응

'군집행동herding behavior'은 투자자가 자신의 판단에 기초하지 않고 시장의 분위기 혹은 다른 투자자의 움직임에 편승하여 거래하는 것을 의미한다. 군집행동의 한 원인은 정보의 홍수 속에서 스스로 원하는 정보를 찾기가 어려워 타인의 결정에 의존하기 때문이다. 게다가 기술 발달로 주가 움직임에 과도하게 노출된 오늘날에는 시시각각 변하는 주가가 차분한 판단을 방해해 투자자를 주식 군중으로 만들 가능성이 커졌다. 군집행동은 비합리적인 투자로 이어진다. 자신만의 투자 원칙을 세우고, 가끔 시장에서 눈을 돌리는 것이 도움이 될지도 모른다.

'과잉반응overreaction'은 투자자가 심리적으로 새로운 정보를 과대평가하거나 과소평가해서 반응하는 것이다. 예를 들어 실적이 좋은 기업의 주가는 지나치게 상승하고, 실적이 나쁜 기업의 주가는 지나치게 하락하는 것이다. 그렇다면 시간이 지나면 과도하게 상승한 주가는 하락하고, 과도하게 하락한 주가는 상승해 제자리를 찾아가는 것이 정상이다. 이러한 '승자-패자 역전 현상'을 개별 종목 투자에 활용하는 것은 무리지만 여러 종목을 그룹으로 묶어 활용하는 것은 괜찮은 전략이 될 수 있다.

⦂움켜쥔 손

이와 같은 휴먼의 여러 특성 때문에 행동경제학이 말하는 것처럼 감정은 투자수익률에 부정적으로 작용하는 듯하다. 지능은 정상이지만 감정을 느끼는 대뇌의 특정 부위에 장애가 있는 사람의 투자수익률이 일반인에 비해 높다는 실험 결과도 있다. 그렇다고 공포와 탐욕이라는 휴먼의 감정을 다스리는 것은 쉽지 않다. 휴먼의 특성 때문에 되풀이하는 실수를 피하는 데는 공부와 경험을 통해 '자신의 투자 원칙'을 만들고 다듬는 것이 가장 효과적인 해결책일지 모른다.

아프리카 등에서 원숭이를 잡는 방법은 의외로 간단하다고 한다. 항아리 혹은 속이 빈 코코넛 껍질을 나무 등에 묶어두거나 단단한

흙더미 중간에 구멍을 파고 그 안에 원숭이가 좋아하는 곡물이나 열매를 넣어두면 된다. 이때 항아리, 코코넛 껍질 또는 구멍의 입구는 손이 간신히 들어갈 정도로 좁아야 한다. 배가 고픈 원숭이는 트랩에 손을 집어넣고 먹을 것을 움켜쥔다. 하지만 움켜쥔 손을 뺄 수가 없다. 이때 트랩을 설치한 사람이 다가오면 원숭이는 움켜쥔 손을 풀고 도망갈 만도 한데, 어쩐 일인지 먹이를 쥔 손을 풀지 못하고 당황하다가 잡히고 만다.

　주식시장에는 손실회피, 자기과신, 군집행동, 과잉반응 등과 같은 다양한 원숭이 트랩이 설치되어 있다. 투자자는 손실회피로 인해 더 나은 투자 기회를 놓칠 수도 있다. 자기과신은 그 원인이 무엇이든 대체로 과도한 거래를 유발하고, 결국에는 투자수익률을 떨어뜨리는 경향이 있다. 진지한 자기과신은 주식투자에서 치명적이다. 우리나라 주식시장에서는 시간이 갈수록 군집행동이 조금씩 줄어들고 있다고 한다. 하지만 시시각각 변하는 주가 움직임에 지나치게 노출되는 환경은 투자자의 흥분을 유발하여 주식 군중으로 만들 가능성도 함께 키워왔다. 결국 군집행동으로 비합리적인 투자를 할 가능성은 여전하다. 물론 손실회피, 자기과신, 군집행동, 과잉반응 등에 따른 거래행위가 모두 언제나 부정적인 결과로 이어진다고 단정할 수는 없다. 하지만 긍정적 효과가 있다면 그것은 대부분 운運이라고 해도 무방할 것이다. 움켜쥔 손을 펴자. 그것이 생존 가능성을 높인다.

　행동경제학은 휴먼의 심리를 기반으로 효율적 시장가설이 제대로 설명하지 못하는 이례적인 주가 현상을 해석하는 새로운 시각을 제공한다. 이것은 투자전략이나 위험관리에 새로운 접근법을 수립하는 데 도움을 준다. 아직은 행동경제학이 정통이론을 위협하는 수준은 아니지만 우리는 어쩌면 증권시장 이론에서 진행되고 있는 통합 과정을 경험하고 있는지도 모른다. 효율적 시장가설과 행동경제학이 만나 새로운 통합 이론이 태어나는 순간을 기다려보자.

⫶ 미인투표와 투자심법

행동경제학이 본격 대두되기 이전에도 투자와 관련된 인간의 심리를 묘사한 사례는 많다. 그중에서 가장 대표적인 것이 케인스의 '미인투표' 이론이다. 그는 《일반이론》에서 투자자의 투자 결정을 다음과 같이 미인선발대회에서 어떻게 미인을 선발하는지에 빗대어 묘사하고 있다.

"전문적인 투자는, 대회 참가자들이 100장의 사진 중에서 가장 예쁜 얼굴 6장을 골라 참가자 전체의 평균적인 선호에 가장 근접한 선택을 한 참가자에게 상을 주는 신문지상의 대회에 비유할 수 있다. 따라서 각 참가자는 자신이 가장 예쁘다고 생각하는 얼굴이 아니라 다른 참가자들의 마음에 들 가능성이 가장 크다고 생각하는 얼굴을 골라야 하는데, 모든 참가자가 똑같이 이런 관점에서 이 문제를 바라보고 있다. 그것은 각자 최선의 판단으로 정말 가장 예쁜 얼굴을 고르거나 심지어 평균적인 견해에 따라 진정으로 가장 예쁘다고 생각하는 얼굴을 고르는 경우도 아니다. 우리는 평균적인 견해가 기대하는 평균적인 견해가 무엇인가를 예상하는 데 우리의 지능을 쏟아붓는 세 번째 단계에 도달했다. 그리고 나는 네 번째, 다섯 번째, 나아가 더 높은 단계까지 머리를 쓰는 사람도 있다고 믿는다."[29]

케인스에 따르면 미인선발대회 참가자는 자신이 보기에 가장 아름다운 사람을 선발하는 것이 아니고, 다른 사람이 미인으로 선발할 것 같은 사람을 찾는 것이다. 그런데 다른 사람의 생각을 읽는 단계가 한 번으로 그치지 않고 여러 단계에 걸쳐 일어난다는 것이다. 이 이야기가 말하는 한 가지 교훈은 투자자가 절대평가보다는 상대평가에 초점을 둔 고도의 눈치작전에 많은 신경을 쓴다는 것이다.

케인스의 미인선발대회는 최고의 주식을 고르는 복잡한 예측 게임을 묘사한 글로 자주 인용된다. 케인스는 전문 투자자조차도 투자 대상의 전 생애에 걸친 미래 수익에 대해 장기적인 예측을 하기보다는 일반 대중을 아주 조금 앞질러 가치평가의 관습적 토대 conventional basis of valuation에 일어날 변화를 탐지하는 데에만 관심을 둔다고 지적한다. 즉 투자 대상의 진정한 가치보다는 얼마 후에 시장이 대중심리의 영향으로 그 투자 대상을 어떻게 평가할 것인가에 관심을 둔다는 것이다. 이러한 이유로 이제 주식투자는 본질적으로 심리학의 영역이라고 말하는 사람도 적지 않다.

세일러는 케인스의 미인선발대회와 비슷한 이벤트를 실행했다. 그는 《파이낸셜타임스Financial Times》 독자를 상대로 런던에서 미국으로 가는 비즈니스 클래스 티켓 2장을 우승 상품으로 내걸고 다음과 같은 문제를 제시했다.

> 0에서 100까지 숫자 중 이 대회에 참가한 모든 사람이 각자 선택한 숫자들의 평균의 2/3에 가장 가까운 수가 되도록 당신의 수를 선택하시오.

이 대회에서 우승한 숫자는 13이었다. 만일 많은 참가자가 숫자를 무작위로 고른다면 그 평균은 50이 될 것이다. 그러면 1단계로 생각하는 참가자는 50의 2/3에 가장 가까운 수인 33을 선택할 것이다. 한 단계 더 나아가 2단계로 생각하는 참가자는 다른 참가자 대부분은 더 복잡하게 생각하는 것을 귀찮아해서 33을 선택하는 단계에서 멈춘다고 판단하고 자신은 33의 2/3인 22를 선택할 것이다. 이런 논리로 3단계로 생각하는 참가자는 15를 선택한다. 이렇게 단계가 진행될수록 선택되는 숫자는 줄어드는데, 아마 대회에 참석한 모든 사람이 이런 식으로 마지막 단계까지 합리적으로 생각했다면 모두가 1을 선택했을 것이다. 현실의 문제는 과연 사람들이 어느 정도까지 합리적인가이다. 어쨌든 대회 우승자는 13을 선택했다.

⦂ 역발상의 보상

그런데 행동재무학의 이론을 아무리 많이 알아도, 의식적으로 자신의 투자행위를 바꾸지 않는 한, 투자자들은 지금까지와 마찬가지로 제한된 합리성에 의해 앞으로도 계속 똑같은 실수를 반복할 가능성이 크다. 많은 투자 전문가가 대다수 투자자의 비합리적 투자행위를 역이용하는 역발상 투자를 권하지만 그건 결코 쉬운 일이 아니다.

어떤 사건에 시장이 과잉반응을 보이며 주가가 10%, 20% 혹은 30%씩 하락할 때 선뜻 매수에 나서는 사람이 얼마나 있겠는가. 소액일 경우 호기로 그럴 수도 있겠지만 상당한 규모의 돈을 걸고 그렇게 하는 사람이라면 평소 경험과 공부를 통해 자신의 투자 원칙을 단련한 사람일 가능성이 크다. 이런 사람들이 1997년 IMF 외환위기, 2000년 IT 버블 붕괴, 2007~2008년 서브프라임 사태 때 군집행동과 과잉반응을 보이는 투자 군중 속에서 반대쪽을 바라보며 집중 매수를 통해 주식 부자가 되었다.

제3부

가치와 패턴

10

가치와 투자

매달 1,000만 원의 임대료를 얻고 있는 건물의 가치는 얼마나 될까? 만일 부동산 임대업자의 요구수익률required rate of return이 연 10%라고 하면 건물의 가치는 12억 원 정도이다. 이것은 연간 임대료 1억 2,000만 원을 10%로 나눈 값이다. 마찬가지로 임대업자의 요구수익률이 8%라면 건물의 가치는 약 15억 원이 된다. 이때 요구수익률은 투자자가 투자자산으로부터 기대하는 최저수익률이다. 같은 임대액이지만 임대업자의 요구수익률이 낮으면 자산의 가치는 그만큼 더 큰 것으로 평가된다.

: 현금흐름 할인

앞서 언급했던 것처럼 금융에서는 시간이 지나면서 자산에서 발생하는 현금의 유출입을 현금흐름cash flow이라고 한다. 그런데 금액은 같아도 미래와 현재의 현금은 가치가 다르다. 따라서 오늘 위험자산에 대한 투자 결정을 하려면 이와 같은 화폐의 시간가치를 감안해 미래의 현금을 현재가치로 할인discount해야 한다. 예금에 이자가 붙는 원리를 거꾸로 적용하는 것이다. 물론 이때 할인율은 안전한 예금의 금리와 달리 위험을 감안해야 하는데, 해당 위험자산에 대해 통상적으로 요구하는 수익률을 사용한다. 채권보다 주식의 할인율이 높고, 주식 중에서도 대형 우량주보다 소형 성장주의 할인율이 높을 것이다. 동일한 크기의 미래 현금이라도 할인율이 높을수록, 그리고 현재에서 먼 미래일수록 미래 현금의 현재가치는 감소한다.

: 내재가치

증권의 진정한 가치를 흔히 내재가치intrinsic value라고 한다. 내재가치를 오늘날 투자론에서 사용하는 형식으로 처음 정의한 사람은 미국의 경제학자 존 버 윌러엄스John Burr Williams이다. 그는 주식(채권)의 가치를 미래에 받는 모든 배당액(이자와 원금)을 적절한 이자율로 할인한 값으로 정의했다.

"주식의 투자가치를 해당 주식에 대해 지급되는 모든 배당의 현재 가치로 정의하자. 마찬가지로 채권의 투자가치를 해당 채권에 지급되는 미래 이자 및 원금의 현재가치로 정의하자."[30]

윌리엄스가 주식의 투자가치investment value를 산출하는 방법은 오늘날 배당할인모형dividend discount model이라고 불린다. 주식의 투자가치를 구하는 데 윌리엄스는 왜 사람들에게 익숙한 이익earnings 대신에 배당을 사용했을까? 그는 투자자 관점에서 이익은 수단이지 목적이 아니라고 말한다. 배당으로 지급되지 않는 이익은 재투자되어 더 큰 배당으로 연결될 수 있지만 그렇지 않을 수도 있다. 투자자의 궁극적인 소득은 자신이 받는 배당이지 기업의 이익이 아니라는 것이다. 윌리엄스는 젖소는 생산하는 우유만큼, 암탉은 낳는 달걀만큼, 과수는 맺는 과일만큼, 꿀벌은 모으는 꿀만큼 가치가 있는 것처럼 주식은 받는 배당금만큼 가치가 있다고 말한다. 게다가 그는 장기투자 혹은 영구투자라면 배당을 사용하든 이익을 사용하든 서로 모순되지 않는다고 말한다.

오늘날 내재가치는 증권에서 발생하는 이익이나 배당, 이자 등 미래 현금흐름을 요구수익률로 할인한 현재가치로 정의하는 것이 보통이다. 예를 들어 계산 편의상 앞으로 매년 주당 1만 원의 순이익(또는 순현금흐름)을 창출하는 기업이 있다고 하자. 이 기업 주식의 내재가치는 요구수익률이 10%라면 10만 원, 12%라면 8만 3,300원, 15%라면 6만 6,700원이 된다. 다음 표는 상황별로 상이한 주당순이익과 할인율에 따른 내재가치 추정치를 보여준다.

시나리오별 내재가치의 추정			
 할인율　　주당순이익	10,000원	11,000원	12,000원
10%	10,000/0.1 = 100,000원	11,000/0.1 = 110,000원	12,000/0.1 = 120,000원
12%	10,000/0.12 ≒ 83,300원	11,000/0.12 ≒ 91,700원	12,000/0.12 = 100,000원
15%	10,000/0.15 ≒ 66,700원	11,000/0.15 ≒ 73,300원	12,000/0.15 = 80,000원

　　그런데 요구수익률은 어떻게 구할까? 이론적으로 정교한 계산 방법이 있지만, 투자자 대부분이 고개를 끄덕일 수 있는 수준의 기대수익률(예: 연 10%)을 사용하면 된다. 아니면 시장수익률, 즉 종합주가지수의 평균수익률을 사용하거나 이를 기준으로 자신이 생각하는 각 종목의 위험도에 따라 적절히 가감해서 사용하는 것도 하나의 방법이다. 그렇다면 미래의 주당순이익 만 원은 어떻게 얻는 것일까? 이것은 해당 기업의 사업 전망을 분석해 추정한 수치다. 이를 위해 경제분석, 산업분석, 기업분석이라는 어렵고 번거로운 '증권분석' 과정을 거쳐야 한다. 이런 이유로 많은 투자자가 과거 순이익의 추세를 이용하거나 애널리스트가 분석한 수치를 그대로 이용하기도 한다.

⁞증권분석과 현명한 투자자

현대 증권분석의 아버지이자 월스트리트의 총장이라 불렸던 벤저민 그레이엄은 지금까지도 적지 않은 사람들이 탐독하는 두 권의 책을 썼다. 바로 1934년에 출간된 《증권분석》과 1949년에 출간된 《현명한 투자자》이다. 《증권분석》은 아주 두꺼운 책으로 그레이엄의 투자 철학을 고스란히 담고 있다. 이 책은 보통주, 우선주 및 채권에 대한 산업분석과 재무제표분석 등을 통해 우량 증권을 선별하는 방법을 아주 자세히 설명한다. 종합적이고 체계적이며 실용적인 내용으로 가득 찬 이 책은 증권분석서의 대명사가 되었지만, 일반인이 읽기에는 너무 어렵다. 이에 따라 그레이엄은 1949년에 일반 투자자가 보다 쉽게 읽을 수 있는 《현명한 투자자》를 출간했다. 그렇다고 이 책이 누워서 읽어도 좋을 정도로 쉽지는 않다. 진지한 마음으로 주식투자를 하는 사람에게는 적어도 《현명한 투자자》는 읽어볼 가치가 있다. 그레이엄의 두 책은 아직도 계속해서 출판되고 있는 증권계의 빛나는 고전이다.

그레이엄은 《증권분석》에서 내재가치를 명확히 정의하는 것은 어려우며, 모든 사람이 인정하는 단일의 가치를 산출하는 것은 불가능하다고 말한다. 따라서 내재가치를 정확하게 산출하려고 애쓸 필요 없이 미래의 불확실성을 반영해서 '대략적인 범위'로 나타내면 충분하다는 것이다. 예를 들어 앞의 표에서처럼 할인율이 10%일 때 내재가치가 11만 원이 아니라 10만~12만 원이라는 식이다. 물론 불확실성이 클수록 내재가치의 추정 범위는 더 넓어진다. 불확실성이 크면 미래 시나리오별로 주당순이익의 추정 범위도 넓어지고 적용하는 할인율의 범위도 넓어지기 때문이다.

> "… 내재가치는 규정하기 어려운 개념이다. 일반적인 표현으로 말하면, 내재가치는 예컨대 자산, 이익, 배당금, 확실한 전망 등, 그러니까 인위적인 시세조종으로 형성되거나 심리적 과잉반응으로 왜곡된 시세와는 뚜렷하게 구별되는, 사실에 의해 정당화되는 그런 가치라고 이해된다. 하지만 내재가치가 시장가격처럼 분명하고 확정적이라고 생각하는 것은 큰 착각이다."[31]

⦂ 가치와 가격

투자자가 내재가치를 구하는 기본적인 이유는 가격과 비교하기 위해서다. 즉 가격보다 높은 가치를 가진 주식을 매수하기 위한 것이다. 가격은 결국 가치와 동행한다고 믿기 때문에 일시적인 가치와 가격의 괴리를 이용해 이익을 얻으려는 것이다. 물론 산출된 가치가 정확하다고 해도 낮은 가격으로 매수한 주식의 가격이 가치에 수렴하기까지는 투자자가 감내하기 어려울 정도로 아주 오랜 시간이 걸릴 수 있다.

앙드레 코스톨라니André Kostolany는 1906년 헝가리에서 태어나 프랑스와 독일 등 유럽을 중심으로 활동했던 저명한 투자자다. 그는 《Die Kunst über Geld nachzudenken(역서: 돈, 뜨겁게 사랑하고 차갑게 다루어라)》에서 주인과 개의 산책 이야기를 한다. 주인이 개와 함께 산책할 때면 개는 주인을 앞서거나 뒤서거나 하면서 간다. 때로는 앞서가다 주인을 돌아보고, 때로는 주인과 멀어진 자신을 발견하고 다시 주인에게 달려간다. 그렇게 산책을 하는 동안 이동하는 거리는 개가 주인보다 훨씬 길지만 결국에는 함께 집으로 돌아간다. 코스톨라니는 이 이야기에서 주인은 경제를, 개는 주가를 의미한다고 설명한다. 여기서 주인을 가치로, 개를 가격으로 대체해도 의미상 무리가 없을 것이다. 가치와 가격은 궁극적으로 수렴하지만 목표지점에 이르는 과정에서는 괴리를 보인다.

코스톨라니의 주인과 개의 산책 이야기가 시사하는 바는 주가는 장기적으로 기업의 실적에 의해 결정된다는 것이다. 물론 시장 전체의 장기 수익률은 경제가 결정한다. 하지만 단기적으로 주가는, 산책하는 개의 움직임에서 보듯 시장의 분위기, 즉 시장참가자들의 심리에 영향을 받는다. 이런 의미에서 '주식시장은 단기적으로는 투표계산기voting machine이지만 장기적으로는 체중계weighing machine'라는 벤저민 그레이엄의 표현이 와닿는다.

그런데 정확하지도 않은 내재가치를 산출하는 의미가 있을까? 주식의 가치를 평가하는 목적이 단순히 가격과의 괴리를 이용하는 데만 있는 것은 아니다. 가치평가valuation의 유효성은 '내용평가evaluation'에도 있다. 산출된 가치가 적절한 것인지도 중요하지만 이에 못지않게 중요한 것은 기업 내용을 점검하고, 분석하고, 평가하는 과정에서 얻는 정보, 관점 또는 통찰력이다. 진지한 투자자는 가치평가 과정에서 여러 자료를 바탕으로 기업의 사업 내용과 이익의 원천, 주요주주, 주요 경영진, 재무구조, 동종업계 및 경쟁환경, 거시경제 전망과 그 영향 등을 검토하는 것이 보통이다. 이 과정을 거친 후 매수하는 투자자는 설령 일시적 주가 등락에 일희일비할지라도 섣불리 자신의 판단을 번복하지 않고 견지할 수 있는 힘을 갖게 된다. 더욱이 주식시장이 국내외의 거시경제적 혹은 정치적 충격으로 인해 급락세를 보이는 상황에서는 자신의 분석을 기초로 담대한 매수를 통해 막대한 투자이익을 거두는 밑거름이 되기도 한다.

⦂ 투자와 투기

내재가치는 투자와 투기를 구분하는 시금석이 되기도 한다. 개괄적으로 말하면 투자는 내재가치를 근거로 하는 거래이며, 투기는 내재가치를 고려하지 않는 거래라고 할 수 있다. 사람들은 주식 거래를 하면서 자신은 투기가 아닌 투자를 한다고 생각한다. 주식시장에서 투자자의 거래 행태와 관련하여 '투자investment'와 대비되어 사용되는 '투기'는 부정적인 의미로 사용되기 때문이다. 특히나 우리 사회에서 도덕적으로 비난받는 부동산 투기라는 말로 인해 '투기'에는 부정적 어감이 아주 강하다. 따라서 영어의 'speculator'는 많은 경우 '투기자'보다는 비난과 조롱을 담은 '투기꾼'이라는 말로 번역되곤 한다. 나아가 투기를 도박과 같은 것으로 간주하기도 한다. 나는 2015년부터 4년간 시카고에 본부를 둔 세계 최대의 선물거래소인 CME의 프리랜서 번역가로 일했었는데, 당시 CME는

'speculation'을 번역할 때 투기가 가지는 부정적인 어감 때문에 영어 발음을 그대로 표현한 '스페큘레이션'을 사용하도록 했다.

존 버 윌리엄스는 증권 매수자의 관심이 어디에 있는가에 따라 투자자와 투기자를 구분하고 있다. 그는 배당이나 이자를 기대하고 오랫동안 매수 후 보유하는 것을 투자라고 생각하고, 시세차익만을 위한 거래를 투기라고 말한다. 그에 따르면 투자자는 소득income에 초점을 맞추고, 투기자는 매도가격, 즉 시세차익profit에 초점을 맞춘다는 것이다. 여러분의 초점은 어디에 맞추어져 있는가?

"우리는 투자자를 배당 또는 이자 및 원금에 관심을 가진 매수자로, 투기자를 재판매 가격에 관심을 가진 매수자로 정의한다."[32]

그레이엄은 앞서 언급한 두 책에서 투자에 대한 정의를 통해 투자와 투기를 구분하고 있다. 그에 따르면 투자는 '철저한 분석'을 통해 원금의 '안전'과 투자자가 '만족스러운 수익'을 얻을 수 있다고 믿을 만해야 한다. 그렇지 못하면 투기다.

"투자운용이란 철저한 분석을 바탕으로 원금의 안전과 만족스러운 수익을 얻을 것으로 보이는 운용이다. 이 요건을 충족하지 못하는 운용은 투기다."[33]

그런데 왜 '투자'가 아니라 '투자운용investment operation'일까? 그레이엄에 따르면 개별 종목으로는 투자 기준에 부합하지 않는다고 해도 분산투자를 하거나 헤지거래나 차익거래와 같은 다양한 운용 operation을 활용하면 투자가 될 수도 있다. 그레이엄이 단순히 '투자'라고 하지 않고 '투자운용'이라고 정의한 이유이다.

그가 말하는 '철저한 분석'은 널리 인정받는 기준에 비추어 사실을 자세히 검토한다는 것이며, '안전'이란 합리적 수준에서 통상적인 상황 혹은 가능성이 있다고 여겨지는 상황에서 발생하는 손실을 방어한다는 의미다. 문제는 '만족스러운 수익'의 수준이다. 그레이엄은 만족스럽다는 것은 주관적인 것으로 아무리 낮은 수준이라도 합리적인 사람이 기꺼이 받아들일 수 있는 수준을 의미한다고 설명한다.

사람들에게는 내재가치에 기반을 둔 윌리엄스나 그레이엄의 투자와 투기에 대한 논리적인 정의와 달리 다음과 같은 감성적인 정의가 더 피부에 와닿을지도 모른다. 《고객의 요트는 어디에 있는가Where are the customers' yachts?》의 저자 프레드 쉐드Fred Schwed에 따르면 투기는 적은 돈으로 큰돈을 벌기 위한 노력으로, 실패할 확률이 높은 행위를 말한다. 이에 반해 투자는 큰돈이 적은 돈이 되는 것을 막기 위한 노력으로, 성공할 확률이 높은 행위를 말한다. 예를 들어 주식시장에서 1,000만 원을 1년 후에 1억으로 만들려고 하는 것은 투기지만, 1억을 가지고 1년 동안 1,000만 원을 벌려는 것은 투자라는 것이다. 쉐드는 성공 가능성의 차이가 투자와 투기의 차이라고 한다. 완벽한 정의라고 할 수는 없겠지만 최후의 승자가 되기를 바라는 사람들이 곱씹을 만한 조언이 담긴 정의라고 할 수 있다.

투기는 기본적으로 심리에 좌우되는 휴먼의 속성 때문일 것이다.

이런 의미에서 우리는 케인스의 투자와 투기에 대한 정의에 고개를 끄덕이게 된다. 케인스는 '시장의 심리를 예측하는 활동'을 지칭하기 위해 '투기'라는 말을 사용한다. 이에 반해 '자산의 수명 전체에 걸쳐 자산의 미래 수익을 예측하는 활동'을 가리켜 '기업enterprise'이라는 단어를 사용하고 있는데, 이것이 일반적인 의미의 '투자'가 될 것이다.

> "시장의 심리를 예측하는 활동에 대해 *투기*라는 용어를 사용하고, 자산의 전 생애에 걸쳐 미래의 수익률을 예측하는 활동에 대해 *기업*이라는 용어를 사용할 수 있다고 한다면, 투기가 항상 기업을 압도하는 것은 결코 아니라고 말할 수 있다. 하지만 투자시장의 조직이 발달함에 따라 투기가 압도할 위험은 실제로 증가한다."[34]

케인스에 따르면 주식시장이 발달하면 투기가 기업, 즉 투자를 압도하게 될 위험이 커진다. 그 이유는 자산의 미래 수익에 대한 추정에 필요한 지식의 토대가 취약할 뿐만 아니라 대부분의 사람은 투자 대상물의 진정한 가치보다는 석 달이나 일 년 뒤에 투자 대중이 그 대상물을 어떻게 평가할 것인가에 관심을 두기 때문이다. 케인스는 이런 경향은 매일매일 투자 대상물의 가격이 재평가되는 조직화된 주식시장이 낳은 불가피한 결과라고 말한다. 케인스의 견해에 따르면 고도로 발달한 오늘날의 주식시장은 기본적으로 투자보다는 투기가 압도하는 시장이라고 할 수 있다.

한편 거래를 청산하는 시간의 장단기를 기준으로 투자와 투기를 구분하는 사람도 있다. 예를 들어 시장에서 가격 추세는 단기, 중기, 장기에 걸쳐 나타나는데, 이들 시장에 대응하여 거래하는 사람들을 각각 트레이더, 투기자, 투자자로 분류하는 것이다. 물론 각 기간 단위는 거래자나 시장 상황에 따라 다양하게 설정할 수 있겠지만, 어쨌든 '투기'는 '투자'에 비해 짧은 기간에 걸쳐 매수하고 매도하는 것을 의미한다. 이 정의에 따르면 투자는 시장의 장기추세를 기반으로 한 거래행위라고 할 것이다. 물론 이러한 정의는 주가 추세를 기반으로 매매하는 기술적 분석의 시각을 반영한 것이다.

이제 주식투자의 세계에서 가장 유명한 워런 버핏은 투자와 투기를 이렇게 생각하는지 살펴보자. 버핏은 가치와 가격의 관계로 투자와 투기를 설명한다. 그에 따르면 '투자'는 적어도 지불가격을 정당화할 수 있는 충분한 가치를 추구하는 행위이며, '투기'는 조만간 더 높은 가격으로 매도할 수 있다는 희망으로 알면서도 산출된 가치보다 더 높은 가격을 지불하는 것이다. 즉 주식의 가치보다 낮은 가격을 지불하는 것이 투자이고, 곧바로 폭탄 돌리기가 가능할 것이라는 기대를 품고 가치보다 높은 가격을 지불하는 것이 투기라는 것이다. 이처럼 기업의 내재가치를 기준으로 주식을 거래하는 행위를 흔히 가치투자value investing라고 하는데, 버핏에게 투자는 기본적으로 가치투자를 의미한다. 반면 투기는 '더 큰 바보the greater fool'를 찾는 게임이라고 할 수 있다.

"우리는 '가치투자'라고 하는 용어는 군더더기 표현이라고 생각합니다. '투자'가 최소한 지불한 금액을 정당화할 만큼 충분한 가치를 추구하는 행위가 아니라면 도대체 무엇이란 말입니까? 곧 더 비싼 가격에 팔 수 있을 것으로 기대하면서 알면서도 산출된 주식 가치보다 더 많은 금액을 지불하는 것은 (불법이나 부도덕한 것도 아니고, 우리가 보기에 금융상 이익을 보는 것도 아닌) 투기라고 불러야 합니다."[35]

: 투기 예찬

사람들은 대체로 '투기'보다는 '투자'라는 말을 선호한다. 투기가 가지고 있는 부정적 어감에 거부감을 가지고 있을 뿐만 아니라 투자는 합리적인 분석과 판단을 근거로 거래를 한다는 이미지가 강한 것이 하나의 이유이다. 다른 이유는 대개 사람들은 자신은 무분별한 투기로 손해 보는 게임은 하지 않으며 성공 가능성이 큰 투자 게임을 하고 있다는 심리 때문이다. 하지만 실제 투자 세계에서는 '투자'보다 '투기'를 옹호하는 사람도 있다.

제시 리버모어Jesse Livermore는 20세기 초반 대규모 공매도로 큰 돈을 벌었던 미국의 투기자였다. 그가 말하는 '투기'는 직접 기록을 정리하며 위험 신호를 감지하고 손실을 최소화하기 위해 적절한 조처를 하는 등 적극적으로 리스크를 관리하는 것이다. 반면 '투자'는 베팅을 하고서 예상과 다른 새로운 상황이 전개되고 있는데도 손을 놓고 있는 것이라는 뉘앙스가 있다. 그는 투기는 어리석거나, 정신적으로 민첩하지 못하거나, 감정 조절이 어려운 사람에게는 어울리지 않는다고 한다. 그는 단번에 벼락부자가 되기 위해 투기에 뛰어든 사람들은 불행한 끝을 볼 것이라고 경고한다. 아울러 그는 주식 투기 사업이 투자로 변질되도록 방치하면 안 된다고 역설한다. 이는 '비자발적 장기투자'를 해야 하는 상황을 만들지 말라는 뜻으로 해석할 수 있다. 어쩌면 리버모어는 기업가치를 분석하여 장기적 관점에서 접근하는 가치투자를 무책임한 투자라고 여기는지도 모른다. 반면 그에게 투기는 기술적 분석을 바탕으로 한 진지한 사업이었다.

⦂투자와 증권분석

그레이엄과 윌리엄스의 내재가치 산출과 투자와 투기의 구분은 증권분석의 본격적인 시작을 알리는 신호탄이었다. 투기가 아닌 투자를 위해서는 투자 대상 기업의 사업 내용을 확인하고, 재무제표를 분석하고, 미래 현금흐름을 추정해 기업가치를 평가해야 하기 때문이다. 이와 더불어 전문적인 가치평가를 직업으로 하는 증권분석사, 즉 애널리스트가 등장하였다. 일반 투자자가 이들의 보고서를 활용하면서 정보에 기반한 투자문화가 확산되었고, 이에 따라 시장은 각종 정보를 더 신속하게 반영하며 효율성이 높아졌다.

11
패턴과 거래

오랜만에 만난 친구들 간 대화 하나를 들어보자.

오: 다들 오랜만이네. 잘 지내지? 너는 요즘도 주식 하냐?

진: 응. 요즘은 박스이론 이용해서 신고가 종목에 투자하는 재미로
살고 있지.

전: 그래? 옛날에는 나도 신고가 많이 올라탔지. 근데 산이 높으면
골이 깊더라고. 잘나가다가 한 방에 훅 갔어. 요즘은 그냥 이동평균
선하고 등락주 비율하고 몇 가지 간단한 지표 참고해서 조금씩 하고
있어.

이: 역시 주식투자는 투자심리가 녹아 있는 패턴이지. 자, 오랜만인
데 먼저 시원하게 한잔하자. 근데 이게 뭐지? 잔을 잘못 준 것 같은

데. 어찌 병맥주 잔이 손잡이가 달린 컵 모양이야.

: 다우와 평균주가

내재가치를 평가하는 기본적 분석fundamental analysis은 이론적으로는 매우 타당하지만 실제로 적용하기는 쉽지 않다. 더구나 가치에서 이탈한 주가가 장기적으로 가치로 회귀한다고 하지만 투자자가 감내할 수 없는 기간이라면 현실적인 의미가 없다. 흔히 저평가된 주식이라고 판단해 매수했다가 아주 오랫동안 저평가된 상태를 벗어나지 못하는 가치함정value trap에 빠지기도 한다. 이 때문에 많은 사람이 가치투자 논리에는 동의하면서도 이를 선뜻 실행하지 못한다. 결국 대다수 투자자는 패턴에 의존한다. 최소한 패턴을 무시하지 못한다.

주식시장의 패턴을 가장 먼저 체계적으로 제시한 사람은 찰스 다우이다. 다우는 《월스트리트저널》을 발행하는 다우존스사의 설립자였고, 《월스트리트저널》의 초대 편집장이었다. 다우는 자신이 개발한 평균주가averages를 이용해 주가 흐름을 예측하는 방법을 제시했다. 다우이론의 핵심 주장은 평균주가가 시장의 모든 것을 집약해서 반영한다는 것이다. 이때 평균주가는, 코스피KOSPI와 같은 종합주가지수가 지수를 구성하는 종목의 시가총액(주가×상장주식 수)의 시점 간 비교치를 지수화하여 산출하는 것과는 달리, 구성종목의 주가를 단순 평균한 값이다.

찰스 다우에 이어 《월스트리트저널》의 2대 편집장이 된 윌리엄 해밀턴William Hamilton은 다우이론을 정리하는 데 크게 기여한 인물이다. 그는 평균주가는 과거와 현재는 물론이고 미래에 대한 정보까지 적절히 할인해서 반영하고 있다고 주장했다. 그는 다양한 경제지표를 이용해 시장을 분석하는 것도 별 의미가 없다고 말한다. 평균주가에 그런 모든 것이 반영되어 있으므로 평균주가로 충분하다는 것이다.

> "증권거래소에서 이루어지는 거래들의 총합과 그 추세는 미래를 할인하는 데 적용되는, 가까운 과거나 먼 과거의, 월스트리트의 모든 지식의 총합을 대변한다. 일부 증권분석사들이 하는 것처럼 상품가격지수, 어음결제 자료, 환율 변동, 국내 거래 및 해외 교역액이나 그 밖의 무엇이든 평균주가 이외에 다른 자료를 그렇게 공들여 모아 추가할 필요는 없다. 월스트리트는 이 모든 것을 감안한다."[36]

다우는 자신이 개발한 평균주가를 이용해 주가 흐름을 예측하는 방법을 제시했다. 다우이론은 다우가 1884년 평균주가를 산출하여 발표하면서 시작되었다고 할 수 있다. 그는 시장 상황을 한눈에 알 수 있는 지표를 개발한 것이다. 그가 개발한 주가지수 중 다우이론에 쓰인 지수는 다우존스 운송평균Dow Jones Transportation Average, DJTA과 다우존스 산업평균Dow Jones Industrial Average, DJIA이다. DJTA는 철도주가 중심이었기 때문에 흔히 철도평균이라고 불렸다.

다우이론의 가장 기본적인 가설은 위에서 언급한 것처럼 평균주가가 시장의 모든 것을 반영한다는 것이다. 해밀턴은 이처럼 시장이 모든 증거를 기반으로 내리는 평결이 무자비할 정도로 정확하다는 사실을 어느 상원의원이 《월스트리트저널》의 기사를 읽으며 했다는 "시장의 냉혹한 평결을 들어보시오"라는 말에 빗대어 설명한다. 어쨌든 이런 생각은 오늘날 효율적 시장가설과 맥이 닿아 있다. 물론 해밀턴은 주가 움직임은 예측할 수 없다는 효율적 시장가설과는 달리 평균주가를 통해 시장을 예측할 수 있다고 주장했다.

다우이론의 또 다른 가설은 시장의 움직임은 세 개의 흐름으로 이루어져 있다는 것이다. 매수나 매도의 잔고, 즉 수급의 변동이나 국지적인 원인 때문에 발생하는 일일 변동, 약 한 달 정도에 걸친 중간 크기의 변동, 그리고 수년에 걸친 장기 사이클이 그것이다. 이것은 시장이 장기(조류primary movement), 중기(파도secondary movement) 및 단기(잔물결daily movement) 추세가 뒤섞여 움직인다는 것이다. 참고로 해밀턴은 다우가 장기추세의 기간을 약 5년이라고 한 것에 대해 너무 길게 잡은 것이라고 지적한다. 어쨌든 다우는 세 개의 흐름, 특히 중기와 장기 흐름이 작용과 반작용 속에서 서로 호응하며 진행된다는 점을 인식하고 이를 이용해 투자 기회를 잡을 수 있다고 말한다.

"시장에는 서로 적절히 어울리는 잘 정의된 세 개의 움직임이 있다는 것만큼 분명한 사실도 없다. 첫 번째 움직임은 국지적 요인과 특정 시점의 매수나 매도의 수급에 기인하는 일일 변동이다. 두 번째 움직임은 10~60일, 평균적으로 대개 30~40일 동안에 걸쳐 있다.

세 번째 움직임은 4~6년에 걸친 커다란 스윙이다."[37]

다우는 1901년 1월 31일자 《월스트리트저널》에 쓴 글에서 주식 시장의 움직임을 조류와 파도에 비유했다. 이 글은 기술적 분석 technical analysis의 출발점이 되었다고 할 만큼 유명하다. 다우는 이 글에서 주식시장의 장기추세를 조류에 비유하고, 중기추세를 파도에 비유했다. 그는 파도가 들이치는 지점을 연속적으로 표시하다 보면 파도가 더는 안쪽으로 치지 않는 순간이 오는데, 이때 섣불리 만조가 지났다고 판단하지 말고 표시를 멈추고 잠시 관망하라고 말한다. 파도가 확실히 물러갔다는 걸 확인한 후에야 마침내 마지막 표시 시점이 만조였음을 알 수 있다는 것이다.

"조류가 밀려드는 것을 지켜보며 만조를 나타내는 정확한 지점을 알고 싶어 하는 어떤 사람이 밀려오는 파도가 이르는 지점의 모래 위에 막대기를 꽂는다. 그는 파도가 이미 꽂아놓은 막대기에 더 이상 이르지 못하고, 마침내 조류가 반전되었다는 것을 확인하기에 충분할 정도로 파도가 물러날 때까지 계속해서 막대기를 꽂는다. 이 방법은 주식시장의 만조를 관찰하고 판단하는 데에도 유용하다. … 바다의 파도처럼 주가의 파도는 정점에서 한순간에 물러나지 않는다. 주가의 파도를 움직이는 힘은 밀물을 서서히 제압하는데, 조류가 일었었는지 아닌지를 분명하게 알기까지는 시간이 걸린다."[38]

다우이론이 유명하게 된 것은 해밀턴이 1929년 10월 25일 자《월스트리트저널》사설에 게재한 '조류의 전환A Turn in the Tide'에서 다우이론에 기초해 대공황을 예견했기 때문이었다. 해밀턴은 산업평균과 철도평균이라는 두 개의 평균주가가 모두 강세장bull market이 끝나고 약세장bear market이 시작되었다는 신호를 주었다고 분석했다. 다우이론에서는 두 개의 평균주가가 모두 신고점을 찍으면 매수 신호로 받아들이고, 두 개의 평균주가가 모두 신저점을 찍으면 매도 신호로 받아들인다. 즉 다우이론에 따르면 두 평균주가가 동일한 신호를 줄 때만 그 신호가 유효하다. 해밀턴의 사설 이후 며칠 사이에 주가 폭락과 더불어 대공황이 시작되었다.

⁞ 엘리엇 파동이론

매매 시점을 찾아내는 또 다른 기술적 분석 기법을 알아보자. 이 기법은 피보나치 수열Fibonacci Sequence에 기초해서 수립된 것이다. 피보나치 수열은 1, 1, 2, 3, 5, 8, 13, 21, 34, 55, 89, 144, 233…와 같이 무한히 계속되는 수의 배열이다. 그런데 피보나치 수열은 어떻게 만들어진 것일까? 이 수열은 1202년에 중세 이탈리아 피사 출신의 수학자 레오나르도 피보나치Leonardo Fibonacci가 발행한《산술교본Liber Abaci》에 나오는데 다음과 같은 문제의 답이었다.

어떤 남자가 사방이 벽으로 둘러싸인 장소에 한 쌍의 토끼를 넣어둔다. 만일 각 쌍의 토끼가 두 번째 달부터 시작해 매달 한 쌍의 토끼를 낳는다면 1년에 얼마나 많은 쌍의 토끼가 태어날까?

피보나치 수열을 끝없이 이어가는 방법은 간단하다. 이 수열에서 인접한 두 수의 합은 다음 수가 된다. 따라서 233 다음의 수는 그 앞의 144와 233의 합인 377이다. 그리고 다음은 610이다. 피보나치 수열은 각 수 사이에 일정한 비율 관계를 보인다. 각 수를 인접한 다음 수로 나누면 처음 몇 개는 1, 0.5, 0.667, 0.6, 0.625 등으로 상이한 값을 보이지만 몇 개의 수를 지나면 그 값은 0.618에 가까워진다. 거꾸로 각 수를 그 앞의 수로 나눈 값은 1.618로 수렴한다. 각 수를 한 번 건너뛴 수로 나눈 값은 0.382로, 두 번 건너뛴 수로 나눈 값은 0.236으로 수렴한다.

흔히 1:1.618(=0.618:1)로 나누어진 비율을 황금비율 혹은 황금분할이라고 한다. 이 비율은 실생활에서 건물, 창문, 책, 신용카드 등 다양한 분야에 활용되는데, 사람들이 이 비율에서 가장 편안한 느낌을 받기 때문이라고 한다. 황금비율의 동적인 형태가 황금나선인데, 조개껍질의 곡선이나 해바라기 씨앗의 배열, 태풍의 소용돌이, 은하수 등에서 찾아볼 수 있다.

우리는 여기에서 다음과 같은 질문을 할 수 있다. 갖가지 형상의 비율, 자연현상, 생명의 생장과 소멸 등이 황금비율을 반영한다면 인간의 활동도 그래야 하지 않을까? 나아가 인간 활동에 대한 집적된 정보를 바탕으로 활발한 상호작용이 이루어지는 증권시장도 황금비율의 영향을 받지 않을까? 이에 대한 답을 찾다 보면 우리는 랠프 엘리엇Ralph Nelson Elliott을 만나게 된다.

미국의 회계사였던 엘리엇은 주가가 불규칙하게 움직이는 것처럼 보이지만 사실은 일정한 패턴을 형성하고 각 패턴이 결합해 더 큰 규모의 패턴을 형성하며 움직인다는 점을 발견했다. 그는 이러한 패턴을 파동 원리wave principle라 불렀다. 파동이론의 권위자인 로버트 프렉터Robert Prechter에 따르면 파동 원리가 말하는 것은 인류의 진보는 직선으로 이루어지지 않고, 무작위적으로 진행되지도 않는다는 것이다. 진보는 '3단계 전진, 2단계 후퇴' 방식으로 일어나며, 이것이 자연이 선호하는 방식이라는 것이다.

엘리엇 이론에 따르면 주가의 움직임은 파동의 모습을 띠는데, 기본 추세는 상승 국면의 5파와 하락 국면의 3파로 이루어진다. 상승 국면의 5파는 상승, 조정, 재상승, 재조정, 추가 재상승의 패턴을 보이며, 하락 국면의 3파는 하락, 반등, 재하락의 패턴을 보인다. 이 과정에서 조정이나 반등은 직전 상승폭이나 하락폭을 피보나치 비율(61.8% 혹은 38.2%)만큼 되돌리는데, 이를 피보나치 되돌림Fibonacci retracement이라고 한다.

"인간의 감정들은 … 리듬을 탄다. 그것들은 확실한 방향을 가진 한정된 수의 파동을 타고 움직인다. … 이 현상은 가격 움직임에 대중이 매우 폭넓게 관여하는 자유시장에서 특히 두드러진다."
"하나의 완결된 파동 운동은 다섯 개의 파동으로 이루어져 있다.

… 다섯 개의 파동은 하나의 완결된 사회적 움직임의 기본이며, 이
것은 달리 논리를 세울 필요 없이 바로 받아들여질 수 있다."[39]

　엘리엇에 따르면 상승 5파와 하락 3파로 이루어진 작은 단위의
한 사이클은 한 단계 더 큰 단위의 사이클에서 상승 5파의 첫 번째
파동이 된다. 이처럼 엘리엇 파동은 전체 모양과 같은 모양을 한 부
분들로 이루어진 프랙탈 구조를 보인다. 엘리엇은 주가가 이런 패턴
을 보이는 이유를 설명하지 않고, 그저 받아들여야 하는 '자연의 법
칙'으로 인식했다.

⁝ 패턴의 매력

　다우이론이나 엘리엇 파동이론과 같은 기술적 분석은 일정한 주
가 패턴을 확인하고 이를 기초로 거래 시점을 포착하는 기법이다.
다우에서 시작된 기술적 분석은 오늘날까지 수많은 분석 기법을
낳았으며, 기본적 분석과 더불어 증권분석의 양대 산맥을 이루고
있다.
　기술적 분석에 대해 사후 약방문後見之明이라거나 고장 난 시계도
하루에 두 번은 맞는다고 비꼬기도 한다. 그래도 기술적 분석이 실
무적으로 빈번하게 사용되는 이유는 경제, 산업, 기업에 관한 방대
한 정보를 분석하거나 불확실한 미래를 전망하지 않고도 과거의 주
가나 거래량을 통해 비교적 쉽게 최적의 매매 시점을 포착할 수 있

다고 믿기 때문이다. 아울러 시각화된 차트가 제공하는 설명력 때문이기도 하고, 투자자라면 누구나 한마디쯤 할 수 있는 형식 논리를 제공하는 매력이 있기 때문이기도 하다. 더 근본적인 이유는 기술적 분석이 아주 오래전부터 주위 환경의 패턴 분석을 통해 살아남은 인간의 생존 본능을 반영한 거래 기법이기 때문일지도 모른다.

⦂ 지지와 저항

기술적 분석에 의한 패턴은 매우 다양한데, 아래에서는 단순하면서도 널리 쓰이는 몇 가지 분석 방법에 대해 알아보기로 한다. 먼저 기술적 분석의 기본은 추세trend라고 할 수 있다. 기술적 분석을 하는 투자자는 추세가 전환되는 지점을 찾아 대응하고자 한다. 이때 많이 이용하는 수단이 지지선과 저항선이다. 일반적으로 지지선support level은 여러 차례의 시도에도 불구하고 그 이하로는 떨어지지 않게 버티는 주가 수준이고, 저항선resistance level은 여러 차례의 시도에도 불구하고 그 이상으로는 올라가지 못하게 억누르는 주가 수준이다. 추세를 형성하는 과정에서 지지와 저항의 횟수가 많을수록 주가를 받치는 지지선과 억누르는 저항선의 힘이 강하다. 사람들은 이 지지선과 저항선이 뚫리는 것을 각각 매도와 매수의 신호로 받아들인다.

지지선이나 저항선은 겉으로 드러난 차트의 패턴일 뿐 사람들은 그 패턴의 원인은 정확히 알지 못한다. 다만 관련된 모든 정보와 투자자들의 심리가 고스란히 녹아 있다고 믿는다. 어쩌면 엘리엇처럼 자연의 법칙이라고 생각할지도 모른다. 지지선과 저항선을 활용한 대표적 사례는 박스이론box theory이다. 무용수이자 전문 투자자였던 니콜라스 다바스Nicolas Darvas는 주가는 무작위로 움직이지 않으며 방향성을 가지고 있다고 말한다. 주가는 박스box처럼 일정한 가격대에서 등락을 거듭하여 움직이는데, 이 박스가 위나 아래로 차곡차곡 쌓이듯 추세를 형성해간다는 것이다. 다바스는 이런 주가 움직임을 바탕으로 박스이론을 개발했다. 그는 추세를 형성하며 쌓인 박스 중 가장 위에 있는 박스 안에서 등락하는 주가를 지켜보다가 주가가 박스의 상단을 뚫고 상승하면 매수했다. 아쉬운 점은 몇 번째 박스가 최상단의 박스인지 분명하지 않고 다소 자의적인 판단에 의존한다는 것이다. 어쨌든 다바스는 주가가 박스를 뚫고 상승 추세에 있을 때만 매수한 것이다. 또한 매수한 후 주가가 매수했던 박스권을 벗어나 떨어지면 바로 매도했다.

> "주식은 풍선처럼 아무 방향으로나 움직이는 것이 아니었다. 마치 자석에 이끌리듯 위나 아래로 분명한 추세를 보였고, 이 추세는 한번 정해지면 계속되는 경향이 있었다. 주식은 이런 추세 속에서 내가 이제 '박스'라고 부르는 일련의 틀을 만들며 움직였다."[40]

：이동평균

널리 사용되는 기술적 분석 방법에는 이동평균moving average도 있다. 이동평균은 일정한 기간 단위를 기준으로 시점을 순차적으로 이동하면서 산출한 주가의 평균을 말한다. 이렇게 산출된 이동평균을 그래프로 나타낸 것이 이동평균선이다. 이동평균 주가는 시간 또는 일 단위의 초단기 움직임에서 나타날 수 있는 개별 주가의 변동성을 중화시킴으로써 상대적으로 긴 기간의 주가 방향성을 판단하는 데 유용하다. 또한 이동평균선은 기간별 평균주가의 움직임을 현재의 주가와 비교하여 매도나 매수의 신호를 파악하는 데 이용되기도 한다. 이동평균을 구하는 방법에는 다음 표에서 보여준 단

주가와 이동평균선(5일)			
일	주가	합계 (해당일 포함 직전 5일)	평균 (합계/5)
1	100		
2	105		
3	102		
4	103		
5	98	508	101.6
6	103	511	102.2
7	105	511	102.2
8	100	509	101.8
9	95	501	100.2
10	108	511	102.2
11	105	513	102.6
12	112	520	104.0

주가와 이동평균선

순이동평균 이외에 가중이동평균, 지수이동평균exponential moving average 등도 사용되며, 주가뿐만 아니라 거래량에 대해서도 이동평균을 구할 수 있다.

강세장에서는 주가가 등락을 거듭하여 상승하더라도 상승폭이 하락폭보다 크기 때문에 주가는 이동평균선의 위에서 움직인다. 반대로 약세장에서는 등락을 보이는 주가의 하락폭이 상승폭보다 크기 때문에 주가는 이동평균선 아래에서 움직인다. 다시 말해 강세

강세장 및 약세장의 주가와 이동평균선

강세장의 주가와 이동평균선

약세장의 주가와 이동평균선

일	주가	강세장 이동평균 (5일)	약세장 이동평균 (5일)	주가
1	100			100
2	101			95
3	105			98
4	103			95
5	106	103.0	95.6	90
6	105	104.0	93.8	91
7	104	104.6	93.2	92
8	108	105.2	91.6	90
9	110	106.6	89.6	85
10	109	107.2	89.0	87
11	112	108.6	88.2	87
12	115	110.8	86.8	85
13	113	111.8	84.8	80
14	117	113.2	84.0	81
15	118	115.0	81.6	75

장에서는 이동평균선이 지지선이 되고, 약세장에서는 이동평균선이 저항선이 된다. 따라서 강세장에서 이동평균선 위에 있던 주가가 이동평균선을 뚫고 아래로 떨어지면 매도 신호로 해석하고, 약세장에서 이동평균선 아래에 있던 주가가 이동평균선을 뚫고 위로 올라가면 매수 신호로 해석한다.

이동평균을 구하는 단위기간은 5일(1주일), 20일(1개월), 60일(분기), 120일(6개월) 등이 많이 사용된다. 물론 주식시장이 주 6일 개장되던 시기에는 단위기간이 6일, 25일 등으로 지금과는 달랐을 것이다. 일반적으로 5일 이동평균선은 단기 매매선, 20일 이동평균선은 심리선(혹은 생명선, 중기 매매선), 60일 이동평균선은 수급선(혹은 중기 추세선), 120일 이동평균선은 경기선(혹은 장기 추세선)이라고 부른다. 이처럼 단위기간을 달리하는 각각의 이동평균선을 통해 주가의 장단기 방향성을 가늠하는 것이다.

한편 단위기간을 달리하는 장단기 이동평균선의 배열을 통해 매매 시점을 판단하기도 한다. 단위기간이 짧은 이동평균선이 기간이 긴 평균선 위에 있다는 것은, 앞서 본 강세장의 경우와 비슷하게, 과거보다 최근 주가가 상승하고 있거나 하락폭이 둔화되고 있다는 의미다. 주가와 장단기 이동평균선이 나란히 이와 같은 형태를 취하고 있는 것을 '정배열'이라고 한다. 이때는 손실을 보고 있는 투자자가 적고 대부분 이익을 보고 있어 매물 부담이 적다고 할 수 있다. 반면 단위기간이 짧은 이동평균선이 기간이 긴 이동평균선 아래 있다는 것은, 앞서 본 약세장의 경우와 비슷하게, 과거보다 최근 주가가 하락하고 있거나 상승폭이 둔화되고 있다는 의미이며, 주가와 장단기 이동평균선이 나란히 이러한 형태를 취하고 있는 것을 '역배열'이라고 한다. 이때는 대부분의 투자자가 손실을 보는 중이므로 상승 시 매물 부담이 커 상승 전환에 많은 시간이 필요할 수 있다.

⋮ 골든 크로스와 데드 크로스

단기 이동평균선과 중장기 이동평균선이 교차하는 상황이 발생하기도 한다. 중장기 이동평균선 아래에 위치하고 있던 단기 이동평균선이 중장기 이동평균선을 상향 돌파하는 것을 '골든 크로스golden cross'라고 한다. 이것은 주가가 상승세로 전환된 것을 의미하여 매수 신호로 여겨진다. 이와 반대로 단기 이동평균선이 중장기 이동평균선을 하향 돌파하는 것을 '데드 크로스death cross'라고 하며, 이는 매도 신호로 여겨진다. 하지만 골든 크로스와 데드 크로스는 시장의 전반적인 추세에 따라 달리 해석하기도 한다. 하락 추세 중 골든 크로스는 일시적 반등을 의미할 수 있으며, 상승 추세 중 데드 크로스는 일시적 조정을 의미할 수 있다는 것이다. 주의할 점은 이동평균은 후행성 지표라는 것이다. 따라서 이동평균선은 장세 전환을 '확인'하는 용도로 활용해야지 사전 예측 도구로 사용하는 것은 무리다.

한편 장단기 이동평균선의 간격 추이를 보고 추세를 판단하기도 한다. 장단기 이동평균선의 간격이 넓어지는 것은 기존 추세가 강화되는 것을 의미하며, 간격이 좁아지는 것은 추세가 약화되는 것을 의미한다. 특히 장단기 이동평균선이 한 점으로 수렴하는 것은 추세가 반전되는 과정으로 여겨진다. 폭풍이 오기 전의 고요함처럼 시세의 급반전이 일어나기 전의 숨 고르기라고 할 수 있을 것이다.

ː 투자심리와 상대강도

이동평균과 함께 널리 활용되는 또 다른 기술적 분석 기법은 투자심리도와 상대강도지수이다. 사람들은 특별한 이유가 없는데도 주가가 상승하는 날보다 하락하는 날이 많으면 앞으로는 상승할 가능성이 더 크다고 생각한다. 이와 반대로 하락하는 날보다 상승하는 날이 많으면 곧 하락할 가능성이 크다고 생각한다. 이런 아이디어를 기술적 분석 도구로 재구성한 것이 투자심리도와 상대강도지수이다.

투자심리도는 일정 기간에 주가가 전일 대비 상승한 날의 수를 백분율로 나타낸 것으로 통상 10일을 단위기간으로 한다. 예를 들어 10일 중에 주가가 전일 대비 상승한 날이 5일이면 투자심리도는 50%가 된다. 매일매일의 투자심리도를 선으로 연결하면 투자심리선이 된다. 일반적으로 투자심리도가 50%를 넘으면 매수자가 주도 세력이 된 강세장으로 판단하고, 50% 미만이면 매도자가 주도 세력이 된 약세장으로 판단한다. 또한 투자심리도가 70% 혹은 75% 이상이면 과열, 즉 과매수overbought로 해석하고 매도를 추천하며, 25% 혹은 30% 이하이면 침체, 즉 과매도oversold로 해석하고 매수를 추천한다. 다만 투자심리도는 매수나 매도 시점을 판단하기보다는 시장의 과열이나 침체 상태를 파악하는 것이 주된 목적이다. 따라서 이 지표는 주로 매매의 직접적인 도구라기보다는 다른 도구와 함께 사용해야 하는 보조지표로 사용된다.

주가가 전일 대비 상승한 날 수를 기준으로 한 투자심리도와 달리 상대강도지수Relative Strength Index, RSI는 상승폭과 하락폭을 기준으로 상승과 하락의 강도를 측정한 지표이다. 계산식은 다음과 같다.

RSI = 100 − [100 / (1+RS)]
RS = 단위기간의 상승폭 평균 / 단위기간의 하락폭 평균

이 지표를 개발한 와일더J. Welles Wilder Jr.가 1978년 자신의 책에서 RSI를 위한 단위기간을 14일을 이용한 후 14일 RSI가 일반적으로 사용된다. 물론 사용자의 목적에 따라 5일, 7일, 21일, 28일 등 다양한 단위기간을 이용하기도 한다. 가장 많이 사용되는 14일 RSI의 경우 14일 동안 상승한 날의 상승폭과 하락한 날의 하락폭을 각각 더한 후 14로 나누어 각각의 평균을 구하고, 두 평균의 비율RS을 계산한 후 RSI 식에 대입하여 상대강도지수를 산출한다. 상승폭이 클수록 RS가 커지면서 RSI는 증가한다. 매일매일의 RSI를 연결하면 상대강도지수 선RSI line이 된다.

일반적으로 RSI가 70 이상이면 과열, 즉 과매수, 30 이하이면 침

체, 즉 과매도로 해석한다. 한편 RSI가 70 이상인 상태에서 직전 고점을 넘어서지 못하고 직전 저점을 하향 돌파하거나, RSI가 30 이하인 상태에서 직전 저점 아래로 떨어지지 않고 직전 고점을 상향 돌파하면 추세전환이 임박했다는 신호로 받아들이는데, 이런 현상을 스윙 실패failure swing라고 한다. 고점에서의 스윙 실패는 매도 신호, 저점에서의 스윙 실패는 매수 신호로 간주된다.

⁝ 역시계곡선

주가와 거래량을 함께 분석하는 기술적 분석 중에 역시계곡선이라는 것이 있다. 이것은 거래량과 주가의 이동평균을 각각 평면 좌표의 X축과 Y축에 표시하여 연결한 것인데, 이렇게 표시한 각 좌표를 시간의 흐름에 따라 차례로 이은 선이 보통 시계 반대 방향으로 움직이기 때문에 이런 이름이 붙었다. 역시계곡선은 대개 한 달간의 평균인 20일 이동평균을 사용한다.

역시계곡선을 이용한 거래 방법은 거래량과 주가의 이동평균이 모두 증가하는 것은 상승 신호, 모두 감소하는 것은 하락 신호로 간주하는 것이다. 어느 한쪽은 증가하고 다른 한쪽은 감소하면 매매를 유보한다. 거래량은 횡보하는 상황에서 주가가 상승하면 매수, 주가가 하락하면 매도를 유지한다. 주가가 횡보하는 상황에서 거래량이 증가하면 상승 전환, 감소하면 하락 전환으로 판단한다. 구체적인 국면별 대응 방법은 다음 그림의 설명과 같다. 그림은 실

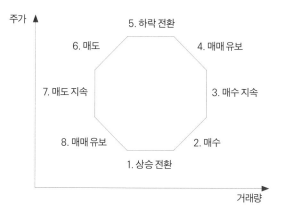

역시계곡선

제 다양한 궤적을 보이는 역시계곡선을 정형화한 것으로 거래량과 주가의 상호 관계를 단순화한 것이다. 따라서 실제 매매에서는 단지 참고로만 활용하는 것이 보통이다.

⁝ 패턴의 발견과 발명

증권시장에는 수많은 격언이 존재한다. 대부분은 기술적 분석과 관련된 것들이다. 자주 인용되는 다음 격언들을 음미해보자.

- 주가는 재료보다 선행한다.
- 주가는 거래량의 그림자이다.

- 시세는 시세에게 물어라.

- 주식을 사지 말고 때를 사라.

- 밀짚모자는 겨울에 사라.

- 촛불은 꺼지기 직전에 가장 밝다.

- 산이 높으면 골도 깊다.

- 떨어지는 칼날을 잡지 마라.

- 무릎에 사서 어깨에 팔아라.

- 신고가는 따라붙어라.

- 매수가 기술이라면 매도는 예술이다.

여러분은 패턴을 따르는가, 아니면 가치를 추구하는가? 친구들과 만나 어쩌다 주식 이야기를 하면 기본적 분석이나 내재가치에 관해 언급한 적이 있는가? 아마 별로 없을 것이다. 내재가치는 재미가 없기 때문이다. 대신 차트 이야기는 게임만큼이나 재미있다. 하지만 기술적 분석을 활용한 투자에서 실패 확률을 낮추려면 패턴의 '발견'과 '발명'을 구분하는 것이 필요하다. 발견된 패턴은 단순하지만 발명된 패턴은 상대적으로 복잡하다. 너무 복잡한 패턴은 누군가의 지나친 욕심에 의해 완벽한 논리에 의한 것처럼 발명된 패턴일 가능성이 농후하다. 다시 말해 발명자가 주가의 역사를 자의적으로 짜깁기했거나 원하는 결론을 얻기 위해 과정을 마사지했을 가능성이 크다. 그런 패턴은 변화무쌍한 주식시장과는 정합성이 떨어진다.

개인적 호불호를 떠나 컴퓨터 기술이 발달하면서 기술적 분석과 기본적 분석이 조금씩 수렴해가는 것처럼 보인다. 계량적 퀀트 투자나 최근 부상하고 있는 인공지능AI 투자 서비스도 이 둘의 합작이라고 할 수 있다. 수렴이 이루어지기 전까지 가치와 패턴의 선택 문제를 해결하는 한 가지 방법은 서로를 보완 수단으로 활용하는 것이다. 차트가 기본적 분석 결과를 지지한다고 판단되면 거래 규모를 늘리고, 서로 결론이 다를 때는 투자 규모를 줄이는 것이다. 아울러 차트가 좋다는 이유만으로 매수하지 말고 기업의 실적도 함께 확인해서 판단하는 것이다. '손잡이가 달린 컵' 패턴을 제시한 윌리엄 오닐William J. O'Neil이 그랬던 것처럼 말이다. 박스이론을 개발한 다바스도 주가의 기술적 움직임을 보고 매수를 결정했지만, 그 대상은 이익창출력earning power(수익력)이 개선될 것으로 생각하는 기업이었다. 다바스는 기술적 펀더멘털리스트techno-fundamentalist였다.

제4부

투자의 기초

12

자산배분으로 시작하라

1986년 여름 〈포트폴리오 성과의 결정요인Determinants of Portfolio Performance〉이라는 여섯 쪽짜리 논문이 발표되자 펀드매니저들이 분노했다. 펀드 수익률을 좌우하는 것은 펀드매니저가 아니라 투자 정책에 의해 사전에 수동적으로 결정되는 자산배분asset allocation이라는 결론 때문이었다. 연구 결과에 따르면 펀드의 기본 정책에 따른 수동적 자산배분으로 얻는 정책수익률policy return이 펀드매니저의 투자행위가 반영된 실제 수익률보다 높게 나타났고, 여러 기간 동안 각 펀드가 기록한 실제 수익률의 변동도 대부분 정책수익률의 변동 때문인 것으로 나타났다. 이것은 결국 펀드 수익률을 결정하는 핵심이 펀드매니저의 적극적인 투자행위가 아니라 펀드의 기본 정책에 의해 수동적으로 결정되는 자산배분이라는 의미였다.

"포트폴리오 수익률의 대부분을 제공하는 것은 통상적인 자산군별 비중과 수동적으로 편입된 자산군 자체라는 것이다."

"실제 기업연금펀드 수익률의 총변동 중 평균적으로 무려 93.6%가 투자정책수익률에 의해 설명되었다."[41]

: 수익성 vs. 안전성

펀드의 포트폴리오 구축은 자산배분에서 시작된다. 주식, 채권, 부동산, 현금성자산 등 자산 종류별로 투자 비중을 정하는 것이다. 예를 들어 투자자금을 주식 40%, 채권 30%, 부동산 20%, 기타 10%로 배분하는 것이다. 이때 자산별 비중은 펀드의 투자정책을 반영해서 정해진다. 펀드가 추구하는 수익성과 안전성의 상대적 중요성을 고려해 편입 자산의 비중을 조정하는 것이다.

자산별 비중이 정해지면 펀드매니저는 대체로 각 자산을 대표하는 지수를 추종하는 포트폴리오를 구축한다. 예를 들어 주식은 S&P500 지수의 편입종목에 투자하는 것이다. 시장에서 널리 사용되는 대표지수를 추종하는 전략이 아니라면 각 자산군에서 하위 섹터별로 편입종목을 선별한다. 주식은 업종별로, 채권은 만기별로 편입종목을 고르는 식이다. 물론 여기에는 외국 주식이나 채권도 포함된다. 펀드매니저는 이렇게 구축한 포트폴리오를 시장 상황을 고려해 자신의 판단으로 각 자산의 비중을 재조정rebalancing하거나 개별 종목을 교체한다.

• 수익률의 고갱이

앞서 언급한 논문 저자들은 미국 91개 대기업 연금펀드에 대해 10년간(1974~1983년)의 분기 자료를 토대로 포트폴리오 수익률을 투자정책investment policy, 시점 선택market timing 및 증권 선택security selection과 관련하여 분석했다. 펀드의 투자정책은 전체적인 위험을 통제하고 펀드의 목적을 달성하기 위해 주식, 장기채권, 현금성자산(예: 단기국채) 및 기타자산(CB, 부동산, 벤처, 보험계약, 해외증권, 사모증권 등)과 같은 자산군별로 통상적인 비중을 정한다. 예를 들어 한 연금펀드의 투자정책이 수익성보다 안전성에 무게를 두고 있다면 그렇지 않은 연금펀드에 비해 주식보다는 채권이나 현금성자산의 비중이 높을 것이다.

논문 저자들은 이렇게 투자정책에 따라 구성된 포트폴리오를 수동적 포트폴리오, 벤치마크 포트폴리오 혹은 정상 포트폴리오라고 불렀다. 이 포트폴리오의 수익률이 패시브 수익률, 벤치마크 수익률 혹은 정책수익률인데, 이것은 자산별로 널리 사용되는 기준지수(주가지수, 채권지수 등)의 수익률을 포트폴리오의 자산별 비중으로 가중평균한 값이다. 산식은 다음과 같다.

연금펀드의 정책수익률 산출식

정책수익률(수동적인 벤치마크 포트폴리오의 수익률)
= 주식 비중 × S&P500 수익률
+ 장기채권 비중 × Shearson Lehman Government/Corporate Bond Index
+ 현금성자산 비중 × 30일물 미 국채(T-bill) 수익률

한편 논문 저자들은 펀드매니저의 수익률 제고나 위험 축소를 위한 적극적 행위를 시점 선택 행위와 증권 선택 행위로 구분하였다. 이들이 말하는 '시점 선택'은 시장 상황에 대응하여 특정 자산군의 비중을 높이거나 낮추는 리밸런싱 행위를 말한다. '증권 선택'은 특정 자산군 내에서 개별 종목을 적극적으로 선택하는 행위다. 이들은 각 연금펀드의 투자정책에 따른 수동적인 벤치마크 포트폴리오 수익률을 펀드매니저의 시점 선택과 증권 선택 행위가 반영되어 있는 실제 수익률을 비교 분석했다.

분석 결과 자산배분이 실제 수익률에 미치는 효과에 비해 펀드매니저의 적극적인 펀드 운용의 효과는 미미하거나 부정적이었다. 즉 투자정책에 의한 통상적인 자산군별 비중과 주가지수와 같은 수동적 벤치마크 수익률이 포트폴리오 수익률을 결정하는 핵심 요인이라는 것이다. 물론 펀드매니저의 적극적 운용에 따른 영향이 평균적으로는 부정적이지만, 그 편차가 커서 단정적으로 모든 적극적 펀드 운용이 무의미하다고 말하는 것은 아니었다. 펀드에 따라서는 펀드매니저의 시점 선택이나 종목 선택이 펀드 수익률에 큰 영향을 미치기도 했다.

덧붙여 저자들은 연금펀드의 투자정책과 펀드매니저의 적극적인 시점 선택 및 증권 선택 행위가 포트폴리오의 실제 수익률 '변동'에 어떤 영향을 미치는가를 분석했다. 결과는 놀라웠다. 연금펀드의 실제 수익률의 변동 중 93.6%는 정책수익률의 변동에 좌우되는 것으로 나타났다. 이것은 매 기간 실제 포트폴리오 수익률이 변동하는 것은 대부분 주가지수, 채권지수 및 단기국채 수익률의 변동에 기인한다는 것을 의미한다. 자산별 비중이 정해진 상태에서 정책수익률에 영향을 미치는 것은 각 자산군의 벤치마크 수익률이기 때문이다. 결국 이 논문의 핵심은 펀드 수익률에 결정적 영향을 미치는 것은 펀드매니저의 적극적 운용 행위가 아니라 투자정책에 의해 사전에 수동적으로 결정되는 자산배분이라는 것이다. 이러한 결과는 5년 후에 발표된 업데이트 논문에서 다시 확인되었다.

어쨌든 이 논문에 대한 논의와 관련 연구가 진행되면서 투자정책의 중요성에 대한 인식이 널리 퍼졌다. 사람들은 한층 진지한 태도로 펀드의 목표를 설정하고, 목표 달성을 위해 감수할 위험에 대해 더욱 신중하게 검토하기 시작했다. 여섯 쪽짜리 논문이 자산관리 시스템에 근본적인 변화를 몰고 온 것이다.

그런데 여기서 주의할 점이 있다. 기관과 개인의 자산배분은 다르다는 것이다. 개인투자자는 기관투자자처럼 광범위한 분산투자를 하는 경우가 드물다. 이것은 기관투자자의 경우와 달리 시장수익률이 곧바로 개인투자자의 수익률에 영향을 미치는 핵심 요인이 아니라는 뜻이다. 따라서 개인투자자는 자산배분과 함께 리밸런싱이나 종목 선택에도 세심한 주의가 필요하다.

ː 연준 모델

포트폴리오에 포함되는 주식 비중과 관련된 자산배분에서 가장 빈번하게 언급되는 것은 아마도 금리일 것이다. 미국 연준FRB은 매년 2월과 7월 두 차례 의회에 일명 험프리-호킨스Humphrey-Hawkins 보고서라고 하는 통화정책 보고서를 제출한다. 1997년 7월 제출된 이 보고서는 1982년 이후 10년 만기 국채수익률, 즉 금리와 주가순이익비율PER이 역逆의 관계를 보였다고 기술하고 있다. 당시 하락 추세였던 금리에 대응해 주가는 상승 추세를 보였는데, 주가 수준과 국채수익률의 이러한 역관계를 흔히 '연준 모델Fed Model'이라고 한다.

"주가순이익비율의 변동은 흔히 장기 국채수익률의 변동과 역관계를 보여왔다."[42]

연준 모델이 모든 시기에 현실에 부합하는 것은 아니지만 금리가 주식시장에 영향을 미치는 것은 사실이다. 벤 버냉키는 연준 의장(2006~2014년)이 되기 전인 2004년 발표한 한 논문에서 기준금리인 연방기금금리federal funds rate를 예고 없이 0.25% 포인트 인하하면 종합주가지수가 1% 상승한다고 분석했다. 주의할 점은 예견된 금리 변동은 주가에 선반영되므로 실제 금리가 변동될 때는 별다른 영향이 없다는 것이다.

"우리는 연방기금금리를 예고 없이 0.25% 포인트 인하한다고 하면 종합주가지수가 평균적으로 약 1% 상승한다는 것을 확인했다."[43]

어쨌든 금리와 주가는 반대로 움직인다는 것이 일반적 믿음이다. 금리가 하락하면 유동자금이 상대적으로 고수익을 얻을 수 있는 주식시장으로 흘러들어 주식투자 수요가 증가하고, 아울러 저금리에 따른 비용절감 효과로 기업의 자금 상황이 개선되면서 수익성이 좋아져 주가가 상승한다. 반대로 금리가 상승하면 높아진 금리를 좇아 주식시장에서 자금이 빠져나가 주식투자 수요가 위축되고, 기업의 금융비용이 커지며 투자 감소와 수익성 악화로 주가가 하락한다.

금리와 주가가 이처럼 긴밀한 관계가 있다면 금리 결정권을 가진 연준이 주식시장에 큰 영향을 미칠 수 있다. 연준이 기준금리를 변동하면 장단기 시중금리에 파급효과를 가져오고, 이것이 다시 주식과 채권의 상대적 가치에 영향을 미치기 때문이다. 따라서 투자자는 연준의 통화정책에 순응하는 투자전략이 필요하다. 연준이 금리를 올리면 주가가 하락하는 경향이 있으므로 이를 무시하고 주가 상승에 베팅하지 말라는 것이다. 특히 2022년처럼 연준이 계속해서 큰 폭의 금리 인상을 단행하는 시기에는 더욱 그렇다. 주식시장에서는 이를 "연준에 맞서지 마라Don't fight the Fed"라는 격언에 빗대어 말한다. 특히 시장의 예상을 뛰어넘는 수준의 금리 변동, 다시 말해 예상치 못한 금리 변동은 곧바로 주가에 영향을 미치므로 이때는 연준에 맞서지 말아야 한다. 이럴 때는 연준의 금리정책에 맞추어 주식과 채권 등 자산의 비중을 재조정하는 게 합리적이라는 것이다.

주의할 점은 금리와 주가가 항상 반대로 움직인다고 할 수는 없다는 것이다. 금리는 경기와 같은 방향으로 움직이는 경향이 있고, 주가는 경기를 반영하기 때문이다. 경기가 좋아지면 기업 실적이 좋아져 주가가 상승하는 한편 자금 수요가 늘어 금리도 상승한다. 반대로 경기가 나빠지면 기업 실적이 악화되어 주가가 하락하는 한편 자금 수요가 줄어 금리도 하락한다. 이처럼 경기의 영향만을 고려하면 금리는 주가와 같은 방향으로 움직이는 것이다.

주가와 금리에 영향을 미치는 경제 상황과 관련하여 투자자가 확인해야 할 것은 단기금리와 장기금리의 관계이다. 일반적으로 장기금리는 단기금리에 비해 높다. 그런데 간혹 장단기 금리가 역전되는 경우가 발생한다. 장기금리가 단기금리보다 더 낮은 상태가 되는 것이다. 어떤 이유에서든 장단기 금리의 역전은 일반적으로 경기침체의 징후로 받아들여진다. 물론 이것은 주식시장에 부정적 영향을 미친다.

⦂ 이익수익률 vs. 만기수익률

주식과 채권 간 자산배분은 각각의 투자수익률을 비교해 이루어지기도 한다. 이때 주식투자수익률은 주당순이익을 주가로 나눈 이익수익률earnings yield을 이용하고, 채권수익률은 채권의 만기수익률yield to maturity을 이용한다. 계산식을 보면 알 수 있듯이 이익수익률은 주가순이익비율PER의 역수이다. 예를 들어 PER이 10배이면 이익수익률은 10%(1/10)이고, PER이 20배이면 이익수익률은 5%(1/20)이다. 물론 이때 채권수익률과 비교하는 데 사용하는 PER은 개별 종목의 PER이 아니라 시장 PER이다.

주식의 이익수익률이 채권의 만기수익률보다 높다는 것은 채권보다 주식에 투자하면 더 높은 수익률을 얻을 수 있다는 것이다. 이익수익률이 높다는 것은 달리 말하면 PER이 낮다는 것을 뜻한다. 그만큼 주가가 상승할 여지가 상대적으로 크다는 것이다. 즉 주식이 저평가 상태라는 것이다. 이 경우 자산배분은 채권보다 주식의 비중을 늘리는 것이 합리적이다. 반대로 채권의 만기수익률이 주식의 이익수익률보다 높을 때는 주식보다 채권에 더 많은 자산을 배분하는 것이 합리적이다. 물론 이 논리는 주식과 채권의 상이한 위험을 고려하지 않은 단순 비교이다. 따라서 주식의 이익수익률과 채권의 만기수익률을 이용해 주식과 채권의 비중을 조절할 때는 두 수익률의 절대 수준과 함께 그 차이의 추이도 고려하는 것이 합리적이다.

⦂ 투자목표와 자산배분

금리 변동에 대한 대응을 포함해서 자산배분은 투자 성과를 결정하는 핵심 요인이다. 자산배분은 투자의 제1목표를 설정하는 것과 같다. 투자자는 자신의 자금운용 계획을 기반으로 목표수익률, 투자기간, 감수할 위험 수준 등을 고려해 여러 자산에 자금을 분산 투입하는 것이다. 따라서 자신의 투자를 체계적으로 관리하면서 보다 안정적인 수익률을 확보하고 싶다면 자산배분에서 시작하는 것이 바람직하다. 군이 자산배분에 신경을 쓸 정도로 투자금액이 많지 않은 개인투자자라면 자신이 투자하는 주식에 대해 자산배분의 원리를 적용하는 것도 가능할 것이다. 예를 들어 자신의 투자목표를 감안하여 채권 대신에 안정적으로 배당을 지급하는 주식, 주식시장의 수익률을 얻을 수 있는 ETF, 그리고 위험은 높지만 고수익이 기대되는 첨단업종의 주식 간 투자 비중을 적절히 조절하는 것이다.

13

하향식 접근법으로 보완하라

사람들은 투자종목을 어떻게 선택할까? 다음 목록에는 아마도 여러분이 종목을 선별하는 방법도 있을 것이다.

- 업종 대표주, 저PER주나 저PBR주, 고배당주
- 흑자 전환된 또는 전환이 예상되는 턴어라운드 종목
- 코스피200 지수 신규편입 예상 종목
- 청약경쟁률이 높았던 신규상장 종목
- 상장 후 3년 정도 경과하고 상장 당시에 비해 이익이 크게 증가한 종목
- 최근 수년간 영업이익이 지속적으로 증가하고 있는 종목
- 구조조정이나 M&A 등 기업조직에 중대한 변화가 예상되는 종목

- 신작 게임의 출시 혹은 신약 임상 절차가 순조롭게 진행되는 종목
- 경기변동 사이클에 따라 조만간 상승할 것으로 예상되는 업종의 종목
- 생활 속에서 인기 있는 제품을 생산하거나 서비스를 제공하는 종목
- 강소기업을 다룬 방송에서 CEO의 경영관과 비전이 마음에 들었던 종목
- 우연히 본 신문이나 잡지에서 호감을 느끼게 된 종목
- 왠지 마음이 끌리거나 멋진 외국어가 들어 있는 회사명을 가진 종목
- 증권사나 증권방송 전문가의 추천종목
- 주식 사이트에서 주가 상승 가능성이 있다고 제시하는 종목
- 소수만 알고 있는 호재가 있다며 지인이 권하는 종목

: 상향식 vs. 하향식

이처럼 사람마다 투자종목을 고르는 이유는 다양하다. 하지만 대부분은 개별 종목에 초점을 맞추어 투자 대상을 고른다. 이를 달리 말하면 종목 선정을 체계적 분석보다는 널리 시장에 퍼져 있는 일반 관행이나 우연에 맡기는 것이라고 할 수 있다. 그렇다고 모든 종목을 샅샅이 분석하여 투자종목을 선정할 수는 없다. 주식시장에는 아주 많은 종목이 상장되어 있어 이들 모두를 검토하는 것은

불가능하다. 21세기는 모두가 바쁜 시대이다. 전업 투자자가 아니라면 투자를 위해 쓸 수 있는 시간이 많지 않다. 설령 전업 투자자라해도 모든 상장종목을 하나하나 조사하고 분석해서 투자종목을 선정할 수는 없다. 이때 필요한 것이 큰 흐름을 파악해 방향을 잡은후 점차 초점을 좁혀가는 하향식top-down 투자이다. 하향식 투자는먼저 큰 그물을 이용해 업종이나 테마를 거르고 그렇게 걸러진 업종이나 테마 중에서 촘촘한 그물을 이용해 개별 종목을 선별하는방식이다.

이 방식을 이용하면 일일이 개별 종목의 가치를 평가한 후 그 종목이 속하는 업종과 경제 상황을 고려해 최종 선별하는 상향식bottom-up 투자보다 시간과 노력을 줄일 수 있다. 투자전략가인 앤서니 크레센치Anthony Crescenzi는 복잡한 재무제표에 파묻히지 않으면서 잘못된 선택을 할 위험을 줄일 수 있는 하향식 투자는 바쁜현대인들에게 안성맞춤이라고 말한다. 게다가 시장의 효율성이 높아지면서 증권분석의 효과가 예전만 못하다는 것도 시장의 대세를반영하는 하향식 투자를 권하는 또 다른 이유이다. 따라서 오늘날의 투자자는 하향식 투자 접근법으로 상향식 투자를 보완할 필요가 있다.

"투자 여부를 결정하기 위해 기업의 재무제표를 정밀하게 분석하는가치투자나 기타 투자전략들은 수년간 그 실효성이 감소했다. 시장이 더 효율적으로 변했기 때문이기도 하고, 투자 기회를 발견할 정도로 철저한 기업분석을 하는 데 필요한 작업량이 늘었기 때문이기도 하다."[44]

대세를 바탕으로 한 하향식 접근법은 투자자가 부담해야 할 시장 위험을 가능한 한 회피해보려는 노력이기도 하다. 분산투자를 통해서도 제거할 수 없는 시장위험을 대세를 활용해 조금이나마 피하려는 것이다. 옳은 시기에 옳은 방향으로 투자한다면 전체 시장이 하락할 때도 그 영향을 덜 받을 것이기 때문이다.

: 경기 사이클과 업종 순환

하향식 투자의 대표적인 사례는 경기 사이클을 이용하는 것인데, 사이클에 맞추어 기대수익률이 높은 종목을 선별하는 것이다. 미국 경제학자이자 정치가인 피터 나바로Peter Navarro는 경기 사이클을 이용한 거시적 투자는 개별 기업에 초점을 맞추기보다 거래 섹터 sector에 관심을 둔다고 말한다. 주식시장에서 섹터는 비슷한 가격 움직임을 보이는 유사 산업군을 의미한다. 나바로는 경기 사이클 단계별로 강한 움직임을 보이는 섹터가 있으므로 이들 업종의 주도주에 투자하는 업종 순환매를 이용하면 좋은 투자 성과를 기대할 수 있다고 말한다.

"거시파동 투자자는 주식시장을 살필 때 셰브런, 델 혹은 월마트와 같은 기업을 보는 것이 아니다. 그보다는 에너지, 컴퓨터, 소매와 같

은 *거래 섹터*를 맨 먼저 살핀다. 주식시장에서 대부분의 큰 움직임
은 개별 기업보다는 섹터에서 일어난다는 것을 알기 때문이다."[45]

그런데 경기 사이클을 기반으로 한 섹터 순환은 장기투자와는 다
소 거리가 있다. 강력한 움직임을 보이는 한 섹터에서 다음 섹터로
옮아가는 기간이 그렇게 길지 않을뿐더러 경기 상황에 따라 빈번하
게 갈아타기를 해야 하기 때문이다. 만일 3~5년 이상 장기투자하
는 투자자라면 경기 사이클의 세부적인 단계를 기준으로 진퇴를 반
복하는 섹터 순환 투자는 큰 의미가 없다.

대세 판단

더구나 경제지표를 이용한 주식시장의 대세 판단은 현실과 좀 다
르다. 일반적으로 투자자가 대세 판단을 하는 시작점은 경제지표가
아닌 주가지수이다. 비록 주가지수가 단기적으로 일시적인 등락을
보이기는 하지만 장기적으로 지속적인 상승 추세를 이어간다면 대
세 상승으로 판단할 단초는 마련된 셈이다. 여기에 더해 주식시장
으로 더 많은 자금이 유입되는 환경이 조성되고 있다면 대세 상승
으로 판단할 수 있다. 물론 주가지수의 지속적인 하락과 증시자금
의 유출을 야기하는 환경이라면 주식시장은 대세 하락으로 볼 수
있다.

다시 말해 경제지표를 분석하여 주식시장의 대세 판단을 하는

것이 아니고, 주가지수의 추세를 확인한 후 경제지표 등을 확인하고 그 추세를 지지할 정도의 투자자금이 유입될 수 있는 환경인가를 감안하여 대세를 판단하는 것이다. 현실적으로 10년 이상의 장기에 걸친 메가트렌드를 판독하여 투자에 활용하는 사람은 극히 드물 것이다. 일반 투자자는 길어야 1~2년 혹은 3~4년 정도의 추세를 염두에 두고 투자 결정을 한다. 그것도 대세 상승기를 미리 판단하여 사전에 투자하기보다는 대세 상승기가 진행되는 중간에 주변 분위기에 휩쓸려 대세 상승에 동참하는 경우가 흔하다. 그렇다면 개인투자자가 굳이 '선제적으로' 대세 판단을 할 필요가 있을까? 대세 상승기가 짧게는 1년 징도에서 길게는 5년 가까이 진행되는 현실에서 조금 늦게 대세에 올라탄다고 해도 그리 큰 문제는 아닐 것이다. 주식시장의 대세는 시대의 환경처럼 주어지는 것이지 정밀한 분석을 통해 발견하는 것이 아니다.

더구나 주식시장은 경제를 앞서 반영하는 경기선행지표 역할을 한다. 주식시장이 경제보다 먼저 움직인다는 것이다. 따라서 경기 사이클을 이용한 주식시장 대세 판단은 경제 실적치와 더불어 '전망치'를 함께 활용해야 의미가 있다. 하지만 이것조차도 때때로 주식시장과 시차가 있고, 전망치는 발표 기관마다 다르거나 수시로 수정된다. 그렇다면 경기 사이클과 관계없이 주식시장의 대세를 판단할 수 있는 보다 간단한 방법은 없을까?

⦂ 버핏 지수

워런 버핏은 '국민총생산GNP 대비 시가총액 비율'을 시장의 고평가나 저평가 여부를 확인할 수 있는 가장 좋은 거시적 척도라고 주장했다. 여기서 유래되어 상장기업의 전체 시가총액을 국내총생산 GDP으로 나눈 비율을 버핏 지수Buffett Indicator라고 하는데, 시장의 밸류에이션 상태를 판단하는 데 이용된다. 예를 들어 이 비율이 70~80% 이하라면 시장에서는 투매가 일어나는 비관적인 분위기가 팽배하며, 150%를 넘어선다면 낙관적인 분위기로 과열된 상태라고 할 수 있다. 물론 이 비율은 나라마다 경제구조와 주식시장의 활성화 정도가 다르므로 모든 나라에 일률적으로 적용할 수는 없다. 따라서 특정 시점의 버핏 지수보다는 그 추이를 살피는 것이 바람직하다.

> "이 비율[모든 상장증권 시가총액의 GNP 대비 비율]이 여러분이 알고 싶어 하는 것을 온전히 보여주는 데는 한계가 있습니다. 그렇지만 이것은 아마 단일 척도로는 일정 시점에서 밸류에이션 상태를 보여주는 가장 좋은 척도일 것입니다."[46]

버핏 지수와 비슷하게 사용할 수 있는 지표가 '시장 PER'이다. 시장 시가총액을 전체 상장기업의 순이익으로 나눈 시장 PER은 주식시장의 고평가 혹은 저평가를 판단하는 지표로 빈번하게 사용된다. 만일 시장 PER이 과거 통상적인 수준에서 벗어나 상당히 높다면 주가는 고평가되었을 가능성이 크다. 그 반대라면 주가는 저평가된 것으로 판단할 수 있다. 물론 이 방법은 업종이나 개별 종목에도 적용할 수 있다.

⦂ 인기아취

대세 상승과 대세 하락을 판단하는 이유는 바닥과 천장에서 최적의 시점 선택을 통해 이익을 극대화하려는 것이다. 하지만 이렇게 정확한 시점 선택은 불가능하다. 따라서 바닥과 천장에서 기레를 하려는 욕심을 접어두고 마음 편하게 바닥과 천장을 확인한 후에 거래하는 것이 현실적인 대응이다. 그렇다면 정교하지 않지만 일반 투자자들이 참고할 만한 대세 판단의 방법은 없을까?

존 템플턴John Templeton은 20세기 최고의 바겐 헌터bargain hunter라고 불렸다. 그는 강세장이 시작되어 끝에 이르는 과정을 비관pessimism → 회의skepticism → 낙관optimism → 도취감euphoria 순서로 변하는 시장 분위기에 빗댄 멋진 문장으로 묘사했다. 템플턴은 "매수하기 가장 좋은 때는 거리에 피가 낭자할 때다"라고 말한다. 즉 위기가 닥친 후 시장 분위기가 극도로 비관적이어서 투매가 일어날 때가 가장 좋은 매수 시점이라는 것이다. 이런 때가 가치보다 적은 금액으로 좋은 주식을 사려고 애쓰는 바겐 헌터가 집중적으로 활동하는 시기가 된다. 거꾸로 그는 모두가 낙관적인 분위기 속에서 너도나도 주식에 투자할 때가 최적의 매도 시점이라고 말한다.

"강세장은 비관 속에서 태어나 회의 속에서 자라고 낙관 속에서 성숙한 후 도취감 속에서 죽는다. 가장 비관적일 때가 최적의 매수 시점이고, 가장 낙관적일 때가 최적의 매도 시점이다."[47]

사마천司馬遷의 《사기史記》 〈화식열전貨殖列傳〉에 "인기아취, 인취아여人棄我取, 人取我與"라는 말이 있다. 이 말은 사마천이 주나라의 대상인인 백규白圭의 장사 철학을 묘사한 것인데, '사람들이 버리면 나는 취하고, 사람들이 취하면 나는 내놓는다'라는 뜻이다. 템플턴의 투자 철학과 상통하는 역발상의 지혜라고 할 것이다.

: 칵테일파티 이론

발로 뛰며 생활 속의 대박종목tenbaggers(10루타 종목)을 발굴한 것으로 유명한 미국 펀드매니저 피터 린치Peter Lynch는 자신이 참가했던 칵테일파티에서 사람들이 나누는 이야기의 무게중심이 어디에 있는가를 보고 주가 상승과 하락을 가늠하는 칵테일파티 이론cocktail party theory을 만들었다. 먼저 파티에서 만나는 사람들에게 자신을 펀드매니저라고 소개하면 슬그머니 자리를 피하거나 대화 주제를 바꾸며 누구도 주식에 관심을 보이지 않는 단계이다. 이는 시장이 상승을 준비하고 있다는 신호이다. 다음 단계는 피터 린치와 이야기를 좀 하지만 주식의 위험성을 언급하며 여전히 특별한 관심을 기울이지 않는 단계이다. 이때가 주식시장의 초기 상승 단계이다. 세 번째 단계에서는 사람들이 피터 린치 주위에 몰려 자신이 투자한 종목을 소개하고, 피터 린치에게 종목 추천을 부탁한다. 이때가 시장이 과열되기 시작하는 단계이다. 마지막 단계에서는 사람들이 자신의 정보를 자랑하며 피터 린치에게 종목을 추천해준다. 이때가 바로 정점으로 시장이 곧 추락한다는 신호이다.

지금은 주식시장의 분위기를 파악하러 증권회사 객장에 가는 사람이 거의 없지만 HTS가 없던 시절에는 대형 주가 전광판을 설치하고 있던 증권사 객장에는 주식 시황에 따라 적지 않은 사람들이 모여들었다. 전광판 숫자에 빨간색이 많아질수록 더 많은 사람이 모여들었다. 당시 객장에 오는 사람이 누구인가를 보고 주식시장의 향후 장세를 판단한다는 이야기가 널리 퍼졌다. 예를 들어 아이를 업은 아주머니가 객장에 등장할 때면 주가 상승의 끝물이라는 것이다. 그때부터 조금 더 지나면 여기저기서 주식투자로 손해를 본 사람들의 이야기가 들렸다고 한다. 이것은 칵테일파티 이론의 한국 버전이라 할 만하다.

칵테일파티 이론은 구체적 데이터 분석 없이 주식시장의 위치를 가늠해볼 수 있는 어림짐작이라는 생활 속 지혜이다. 수많은 역사적 혹은 예측 데이터를 이용하는 기술적 분석, 평균회귀, 사전적 대세 판단 등을 통한 시점 선택이 실제 효력이 있다면 매우 매력적인 투자 기법이 될 것이다. 하지만 현실에서 그 실효성은 의문이다. 성공한 적이 있다면 그것은 어쩌다 그랬을 가능성, 즉 운이 좋았을 가능성이 크다. 개인투자자가 시점 선택을 통해 지속적으로 투자이익을 내는 것은 야구에서 타자가 4할 이상의 타율을 기록하는 것처럼 어렵다. 일반 투자자는 굳이 시점 선택을 위해 과도한 노력을 기울일 필요가 없다고 생각한다. 오히려 칵테일파티 이론처럼 어림짐작으로 거래의 시점을 선택하는 것이 실용성 면에서 더 나을 것이다. 그런 감각은 투자 경험이 어느 정도 쌓이면 자연스럽게 생겨날 것이다. 무엇보다 4할 타자가 될 자신이 없는 투자자에게는 시점 선택보다는 종목 선택이 더 현실적인 답일 것이다.

⦂ 테마 투자

경기 사이클이나 시장의 대세를 이용한 투자 이외에 또 다른 방식의 하향식 투자가 테마 투자이다. 테마 투자는 다른 요인들을 압도할 정도로 강력한 사회적 트렌드나 변화 요인을 기반으로 투자 아이디어를 찾는 것이다. 물론 여기서 말하는 테마는 작위적이고 일시적인 테마가 아니라 사회적 현상으로 장기 트렌드를 보이는 테마를 말한다. 예를 들어 고령화, 기후변화, 친환경, 로봇, 인공지능 등이다. 주요국 간 시장 동조화 현상이 강해지면 테마의 파급효과가 확대되면서 테마 투자의 위력도 그만큼 강해진다.

하향식 투자를 적극 권장하는 크레센치는 테마 투자의 네 단계를 제시하고 있다. 먼저 기후변화나 고령화 등 국내외 경제 및 시장에 영향을 미치는 새로운 변화나 트렌드를 찾는다. 테마를 찾았으면 그 파급효과를 추적하고, 파급효과가 미치는 분야에서 여러 투자 대안을 모색한다. 마지막으로 각 투자안에 대한 평가를 통해 투자를 결정한다. 간단히 말하면 테마가 특정 업종에 미치는 영향을 분석해 투자하라는 것이다.

하향식 접근법의 테마 투자를 성공적으로 실행하려면 다음과 같은 중요한 네 단계를 거쳐야 한다.
1. 테마 확인
2. 테마의 연쇄효과 추적
3. 연쇄효과를 반영한 최적의 투자안 모색
4. 신중한 투자포지션 구축[48]

하지만 이런 과정을 거쳐 최종적으로 개별 종목을 선별하는 것은 쉽지 않다. 다행히 이런 사회적 테마에 대한 연구는 이미 여러 연구기관에서 이루어지고 있다. 따라서 진지한 투자자라면 이러한 연구기관의 보고서에도 관심을 가질 필요가 있다. 아울러 테마 투자와 관련하여 활용할 수 있는 투자상품도 있다. 바로 ETF이다. ETF는 테마 투자를 위해 개별 종목에 투자하는 위험을 피해 다양한 테마 범주에 속하는 개별 종목들에 분산투자할 수 있다. 따라서 ETF는 하향식 투자에 적합한 투자 수단으로 활용될 수 있다.

14

해자가 있는 기업을 찾아라

이베이eBay는 가난한 사람, 노숙자, 성소수자 등을 위한 프로그램을 제공하는 글라이드 재단Glide Foundation을 위해 매년 자선 경매 이벤트를 실시한다. 이 이벤트는 전 세계로부터 큰 주목을 받는데, 그 이유는 워런 버핏 때문이다. 경매에서 가장 많은 금액을 제시한 사람은 '오마하의 현인Oracle of Omaha'이라고 불리는 투자의 귀재 워런 버핏과 함께 점심을 할 기회를 얻는다. 그런데 2022년 경매 낙찰가가 무려 1,900만 달러였다. 아무리 이 자선 이벤트의 취지에 공감하고, 자신을 홍보하려는 의도라고는 해도 약 250억 원에 달하는 돈을 내면서까지 버핏과 점심을 하려는 이유는 무엇일까? 버핏과 낙찰자는 그 짧은 시간에 무슨 이야기를 나눌까? 낙찰자는 버핏과 점심을 하면서 미래의 투자처를 제외한 모든 주제에 대해 의견을 나눌 수 있다고 한다. 버핏은 낙찰자에게 어떤 지혜를 나누어줄까?

⦂ 경제적 해자

해자垓子, moat는 적의 침입을 막기 위해 성 둘레에 판 도랑이나 자연 하천을 말한다. 주식시장에서 기업과 관련하여 언급되는 해자를 흔히 '경제적 해자economic moat'라고 하는데, 이는 1980년대 버핏이 처음 제시한 개념으로 알려져 있다. 해자가 적들의 공격으로부터 성을 보호해주는 것처럼 경제적 해자는 기업을 경쟁자로부터 보호해준다.

> "코카콜라와 질레트는 최근 수년간 실제로 자신들의 세계 시장점유율을 높여왔다. 이 회사들은 브랜드 파워, 제품의 속성 및 유통구조의 강점 덕분에 자신들이 세운 경제의 성 주위에 보호 해자를 구축하는 엄청난 경쟁우위를 누린다."[49]

경제적 해자는 기업의 단편적인 강점이 아니며, 기업에 체화된 구조적 경쟁우위를 의미한다. 경제적 해자는 경쟁기업이 흉내 내기가 매우 어려워서 경쟁사들로부터 해당 기업을 보호하는 지속 가능한 강점이다. 예를 들어 코카콜라나 질레트의 상품 브랜드, 차별화된 제품의 질, 혹은 잘 정비된 유통망은 오랫동안 두 기업이 다른 기업과의 경쟁에서 우위에 설 수 있도록 해준 소중한 기업 자산이다. 이

자산은 다른 기업의 도전으로부터 두 기업이 쌓은 성을 보호하는 해자가 되었다.

버핏은 경제적 해자를 가진 기업을 선호했다. 이런 기업이 오랫동안 훌륭한 투자수익률을 가져다주기 때문이다. 경제적 해자의 관건은 높은 진입장벽인데, 그 기본 원천은 제품이나 서비스의 차별화와 비용우위다. 이를 통해 경쟁기업의 도전을 막아내는 것이다. 사업에 규모의 경제economies of scale가 작용하거나 막대한 자본이 필요한 경우에는 이것이 진입장벽이 될 수도 있다. 아울러 기존 고객이 다른 제품이나 서비스로 빠져나가는 걸 막을 수 있는 경영환경이나 사업구조도 해자가 될 수 있다. 경쟁기업의 제품이나 서비스로 이동하는 데 필요한 비용, 노력, 시간 등 전환비용switching cost을 높여 고객을 자신의 성내에 머물도록 하는 것이다.

버핏은 여러 회사를 소유하고 있는 버크셔 해서웨이라는 지주회사의 이사회 의장이자 CEO로서 일반 투자자와는 성격이 다르다. 즉 버핏은 경영자 마인드로 투자의 세계를 관찰하는 큰손이다. 버핏은 여느 경영자처럼 버크셔 해서웨이가 소유하고 있는 각 사업체의 경쟁력이 강해지길 바란다. 기업의 경쟁력은 하루아침에 커지지 않는다. 눈에 잘 띄지는 않지만, 매일매일 고객 만족도를 높이고, 비용을 절감하고, 제품과 서비스의 질을 개선한다면 그 결과가 누적되어 경쟁우위를 누리게 된다. 버핏은 이를 성 주위의 해자를 넓히는 것에 비유한다. 엄청난 돈을 내고 버핏과 점심을 하려는 사람은 버핏이 경제적 해자가 있는 기업을 선별하는 것처럼 인생의 해자를 넓히는 지혜를 들려줄 것이라고 기대할지 모른다.

"매일 헤아릴 수 없이 많은 방식으로 우리 각 사업체의 경쟁 지위는 더 약해지거나 강해진다. 만일 우리가 고객에게 큰 기쁨을 주고, 불필요한 비용을 줄이고, 제품과 서비스를 개선하면 우리는 강해진다. 하지만 만일 우리가 고객을 무관심하게 대하거나, 불편한 것을 마냥 참기만 한다면 우리 사업체는 약해질 것이다. 하루하루를 보면 우리 행위의 영향은 감지할 수 없지만, 이것이 누적되면 그 결과는 엄청나다."

"거의 알아채지 못하는 이런 행위의 결과로 우리의 장기적인 경쟁 지위가 개선될 때 우리는 이 현상을 '해자 확장'이라고 부른다. 그리고 만일 우리가 지금부터 10년 또는 20년 후에 우리가 바라는 모습의 사업체를 가지고자 한다면 해자 확장은 필수적이다. 물론 우리는 언제나 단기적으로 더 많은 돈을 벌기를 바란다. 하지만 단기와 장기가 충동할 때는 해자 확장을 우선 *해야 한다*."[50]

경제적 해자가 있는 기업은 장기적으로 안정된 성장을 보이므로 투자수익률도 좋다. 그런데 진정한 경제적 해자가 있는 기업을 발굴해 투자하는 것은 쉽지 않다. 예를 들어 제품 차별화를 얼마 동안 유지할 수 있는지, 그것을 위해 얼마나 많은 추가 비용을 투입해야 하는지 제대로 알 수 없다. 경제적 해자를 구축하고 유지하기 위해 계속해서 막대한 비용이 들어간다면 기업의 수익성이 감소해 경제적 해자가 무색해질 것이다.

물론 진정한 경제적 해자라면 그것은 높은 이익률로 이어질 것이다. 따라서 기업의 경쟁우위를 분석하는 동시에 기업의 수익성을 확인하는 것이 필요하다. 이때 주로 살펴보는 지표가 순이익을 자기자본으로 나눈 자기자본이익률return on equity, ROE이다. 일반적으로 ROE가 최소 5년 이상 지속적으로 15%를 넘는 수준을 유지하고 있다면 그 기업은 경제적 해자를 가졌다고 본다. 다만 ROE는 부채비율이 높은 기업이 상대적으로 높게 나타나는 경향이 있다. 이때는 타인자본인 부채와 자기자본을 모두 고려해서 순이익을 총자산으로 나누어 수익성을 계산하는 총자산이익률return on assets, ROA도 함께 검토할 필요가 있다.

리서치 및 투자관리 전문회사인 모닝스타Morningstar, Inc.의 팻 도시Pat Dorsey는 《모닝스타 성공 투자 5원칙The Five Rules for Successful Stock Investing》에서 경제적 해자를 구축하는 다섯 가지 방법과 함께 몇 가지 수익성 지표를 이용해 경제적 해자를 가진 기업을 선별하는 기준을 제시했다.

일반적으로 개별 기업이 지속 가능한 경쟁우위를 구축하는 데는 다음과 같은 다섯 가지 방법이 있다.
1. 우월한 기술이나 품질로 실질적인 제품 차별화 창출
2. 신뢰받는 브랜드나 평판을 통해 인지된 제품 차별화 창출
3. 비용절감 및 더 낮은 가격으로 유사한 제품이나 서비스 제공
4. 전환비용을 높여 고객 이탈 방지
5. 진입이나 성공의 장벽을 높여 경쟁사 접근 방지 [51]

경제적 해자 기업 선별 기준			
지표	산식	의미	기준
자기자본이익률	순이익 ÷ 자기자본	주주자본 활용도	> 15%
총자산이익률	순이익 ÷ 총자산	기업자산 활용도	> 6~7%
매출액당 잉여현금흐름	(영업현금흐름-자본적 지출*) ÷ 매출액 * 사업 지속성을 위한 건물, 장비 등 유형자산 매입·유지 비용	매출액 중 잉여현금으로 남는 비율	> 5%
순이익률	순이익 ÷ 매출액	매출액이 순이익으로 전환되는 비율	> 15%

출처: *The Five Rules for Successful Stock Investing*, pp.23-24를 정리.

이익의 질

위 표에서처럼 경제적 해자의 결과는 궁극적으로 기업의 이익으로 연결된다. 그런데 여기서 잠시 이런 질문을 해보자. 특정 기업의 회계상 이익이 과연 신뢰할 만한 것인가? 이는 투자자에게 아주 중요한 질문이다. 이 질문은 이익의 질quality of earnings이 어떤가를 묻는 것이라고 할 수 있다. 일반적으로 회계상 이익이 주된 사업의 결과로 발생한 것인지, 현금을 수반한 것인지를 기준으로 이익의 질을 판단한다. 즉 이익의 지속성과 현금 수반성이 있다면 이익의 질이 높다고 할 수 있다.

따라서 특별손익이나 비경상적으로 발생하는 영업외손익이 당기순이익에 미치는 영향이 크다면 이익의 질이 좋지 않은 것이다. 한편 손익계산서와 현금흐름표를 토대로 손익계산서 각 항목의 현금 유출입을 분석해 이익 중 현금 유입을 수반하는 비중이 높다면 이익의 질이 좋은 것이다. 이익의 질이 좋지 않은 기업의 주가는 하락 위험이 그만큼 크다. 반면 이익의 질이 좋은 기업에 투자하면 위험을 줄이고 수익률을 높일 수 있다. 이런 의미에서 경제적 해자란 지속적으로 높은 이익의 질을 유지할 수 있는 경쟁우위라고 할 수 있다.

⁝ 경쟁요인에 의한 산업분석

버핏이 제시한 경제적 해자 개념은 주식투자에서 산업분석의 중요성을 인식시키는 데 큰 역할을 했다. 기업의 체화된 경쟁우위를 확인하려면 산업분석이 필수적이기 때문이다. 덕분에 증권분석의 무게중심이 재무제표분석에서 산업분석 쪽으로 다소 이동하게 되었다. 아울러 경제적 해자는 장기투자 분위기를 조성하는 데 이바지했다. 오랫동안 훌륭한 수익률을 제공하는 원천이 되는 경제적 해자를 보유한 기업에 투자할 때는 장기투자가 당연한 것으로 여겨지기 때문이다.

주식시장에서 특정 기업에 투자하는 것은 기본적으로 해당 기업의 수익성을 믿기 때문이다. 기업의 수익성은 개별 기업 수준의 경쟁전략에 따라 다르다. 하지만 기업 수익성의 근본 원천은 해당 기업이 속한 산업의 매력이다. 매력이 없는 산업에 소속된 기업의 이익이 지속적으로 성장하길 기대하는 것은 무리다. 투자자는 자신이 투자하려는 기업이 속한 산업의 매력도를 알아볼 수 있는 안목이 필요하다. 그 한 방법이 산업의 경쟁구조를 분석하는 것이다.

세계 최고의 경쟁전략 전문가인 하버드대학 교수 마이클 포터 Michael Porter는 1980년 출간된 《경쟁전략Competitive Strategy》에서 산업 경쟁을 좌우하는 다섯 가지 경쟁요인Five Forces 모형을 제시했다. 다섯 가지 경쟁요인은 산업 내 기존 기업 간 경쟁, 신규 진입기업의 위협, 대체재의 위협, 구매자의 교섭력 및 공급자의 교섭력이다.

"신규 진입기업의 위협, 대체재의 위협, 구매자의 교섭력, 공급자의 교섭력, 기존 기업 간 경쟁 등 다섯 가지 경쟁요인은 힌 산업의 경쟁이 기존 참가자들을 한참 넘어서서 전개된다는 사실을 보여준다."[52]

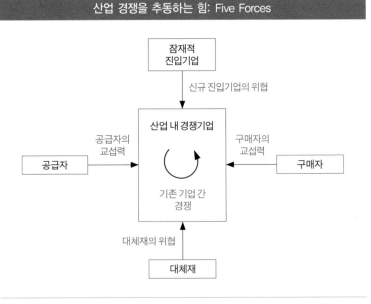

산업 경쟁을 추동하는 힘: Five Forces

출처: *Competitive Strategy*, 1998, p.4.

216

이들 경쟁요인에서 알 수 있는 것처럼 포터는 한 산업의 경쟁은 해당 산업 내 동종기업에 국한되지 않고 더 넓은 범위에서 전개된다고 지적한다. 포터는 이를 '확장된 경쟁extended rivalry'이라고 부른다. 투자자가 기업을 분석할 때 해당 기업의 내부 문제에 국한되지 않은 확장된 시각을 가져야 하는 이유이다. 아래에서는 요인별로 주식투자자 관점에서 기업의 수익력을 평가할 때 확인할 사항에 대해 간략히 살펴보기로 한다.

'기존 기업 간 경쟁'에서 가장 중요한 것은 출혈을 감수하며 경쟁기업 간 힘겨루기를 하는 치킨 게임chicken game의 존재 여부이다. 가격, 광고, 신제품 도입, 고객 서비스나 보증 등에서 기업 간 작용과 반작용이 격화되면 기업의 수익력은 크게 약화된다. '신규 진입기업의 위협'이나 '대체재의 위협'은 진입장벽이 관건이다. 진입장벽의 원천은 기술력, 규모의 경제, 막대한 자본, 높은 전환비용, 유통 채널의 접근성, 특허, 위치location, 제품 차별화 등이다. 산업에 따라서는 정부 규제에 따른 법규상의 장벽이 존재한다. 진입장벽은 해당 산업의 수익력을 보호하는 방패가 된다. 좁은 의미의 경제적 해자는 이것을 의미한다고 할 수 있다.

'공급자의 교섭력'과 '구매자의 교섭력'에서는 기업이 공급자나 구매자와의 거래에서 갑인지, 아니면 을인지가 관건이다. 예를 들어 공급자의 제품이 구매기업의 완성 제품에는 중요한 요소이지만 공급자의 제품 라인에서는 큰 비중을 차지하지 않고, 공급자의 제품 이외에 다른 대체재를 이용할 가능성이 크지 않다면 을인 기업의 수익력은 갑인 공급자의 손으로 빠져나간다. 마찬가지로 소수의 구매자가 해당 기업 제품의 상당 부분을 구매하거나, 구매자에게 해당 제품의 중요성이 크지 않거나, 구매자가 구매처를 쉽게 바꿀 수 있다면 해당 판매기업은 을의 처지가 된다.

포터의 다섯 가지 경쟁요인은 기본적으로 산업구조 분석을 위한 틀이지만, 좋은 투자 대상을 선별하려는 투자자 관점에서 특정 산업 내의 개별 기업에 적용해도 무리가 없다. 따라서 포터의 다섯 가지 경쟁요인은 기업가치를 바탕으로 투자하려는 사람에게는 기업을 평가하는 핵심 포인트를 담고 있는 매우 유용한 도구라고 할 수 있다. 이를 통해 특정 기업이 자신을 상대로 한 경쟁에 직면했을 때 이를 제한할 수 있는 비교우위를 기지고 있는가를 점검하는 것이다.

각 기업의 경쟁요인에 대한 개괄적인 내용은 각 기업의 사업보고서 중 '사업의 내용' 파트에서 확인할 수 있다. 하지만 공시되는 사업보고서는 기업 외부용이므로 의례적인 표현으로 된 경우가 많다. 따라서 진지한 투자자가 알고 싶어도 자세한 내용은 찾을 수 없다. 만일 조금이라도 더 자세한 내용을 알고자 한다면 흔히 '주담'이라고 불리는 주식 담당자 혹은 공시 담당자에게 연락해야 한다.

15

훌륭한 기업과 좋은 투자 대상을 구별하라

오늘날 주식시장에서 가장 광범위하게 논의되는 주제 중 하나가 기업지배구조corporate governance이다. 기업지배구조는 간단히 말하면 기업경영에서 삼권분립이 작동하는 메커니즘을 의미한다. 현대 민주주의 헌법의 근간이 되는 삼권분립의 논리가 기업에 적용된 것이라고 생각하면 된다. 기업지배구조의 궁극적 기능은 기업의 제반 규정과 제도 등을 통해 경영자가 주주이익을 극대화하도록 만드는 것이다.

⦙ 캐드베리 보고서

기업지배구조가 증권시장의 화두가 된 것은 영국의 캐드베리 보고서Cadbury Report가 발간된 이후라고 할 수 있다. 영국의 재무보고심의회Financial Reporting Council와 런던증권거래소는 회계 전문가들과 함께 1991년 5월 재무적 관점에서 기업지배구조를 조사하기 위한 위원회The Committee on Financial Aspects of Corporate Governance를 조직했다. 당시는 여러 기업의 부실회계, 돈세탁, 자금 불법 유용 등의 스캔들로 인해 사회적으로 재무보고 및 경영감시에 대한 관심이 크게 고조된 시기였다.

약 1년 반 동안의 조사를 마친 위원회는 1992년 12월 기업이 준수해야 할 모범규준Code of Best Practice을 포함한 최종 보고서를 발간했다. 위원장의 이름(아리안 캐드베리Arian Cadbury)을 따서 흔히 캐드베리 보고서라 불리는 이 보고서는 기업지배구조를 증권시장의 핵심 화두로 만드는 결정적 계기가 되었다. 런던거래소가 상장기업에 대해 이 보고서가 제시한 모범규준의 준수 여부를 의무적으로 공시하도록 요구했기 때문이다.

이 보고서는 영국에 등록된 모든 상장회사는 상장을 유지하는 조건의 하나로 매년 모범규준의 준수 여부를 공시하도록 했다. 만일 준수하지 못한 사항이 있으면 그 이유를 밝힐 것을 요구했다. 이에 따라 투자자는 자신이 투자한 회사의 경영감시 상황을 파악할 수 있게 되었다. 물론 상장회사가 이 의무를 위반하면 런던거래소는 상황에 따라 제재를 가하고 이를 공표하기로 했다.

"본 위원회 권고안의 핵심은 기업 행위에 요구되는 높은 기준을 달성할 수 있도록 설계된 모범규준이다. 런던증권거래소는 영국에 등록된 모든 상장회사에게 상장 유지를 위한 의무로서, 이 모범규준의 준수 여부를 밝히고, 준수하지 못한 부분에 대해서는 그 이유를 제시할 것을 요구하고자 한다. 이에 따라 주주는 자신이 투자한 회사가 모범규준과 관련해 어떤 상태에 있는가를 알 수 있을 것이다. 이 의무는 다른 모든 상장 의무사항과 같은 방식으로 집행될 것이다. 적절하다면, 공식적인 제재의 공개표명이 포함될 수 있다."[53]

⁝ 대리인 문제

기업지배구조 문제의 발단은 주식 소유의 분산이다. 기업 소유가 분산되면서 소유자인 주주와 경영자가 완전히 일치하지 않는 상황이 일반화되었다. 특히 전문경영인의 경우에는 지분이 없거나 극히 적을 수 있어 기업의 주인principal인 주주와 그 대리인agent인 경영자의 이해관계가 상충하는 대리인 문제agency problem가 발생한다. 예를 들어 주주는 경영자가 주주이익을 극대화하기를 원하지만 경영자는 높은 급여, 호화로운 사무실, 자신의 제국 건설을 위한 사업 확장, 과도하거나 과소한 위험 감수 등 주주이익에 반하는 의사결정을 할 수 있다. 이런 문제를 해결 또는 완화하기 위해 주주총회 및 이사회를 통한 주요 의사결정, 경영자의 일상적 경영활동, 감사에 의한 감시활동 등 입법, 행정, 사법과 같은 기업 권력의 삼권분립을 통해 견제와 균형을 도모하려는 것이 기업지배구조 문제의 본질이다.

기관투자자가 주요 기업의 주요주주가 된 오늘날에는 기관투자자의 경영 감시 및 지원 역할이 그 어느 때보다 중요해졌다. 이 때문에 최근 여러 나라에서 기관투자자의 행위규범인 스튜어드십 코드 stewardship code를 마련하여 기업지배구조가 제대로 작동할 수 있도록 기업의 중요한 의사결정에 기관투자자의 적극적인 개입을 유도하고 있다.

세계 증권시장에서 이러한 변화는 오래전부터 서서히 진행된 것이긴 하시만 기업지배구조의 모범규준을 의무화한 캐드베리 보고서에서 본격적으로 시작되었다고 할 수 있다. 이 보고서의 권고안은 이후에 OECD, EU, 미국, 세계은행 등이 제시한 권고안에 큰 영향을 주었고, 이로써 세계적으로 상장기업의 주주 중시 경영을 강화하는 원동력이 되었다.

⋮ 외환위기와 기업지배구조

우리나라에서 기업지배구조가 본격 대두된 배경은 1997년 IMF 외환위기다. 당시 위기의 한 원인으로 방만하고 불투명한 기업경영이 지목되었는데, 이는 견제와 균형이 작동하지 않는 기업지배구조 때문이라는 인식이 팽배했다. 게다가 IMF는 구제금융을 제공하는 대신 우리나라 기업지배구조의 대폭적인 개선을 요구했다.

이러한 배경에서 정부의 요청에 따라 1999년 기업지배구조의 개선을 논의할 민간기구로 '기업지배구조개선위원회'가 조직되었다. 위원회의 실무반에는 증권거래소(2), 코스닥(1), 대투증권(1), 증권연구원(1), 상장회사협의회(1) 등 5개 기관에서 6명이 파견되어 실무를 담당했다. 나도 실무반에 파견되어 기업지배구조 모범규준을 마련하는 작업을 했다. 실무반원들은 미국, 영국, 독일, 일본 등의 제도 및 현황은 물론 주요 국제기구의 기업지배구조 권고안 등을 폭넓게 검토했다. 나는 당시 실무작업을 통해 기업지배구조에 대한 이해를 크게 높일 수 있었다.

이후 우리나라의 기업지배구조에 관한 법률과 제도에는 많은 변화가 있었고, 형식적인 면에서는 어느 정도 선진 지배구조의 틀을 갖추고 있는 것처럼 보인다. 하지만 현실은 아직도 많은 문제를 안고 있다. 우리나라의 대리인 문제는 주주와 전문경영자 사이의 문제보다는 오너owner 경영자라고 불리는 지배주주와 소액주주와의 이해 상충이 더 큰 문제가 되고 있다. 대기업 집단의 총수가 순환출자나 지주회사 전환 등을 통해 아주 적은 지분율로 거대 기업집단을 지배할 정도로 법적 지분율과 실질 지배력의 괴리 정도가 심한 것을 보면 우리나라 기업지배구조가 취약하다는 것을 알 수 있다.

⁝ 알리바바와 주주의 권리

좋은 기업지배구조는 흔히 주주 중심의 경영을 의미하는 것으로 여겨진다. 좋은 기업지배구조를 위해서는 기업의 주요 의사결정에 대한 주주의 권한을 강화하고, 이사회의 권한과 책임을 명확히 하며, 경영진과 독립된 사외이사의 비중을 높여 기업 의사결정의 투명성과 합리성을 제고하는 것이 필요하다. 아울러 감사나 감사위원회를 통해 경영진에 대한 감시 및 감독을 체계화하는 것도 중요하다. 경영자 보수를 경영실적과 연동하여 경영자가 주주 중심 경영을 도모하도록 유도하고, 기관투자자가 대주주의 전횡을 방지하여 기업이 주주이익과 투명경영을 추구할 수 있도록 적극적인 의결권 행사를 제도화하는 것도 좋은 기업지배구조의 핵심 요인이다. 나아가 주가에 영향을 미치는 상장기업의 주요 경영정보를 적시에 공시하여 부당거래의 가능성을 최소화하고 경영의 투명성을 강화하는 것도 중요하다.

좋은 기업지배구조가 작동할 수 있는 법률적·제도적 대전제의 하나는 주주의 평등의결권, 즉 1주 1의결권이다. 일반적으로 좋은 기업지배구조는 주주인 개인투자자에게도 좋은 것으로 받아들여진다. 정말일까? 중국의 이커머스e-commerce 공룡기업 알리바바Alibaba가 사상 최대 규모의 기업공개를 거쳐 2014년 9월 19일 NYSE에 상장하기 5년 전, 창업주 마윈馬雲은 고향인 중국 항저우에서 개최된 창립 10주년 기념행사에서 "월스트리트 투자자들이 정 원한다면 우리를 비난하도록 내버려둡시다. 우리는 여전히 첫째가 고객, 둘째가 직원, 셋째가 투자자라는 원칙을 따르고 있습니다"라며 목소리를 높였다. 알리바바를 잡기 위해 2013년 말과 2014년에 걸쳐 홍콩증권거래소, 나스닥, NYSE 등 세 거래소가 치열한 경쟁을 벌였다. 당시 홍콩거래소는 단지 10%의 지분으로 상장 후에도 28명의 파트너들이 이사회 멤버의 다수를 지명할 수 있도록 하는 독특한 기업지배구조를 이유로 머뭇거리는 사이 마윈은 NYSE를 선택했다. 그로부터 약 5년 후인 2019년 11월 알리바바는 두 번째 공모를 통해 홍콩거래소에 상장되었다. 홍콩거래소는 오랜 검토 끝에 2018년 관련 규정을 개정하여 1주 1의결권이라는 대원칙을 양보하고 차등의결권을 가진 기업의 상장을 허용하게 된 것이다.

⦂ 기업지배구조와 투자수익률

좋은 기업지배구조는 기업의 주가에 긍정적이라는 것이 학계와 업계에서 널리 받아들여지는 의견인 듯하다. 그렇다면 투자자 입장에서 차등의결권이 있는 알리바바는 배척해야 할 기업이 아닌가. 흔히 우리나라 주식시장이나 삼성전자와 같은 선도기업의 PER이 선진시장이나 애플과 같은 글로벌 경쟁기업에 비해 낮다고 한다. 이를 '코리아 디스카운트Korea Discount'라고 하는데, 우리나라의 주가가 상대적으로 저평가를 받고 있다는 의미다. 이에 대해 남북 분단에 따른 지정학적 위험, 재벌에 편중된 경제구조, 노동시장의 경직성, 회계의 불투명성 등이 그 원인으로 제시되곤 한다. 이와 관련하여 취약한 기업지배구조가 코리아 디스카운트의 근본 원인이라고 주장하는 사람도 있다.

좋은 기업지배구조는 주가와 상관없이 그 자체로 의미가 있다. 좋은 기업지배구조가 하나의 '문화'가 될 때 사회적으로 긍정적인 영향을 미칠 것이다. 이러한 사회현상으로 기업지배구조가 개선되면 정말로 코리아 디스카운트가 해소되어 국내 기업의 주가가 전반적으로 한 단계 업그레이드될지도 모른다. 기업지배구조가 좋다는 이유로 기업공개 시 더 높은 공모가격을 받거나 주주의 요구수익률이 낮아진다면 이는 기업가치가 상승하는 것을 의미한다.

그렇다면 개인투자자는 기업지배구조가 좋은 기업과 그렇지 않은 기업 중 어느 기업에 투자해야 할까? 순간적인 판단은 기업지배구조가 좋은 기업에 투자하는 것이 정답인 듯하다. 그렇다면 극단적으로 코리아 디스카운트가 있는 한국 주식을 외면하고 모두가 미국의 애플 등 해외 주식에 투자하면 좋지 않을까? 기업지배구조가 좋을수록 주주 중심의 경영이 이루어진다는 의미에서 그런 기업의 주가가 높다는 주장은 타당하다. 하지만 주가의 변화, 즉 투자수익률에 영향을 미치는 것은 기업지배구조의 좋고 나쁜 수준 그 자체가 아니라 기업지배구조의 변화일 것이다.

실제로 기업지배구조와 투자수익률의 상관관계는 약하다. 주식가치평가 분야의 세계적 석학으로 알려진 어스워스 다모다란Aswath Damodaran 교수에 따르면 좋은 기업지배구조를 가진 기업에 투자하면 수익률이 높다는 증거는 별로 없다고 한다. 결국 기업지배구조는 투자자가 투자위험을 걸러내는 요인이지 적극적인 투자를 촉발하는 요인은 아니라고 할 수 있다. 지배구조가 나쁘면 투자를 꺼리겠지만, 지배구조가 좋다고 선뜻 투자하지는 않는다는 것이다.

결국 기업지배구조가 좋다고 무조건 좋은 투자 대상은 아니라고 할 것이다. 더구나 각 기업의 기업지배구조를 제대로 평가하는 것 자체도 쉽지 않은 일이다. 특정 기관에서 제한된 시간과 인원 등을 투입하여 수많은 상장기업에 대해 기업지배구조 평점을 매기는 것은 피상적인 작업이 될 가능성이 크다. 따라서 공개적으로 발표되는 기업지배구조 평가를 기준으로 투자종목을 선정하는 것은 조심해야 한다. 기업지배구조가 투자자의 주목을 받는 경우는 주로 매수합병, 기업분할, CEO나 이사의 선임 또는 해임과 같이 중요한 의사결정과 관련된 위임장 투쟁proxy fight(표 대결)이 있을 때이다. 이때는 주식시장에서 해당 기업의 기업지배구조에 대한 총체적인 분석이 이루어지고, 이 과정에서 기업지배구조가 개선되어 주가가 상승할 가능성이 있다.

이와 같은 논리는 오늘날 유행하는 사회책임투자socially responsible investment, SRI에도 적용될 수 있다. 어떤 사건이나 행위에 대한 주식시장의 반응은 사회적으로 극단적인 선악이나 옳고 그름의 문제가 아니라면 통상 이익의 문제로 귀결된다. 따라서 환경environmental, 사회social, 지배구조governance를 중심으로 '착한 투자'라고 일컬어지는 ESG 투자를 하는 기관투자자의 포트폴리오에 포함된 종목이라고 반드시 좋은 투자 대상은 아니라는 것이다. 일반 투자자 입장에서 기업이 사회적 책임을 다하는 사실 자체는 적극적 투자를 위한 동기로 작용하기에는 미흡하기 때문이다.

16

주가배수를 활용하라

주식의 내재가치를 계산하려면 상당한 수준의 훈련이 필요하다. 따라서 대부분 투자자는 내재가치 산출에는 관심이 없고 기업의 회계 이익을 파악하는 정도로 만족한다. 더구나 주가는 투자자의 심리에도 많은 영향을 받는다. 이런 상황에서 가치와 심리를 함께 반영하여 밸류에이션valuation에 이용할 수 있는 것이 PER과 같은 주가배수price multiple, 시장배수market multiple이다.

⁝ 밸류에이션의 방향타

주가배수는 주가가 순이익, 순자산, 매출액, 현금흐름 등과 같은 특정 회계 항목의 몇 배인가를 나타내는 밸류에이션 지표이다. 이때 각 회계 항목은 주가 수준을 평가하는 기준점이 된다. 주가배수는 어림치rule of thumb라고 할 수 있는데, 그 최대 장점은 단순함에 있다. 정밀한 과정을 거쳐 산출하는 내재가치도 불확실한 추정치라고 한다면, 기업의 중요한 재무항목과 함께 투자심리도 반영하고 있는 주가배수는 매우 유용한 밸류에이션 수단이 될 수 있다. 이런 이유로 주가배수는 투자 세계의 가치 가늠자로서 중심적인 역할을 해왔다. 어느 주가배수든 그 비율의 상대적인 높고 낮음에 따라 고평가와 저평가로 판단하는 것이 일반적이다.

참고로 주가배수의 분모가 되는 순이익, 순자산, 현금흐름, 매출액을 1주당 금액 대신에 총액을 사용한다면 이에 대응하는 분자는 주가 대신 기업의 시가총액을 사용하면 된다.

1주당 및 총액 기준 주가배수		
배수	1주당 기준	총액 기준
PER	주가/주당순이익	시가총액/순이익
PBR	주가/주당순자산	시가총액/순자산
PSR	주가/주당매출액	시가총액/매출액
PCR	주가/주당현금흐름	시가총액/현금흐름

⦙ 주가순이익비율

주가배수에는 여러 가지가 있는데 그중 가장 빈번하게 사용되는 것이 주가순이익비율price earnings ratio, PER(주가수익비율)이다. 우리나라에서는 흔히 '퍼'라고 읽는다. PER은 주가를 순이익의 일정한 배수로 평가한다는 것이다. 현재 주가가 1만 5,000원이고 주당순이익earnings per share, EPS이 1,000원이라면 PER은 15배가 된다. 이때 PER은 사용하는 순이익에 따라 직전 회계연도의 순이익을 사용하는 '현행current PER', 사업연도와 관계없이 최근 4개 분기의 순이익의 합을 사용하는 '추적trailing PER', 또는 당해 연도의 예상 순이익을 사용하는 '추정forward PER'로 구분한다.

그런데 가치평가의 입장에서 현재의 주가를 과거의 주당순이익과 대비하는 것은 이론적으로 문제가 있다. 주가는 과거의 이익이 아닌 미래의 이익을 반영하는 것이기 때문이다. 과거가 미래에도 반복되는 것이 아니라면 과거의 EPS를 사용하는 것은 엄밀하게 말해 올바른 방법이 아니다. 하지만 미래 이익을 예상하는 것은 어렵다. 여러 연구사례에서 보듯 주식 애널리스트들도 다음 분기나 다음 해의 이익을 제대로 예상하지 못하는 것으로 나타났다. 그렇다면 이론적으로는 예상 EPS를 사용하는 추정 PER이 더 우수한 지표이지만 주관적 혹은 자의적일 수 있다. 따라서 진지한 밸류에이션을 하려는 투자자에게는, 역사는 하루아침에 바뀌지 않는다는 통념에 비추어, 확인된 과거의 EPS에 근거한 현행 PER이나 추적 PER이 객관성이나 신뢰성 면에서 더 낫다.

PER의 산출				
구 분	A주	B주	C주	D주
주가 25,000원 (a)	25,000	50,000	100,000	500,000
순이익 (b)	10억	5억	20억	5억
발행주식 수 (c)	500만	500만	500만	500만
주당순이익 (d=b/c)	2,000	1,000	4,000	1,000
PER (a/d)	12.5배	50배	25배	500배
이익수익률 (1/PER)	8%	2%	4%	0.2%

위의 표는 PER을 산출하는 여러 사례를 보여준다. 그런데 PER이 12.5배라는 것은 무슨 의미일까? 만일 주가를 기업에 출자한 투자자의 투자원금이라고 한다면 매년 투자원금의 12.5분의 1에 해당하는 순이익을 창출한다는 것이다. 이때 투자수익률은 PER의 역수로 8%가 되는데, 앞서 이미 살펴본 것처럼 이것을 이익수익률이라고 한다. 같은 논리로 PER이 25배이면 이익수익률은 4%이며, 50배이면 2%가 되고, 100배이면 1%가 되고, 500배이면 0.2%가 된다. 기업이 벌어들이는 이익에 비해 상대적으로 주가가 높을수록, 즉 PER이 높을수록 이익수익률은 낮다.

그런데 업종이 달라도 궁극적으로 벌어들이는 '돈'은 모두 같은 돈인데 이익을 기준점으로 한 주가 평가가 왜 기업마다 다를까? 모든 기업의 주가가 이익의 10배 혹은 15배 등으로 같지 않고 10배, 20배, 50배, 심지어 500배로 달리 평가받을까? 그것은 각 기업의 이익의 질과 전망을 시장이 달리 평가하기 때문이다. 일반적으로 이익의 질과 성장률이 높으면 PER이 높다고 할 수 있다. 특히 급성장할 것으로 예상되는 기업의 경우 미래 이익에 대한 기대로 투자심리가 과열되면 PER은 일시적으로 수백 배가 되기도 한다. 그리고 시장은 각 업종에 대해서도 그 특성에 따라 이익의 질이나 성장성을 달리 평가하므로 업종별 PER에도 차별화가 이루어진다.

"보통주는 일반적으로 현재 이익에 일정 배수를 곱한 값어치가 있는 것으로 여겨진다. 그 배수, 즉 승수는 한편으로는 시장에 퍼져 있는 투자심리에, 또 다른 한편으로는 해당 기업의 특성과 실적에 좌우된다."[54]

⋮ 저퍼 혁명

나는 1990년 1월 증권거래소에 입사 후 얼마 안 있어 국제부에 배치되었다. 그때 내가 담당했던 업무는 '주요국 일일시황보고'였다. 매일 아침 출근하면 찍찍 소리가 나는 로이터 단말기의 도트 프린터 밑에는 밤새 해외 주요 증시의 뉴스가 프린트되어 차곡차곡 쌓여 있었다. 서둘러 그때까지 쌓인 프린트물을 챙겨 책상에 앉아 뉴욕거래소, 런던거래소, 프랑크푸르트거래소, 홍콩거래소, 도쿄거래소, 대만거래소의 시황을 정리했다. 프린트물에는 보도 시간이 표시되어 있으므로 각국 거래소 마감 시간 전후를 체크하여 주요 시황을 확인하는 것이다. 이때 주요국 시황을 정리하면서 가장 많이

접한 단어는 'front-running'과 'profit-taking'이었다. 선취매 혹은 선행매매를 의미하는 front-running과 차익실현 혹은 차익실현을 위한 매도행위를 의미하는 profit-taking이라는 말에 익숙해지면서 내 머리에는 '주가 상승은 front-running 때문이고, 주가 하락은 profit-taking 때문이다'라는 도식이 자리를 잡았다. 내 기억에 당시 이들 용어는 주로 시장 분위기를 잘 살펴 이익 기회를 포착하는 기술적 의미로 사용되었다. 아울러 front-running은 주가 상승 전에 미리 매수하는 것이고, profit-taking은 주가 하락 전에 미리 매도하는 의미로 사용되었기 때문에 주식투자를 하려면 눈치가 빨라야 한다는 생각으로 이어졌다. 투자의 기술은 눈치에 달려 있다는 이 생각은 우리나라 주식시장이 외국인 투자자에 개방된 1992년 이후에야 바뀌었다.

우리나라 주식시장은 1992년 1월부터 단계적으로 외국인에게 개방되었는데, 개방 이후 두드러진 변화의 하나는 PER을 활용한 투자의 확산이었다. 기업이 벌어들이는 이익에 비해 주가가 상대적으로 낮게 평가된 종목, 즉 PER이 낮은 종목에 투자하는 분위기가 퍼졌다. PER을 기준으로 옥석 가리기가 시작된 것이다. 그 변화는 '저퍼 혁명'이라고까지 불렸다. 주식시장 개방 전에는 크게 주목을 받지 못했던 투자지표가 주식시장 개방을 계기로 투자자들 사이에서 바람을 일으킨 것이다. 그리고 PER과 같은 투자지표에 기반한 투자문화가 확산되면서 투자에 대한 내 생각도 조금씩 바뀌게 되었다. 제대로 된 투자의 기술은 단순히 시장의 분위기를 파악하는 눈치의 기술에 그치지 않고 기업가치에 대한 분석기술과도 밀접한 관련이 있다는 점을 알게 된 것이다.

⦂ 가치주와 성장주

벤저민 그레이엄은 투기가 아닌 투자를 위한 보수적인 관점에서 PER 20배를 상한선으로 제시한다. PER 20배는 이익수익률 5%를 의미한다. 그는 5% 정도의 수익률에도 미치지 못하는 주가는 정당화되기 어렵다고 말한다. 물론 미래 이익이 큰 폭으로 증가할 것으로 전망해서 20배가 넘는 PER에도 매수할 수 있지만, 그것은 투기적이라는 것이다.

> "보수적인 가치평가의 기조를 유지하려면 모든 *경우*에 이익 배수에 어떤 적당한 상한선을 설정해야 한다는 것이 우리의 기본 입장이다. 우리는 투자 목적의 보통주 매수에 대해 지불할 수 있는 최고 가격으로 *평균이익의 약 20배*를 제시하고자 한다."[55]

여러분은 PER이 100을 넘고 500을 넘는 주식도 살 의사가 있는가? 스타트업이나 조만간 큰 폭의 성장이 합리적으로 예상되는 경우라면 지금의 이익은 상대적으로 작을 것이기 때문에 기저효과로 인해 일시적으로 PER이 아주 높을 수 있다. 하지만 기업이익이 수년 내에 급속하게 증가할 가능성이 없는 주식을 이 정도의 PER 수준에서 사는 것은 확실히 더 큰 바보를 찾는 투기 게임이다.

PER은 다른 종목과의 밸류에이션 비교뿐만 아니라 동일 주식의 밸류에이션에도 활용된다. 과거 통상적인 PER 수준이 15배인 주식이 특별한 사정이 없는데 10배 수준으로 떨어졌다면 주식이 저평가된 것으로 판단할 수 있다. 또한 PER은 목표가를 설정하는 데에도 이용할 수 있다. 예를 들어 특정 기업의 통상적인 수준의 PER이 15배(주가 30,000원 ÷ 주당순이익 2,000원)인 상태에서 향후 주당순이익이 30% 증가할 것으로 예상한다면 PER 15배를 기준으로 했을 때 목표가는 39,000원(주당순이익 2,600원 × 15배)이 된다. 따라서 PER을 이용하면 단순히 주가만을 보고 고평가나 저평가 여부를 판단하는 오류를 피할 수 있다.

흔히 PER이 낮은 저PER주를 '가치주'라고 하고, PER이 높은 고PER주를 '성장주'라고 한다. 저PER주는 기업의 이익창출력이 제대로 반영되지 않은 것이고, 고PER주는 미래에 크게 개선될 이익창출력을 반영하고 있는 것으로 여겨진다. 따라서 PER이 높다고 모두 고평가되었다고 할 수는 없다. 예를 들어 A사의 PER은 10배, B사의 PER은 20배라면 B사가 상대적으로 고평가된 것일까? A사와 B사가 모든 면에서 비슷한 상황이라면 그렇다고 할 수 있다. 하지만 이익성장률이 다른 경우에는 그렇게 판단하기 어렵다. 위에서 언급한 것처럼 PER를 계산할 때 사용하는 EPS는 직전 연도나 당해 연도의 수치를 사용한다. 그렇지만 주가가 보다 먼 미래까지의 이익창출력을 반영한다고 한다면 이야기는 달라진다. PER이 같은 수준이라고 해도 예상되는 이익증가율이 더 높다면 주가가 상대적으로 저평가되었다고 할 수 있다는 것이다.

: 주가순자산비율

PER과 더불어 빈번하게 사용하는 주가배수는 주가순자산비율 price book value ratio, PBR이다. 이것은 주당순자산에 비해 주가가 몇 배인가를 나타내는 지표인데, 이때 순자산은 자산에서 부채를 차감한 자기자본을 의미한다. 예를 들어 주가가 2만 원이고 주당순자산이 만 원이면 PBR은 2배가 된다.

일반적으로 PBR이 1배 미만이면 저PBR로 주가가 저평가된 것으로 간주한다. PBR이 1보다 작다는 것은 기업이 향후 벌어들일 이익을 무시하고도 보유한 주당순자산보다 주가를 낮게 평가한다는 의미다. 기업을 청산할 때는 자산을 제값 받고 매각하는 것이 어렵다. 따라서 이때는 PBR이 1보다 작을 수 있다. 하지만 적자가 아닌 정상적인 상황이라면 PBR이 1배 미만이라는 것은 시장이 이 기업의 이익창출 능력과 자산가치를 제대로 평가하지 못한 것이다. 이런 주식을 흔히 자산가치가 주가에 제대로 반영되지 않은 '자산주'라고 한다. 자산주라는 용어는 비업무용 토지나 건물 등 돈이 되는 부동산이 많은데 이것이 주가에 제대로 반영되어 있지 않은 주식에 대해 사용되기도 한다. 주의할 점은 PBR이 낮은 것이 주가의 저평가가 아니라 재무제표에 나타난 자산의 과대평가 때문일지도 모른다는 것이다. 따라서 PBR을 이용할 때는 해당 기업의 자산 내역을 보면서 무형자산과 같이 실체가 없는 자산의 비중이 얼마나 큰지, 감가상각 방법의 변경이 고정자산의 가액에 큰 영향을 주지는 않았는지 등을 확인할 필요가 있다.

⫶ 주식시장과 주식들의 시장

흔히 PER이 낮은 가치주와 PBR이 낮은 자산주에 투자하면 상대적으로 높은 수익률을 얻을 수 있다는 생각이 널리 퍼져 있다. 실제로 많은 연구에서 PER이나 PBR이 낮은 주식, 달리 말하면 미래가 음울한 것으로 여겨지는 주식이 PER이나 PBR이 높은 주식에 비해 투자수익률이 더 좋은 것으로 나타났다. 역발상 투자로 유명한 데이비드 드레먼David Dreman도 이를 확인해주고 있다. 이처럼 PER이나 PBR이 낮은 주식에 대한 투자는 가치투자의 가장 기본적인 방법의 하나로 자리를 잡았다.

> *"연구 결과에 따르면, 주가순이익비율, 주가현금흐름비율, 주가순자산비율 및 주가배당비율을 기준으로, 시장이 최상의 미래를 기대했던 기업은 한결같이 최악의 수익률을 보인 반면, 미래가 가장 음울할 것으로 생각했던 주식은 언제나 가장 높은 수익률을 보였다."* [56]

하지만 개별 종목의 PER이나 PBR을 이용할 때는 조심해야 한다. 이익이나 순자산에 비해 주가가 특별히 낮은 이유가 있는지 확인해야 한다. 만일 일시적인 요인이나 시장의 오해 때문에 PER이나 PBR이 낮다면 좋은 기회이지만, 구조적인 이유로 미래의 실적 악화가 예상되거나 자산이 과대평가된 경우라면 저PER이나 저PBR이라는 이유만으로 투자할 경우 손실을 볼 가능성이 크기 때문이다.

게다가 금융 이론서나 투자 서적에서 PER이나 PBR이 낮은 주식이 상대적으로 높은 수익률을 보인다고 말하는 것은 최소 20~30개 종목에 분산투자할 경우를 가정한 것이다. 따라서 개별 종목의 관점에서 무조건 저PER주나 저PBR주에 투자하면 안 된다. 투자자는 주식시장(종목 전체 또는 포트폴리오)과 주식들의 시장(개별 종목)은 다르다는 점을 염두에 두어야 한다. 따라서 저PER주 투자와 같이 주가배수를 이용할 때는 다양한 산업에 걸쳐 분산투자할 필요가 있다.

❘ 주가매출액비율

주가매출액비율price to sales ratio, PSR은 주가를 주당매출액으로 나눈 비율이다. 이때 주당매출액sales per share, SPS은 매출액을 주식수로 나눈 값이다. 예를 들어 주가가 만 원, 주당매출액도 만 원이면 PSR은 1.0배가 된다.

이익과 자산의 관점에서 주가 수준을 평가하는 PER과 PBR이 있는데도 불구하고 PSR을 또 다른 지표로 사용하는 것은 나름의 장점이 있기 때문이다. 적자이거나 순자산이 마이너스인 기업은 PER이나 PBR이 음수이기 때문에 주가 수준을 평가하는 기준으로 사용하기 어렵다. 하지만 그런 기업인 경우에도 매출은 발생한다. 따라서 PSR은 벤처기업이나 대규모 연구개발R&D이나 투자로 인해 적자를 기록하고 있는 기업 등 PER과 PBR을 적용하기 어려운 기업의 주가 수준을 평가하는 데 사용할 수 있다. 이런 의미에서 PSR은 현재의 수익성보다는 미래의 성장 가능성에 초점을 맞춘 투자지표라고 할 수 있다. 게다가 이익이나 순자산 가액은 감가상각비와 같은 비용을 인식하는 방법 등 기업마다 달리 적용할 수 있는 회계처리 방법에 따라 영향을 받지만 매출액은 그런 영향을 거의 받지 않는다. 이 점은 PSR의 또 다른 장점이라고 할 수 있다.

이러한 장점이 있지만 PSR은 이론적으로 분모와 분자의 대응이 적절하지 않다는 문제가 있다. PSR의 분모인 주당매출액은 자기자본과 타인자본을 함께 사용해서 발생하는 것인 데 반해 분자는 자기자본의 지표인 주가를 대응시키고 있다. 이것은 심하게 말하면 사과를 다른 사과와 비교하지 않고 오렌지와 비교하는 오류이다. 이를 해결하는 방법은 분자에 주가 대신 자기자본인 주식의 시가총액market capitalization과 타인자본인 순차입금의 시장가액market value의 합계액, 즉 기업가치enterprise value, EV를 사용하고, 분모에는 주당매출액 대신에 매출액S을 사용하는 것이다. 따라서 투자자는 매출액을 기준으로 주가 수준을 판단하기 위해서는 PSR과 함께 EV/S를 검토할 필요가 있다.

PSR 지표를 자신이 개발했다고 주장하는 켄 피셔Kenneth L. Fisher는 자신의 저서《슈퍼 스톡스Super Stocks》에서 진정한 슈퍼 주식이 되는 요건의 하나로 'PSR 0.75 이하'라는 요건을 제시한 바 있다. 피셔가 이 책을 출판한 1980년대 중반 이전에는 월스트리트에서 PSR은 거의 사용하지 않았다고 한다. 이 책에서 피셔는 종목 평가를 위해 자신이 사용하는 방법 중에서 PSR이 가장 정확하다고 언급했다. 그런데 피셔는 2007년 출간된《3개의 질문으로 주식시장을 이

기다The Only Three Questions that Count》에서 이제는 PSR이 자신이 가장 선호하는 투자 기법이 아니라고 말한다. 이제는 너도나도 PSR을 사용하기 때문에 쓸모가 없어졌다는 것이다. 아마도 이제는 PSR을 이용한 투자가 이 지표가 처음 등장했던 시기에 누렸던 수익률을 거두기 어렵게 되었다는 의미일 것이다.

: 주가현금흐름비율과 에빗따

주가현금흐름비율price to cashflow ratio, PCR은 주가를 주당영업현금흐름cashflow per share, CPS으로 나눈 값이다. PCR은 주가가 CPS의 몇 배로 평가되고 있는가를 나타내는 지표이다. 예를 들어 주가가 만 원이고 주당영업현금흐름이 1,000원이면 PCR은 10배가 된다. 현금흐름은 여러 가지 방법으로 산출할 수 있지만 가장 무난한 방법은 재무제표의 하나인 현금흐름표상의 '영업활동으로 인한 현금흐름'을 이용하는 것이다. 즉 영업활동 현금흐름을 발행주식 수로 나누어 CPS를 구하는 것이다.

PCR은 적용하는 회계 방법에 따라 영향을 받는 순이익과 달리 현금의 유출입을 기준으로 하기 때문에 그러한 영향을 거의 받지 않는 영업현금흐름에 대비해 기업의 주가를 평가한 것이다. 기업가치는 회계적 이익보다는 장기적으로 창출되는 현금흐름에 의해 결정된다는 입장에서는 이익과 주가의 관계를 나타내는 PER보다는 현금흐름과 주가의 관계를 나타내는 PCR이 더 나은 지표가 될 수 있다.

그런데 PCR의 분모와 분자의 대응은 PSR과 같은 문제가 있다. PCR의 분모인 현금흐름은 자기자본과 타인자본을 함께 사용하여 발생한 것인 데 반해 분자인 주가는 자기자본에 대응되는 것이다. 이 문제를 해결하기 위해 실무에서는 대개 EV/EBITDA 배수를 사용한다. EV는 PSR을 설명할 때 언급했던 기업가치로 주식의 시가총액과 순차입금의 시장가액의 합계액이다. 흔히 '에빗따'라고 읽는 EBITDAearnings before interest, taxes, depreciation and amortization는 이자, 법인세, 감가상각비 차감 전 순이익을 뜻한다. 따라서 EBITDA는 타인자본을 빌린 대가로 지불하는 이자와 같은 현금 유출이 발생하기 이전의 상태를 기준으로 기업의 총가치EV를 평가할 때 사용된다. 즉 기업의 총체적인 현금흐름 창출 능력을 나타내는 지표로 쓰이는 것이다. EV/EBITDA 배수는 주식시장에서 애널리스트의 분석보고서에 거의 빠지지 않고 등장하는 투자지표이다.

17

위험을 제한하라

주식투자의 위험을 줄이는 기본 방법은 분산투자이다. 그러나 일반 투자자는 '이론'에서 말하는 수준까지 분산해서 투자하지 못한다. 즉 최소 20~30개 종목에 나누어 투자하는 사람이 많지 않다는 것이다. 물론 3~5개 종목에 투자해도 어느 정도 위험을 줄이는 효과가 있기는 하다. 하지만 그것으로는 부족하다. 따라서 분산투자 대신에 위험을 줄이는 추가적인 방법이 필요하다.

: 안전마진

주식시장에서 안전마진margin of safety이란 가치와 가격의 차이를 이용해 확보하는 충격 완화장치라고 할 수 있다. 누구도 미래를 완벽하게 예측할 수 없으므로 예상치 못한 주가 하락에 대비한 안전장치가 필요하다. 벤저민 그레이엄은 《증권분석Security Analysis》에서 안전마진을 측정된 내재가치의 최저치와 주가의 차이로 설명한다. 만일 주가가 1만 2,000원인 기업의 내재가치를 주당 1만 5,000~2만 원으로 평가했다면 최저치인 1만 5,000원과 주가 1만 2,000원의 차이인 3,000원이 안전마진(20%)이라고 할 수 있다. 이것은 가치보다 20% 정도 싼 가격으로 주식을 매수하는 것을 의미한다.

> "안전마진은 주식이 증권분석가에 의해 측정된 내재가치의 최저치 아래에서 할인되어 거래될 때 그 최저치와 주가의 차이에 들어있다."[57]

그레이엄에 따르면 증권분석은 예상하지 못한 사건이 발생했을 때 자신의 투자를 보호하는 것을 가장 중요하게 생각하는데, 이를 위해 안전마진이 필요하다는 것이다. 따라서 안전마진을 이용하는 가치투자자에게 기업가치를 가늠할 수 있는 기업의 사업 현황은 주요 관심사가 된다. 사후에 분석을 잘못한 것으로 드러나도 충분한 안전마진을 확보해서 거래했다면 여전히 괜찮은 결과를 얻을 수 있기 때문이다. 물론 기술적 분석과 같이 주가를 예측하는 분석은 안전마진을 고려하지 않으므로 분석을 잘못하면 대개 손실을 본다.

> "증권분석은 뜻밖의 사건으로부터 보호하는 것을 가장 중시한다.

우리는 지불한 가격을 능히 초과하는 가치, 즉 안전마진을 고수함으로써 보호를 받는다. 그 기본 논리는 해당 증권이 보기보다 덜 매력적인 것으로 드러나더라도 그 투자가 여전히 만족스러운 투자가 될 수 있다는 것이다."[58]

그레이엄은 《현명한 투자자》에서 안전마진의 개념을 투자와 투기를 구분하는 시금석으로 사용할 것을 제안했다. 투자는 가치와 가격의 차이가 상당한 수준으로 안전마진이 넉넉한 반면, 그렇지 못한 경우는 투기라고 할 수 있다는 것이다. 즉 투자는 기업가치보다 상당히 낮은 가격에 주식을 매수하는 것으로 향후 주가가 하락하더라도 그 폭은 제한적이어서 큰 손실은 피할 수 있다. 워런 버핏도 안전마진을 강조한다. 버핏은 '충분한' 안전마진을 가진 상태에서 투자할 것을 권한다. 그는 다리를 건설할 때 1만 파운드의 트럭만 지나가도록 할 계획이지만 3만 파운드의 무게를 견딜 수 있도록 설계하는 것처럼 투자도 그렇게 해야 한다고 피력한다. 그는 안전마진을 성공 투자의 초석이라고 믿는다.

⫶ 피라미딩

안전마진과 더불어 투자위험을 줄이는 방법으로 피라미딩과 손절매가 있다. 미국의 전설적인 투자자 제시 리버모어의 이야기를 다룬 《어느 주식투자자의 회상Reminiscences of A Stock Operator》에는 피라미딩pyramiding이라는 투자 기법이 나온다. 평균 매입단가 올리기averaging up인 피라미딩은 주식을 매수한 후 주가가 오르면 조금씩 더 매수해 피라미드처럼 쌓아가는 것이다. 예를 들어 총 500주를 매수한다고 할 때 한꺼번에 500주를 모두 매수하지 않고 먼저 100주를 매수한 후 가격이 상승하면 추가로 100주를 매수한다. 이후 가격이 상승하면 다시 100주를 매수하는 식으로 이익이 나면 500주까지 추가 매수를 하는 것이다. 이때 매수하는 주식 수는 상황에 따라 적절히 조정하면 된다. 물론 가격이 상승하지 않으면 추가로 매수하지 않는다.

> "만일 상황을 확신하지 못하면서 당신의 투자자금 전부를 투입하는 것은 현명하지 못하다. … 최초 거래 후에 그 거래에서 이익을 보지 못하면 추가로 거래하지 마라. 관망하라."[59]

피라미딩은 모멘텀에 기초한 분할매수이며, 자신의 투자 판단이 옳았음을 단계적으로 확인하고 진행하는 조심스러운 투자행위다. 다른 측면에서 보면 피라미딩은 추가 매수 후 주가가 하락해 손실이 발생해도 이미 확보한 미실현이익으로 어느 정도 이를 충당할 수 있다는 논리에 기초한 투자 기법이다. 분산투자가 여러 종목을 같은 시기에 매수하는 '종목 분산'이라고 한다면 피라미딩과 같은 분할매수는 같은 종목을 여러 시기에 나누어 매수하는 '시간 분산'이라고 할 수 있다. 일반 투자자들이 잘하지 못하는 것이 바로 시간 분산일 것이다. 기관투자자들은 특정 종목을 매수하는데 3~6개월에 걸쳐 조금씩 조금씩 매수하기도 하는데, 개인들도 당연히 그렇게 할 수 있다. 다만 개인들은 조직화된 시스템의 도움을 받지 못하기 때문에 시간을 견디는 것에 익숙하지 못할 뿐이다. 어차피 주가 상승을 예상하고 매수를 한다면 굳이 첫 매수가격보다 높은 가격에 추가 매수할 이유가 없다는 생각이 강하기 때문이다.

한편 피라미딩과 같은 분할매수이지만 그 방향이 반대인 것이 물타기averaging down다. 물타기는 자신이 매수한 종목의 주가가 하락하면 추가 매수하는 것인데, 일반적으로 바람직하지 않은 것으로 인식된다. 이것은 해당 종목의 평균 매수단가를 낮추어 향후 주가가 상승할 때 낮은 가격으로 매수한 것에서 발생하는 이익으로 상대적으로 높은 가격으로 매수한 것에서 발생한 손실을 보충하려는 거래행위다. 투자 대가 중 상당수는 물타기를 경계하는 반면, 피라미딩은 권장하는 편이다.

그렇지만 이전 가격에 비해 낮은 가격으로 매수하는 것이 반드시 물타기라고 단정할 수도 없다. 투자 대상을 발굴해서 매수할 때는 보통 그 종목의 가치가 어느 정도인가를 평가하게 된다. 자신이 평가한 가치보다 낮은 가격에 매수한 후 특별한 상황 변화도 없는데, 즉 기업의 스토리는 같은데 주가가 하락하면 당연히 추가 매수가 가능하기 때문이다. 따라서 매수할 때 가치평가를 제대로 했다면 물타기가 아닌 염가매수bargain purchase가 될 것이다. 결국 분할매수는 투자 대상 종목에 대한 자신의 판단을 확인하면서 투자할 때 가장 좋은 결과를 가져온다고 할 수 있다.

⫶ 손절매

　그런데 주가가 매수한 가격 아래로 떨어졌을 때 자신 있게 추가로 매수할 수 있을까? 만일 바로 위에서 언급한 것처럼 기업가치를 분석해서 매수했고, 가치 요인에 별다른 변화가 없다면 그대로 보유하거나 추가 매수할 수 있다. 하지만 많은 투자자가 기업가치를 제대로 분석하지 않을뿐더러 잘못 분석했거나 가치 요인이 변했을 수도 있다. 따라서 자신의 분석을 상당한 수준으로 확신하는 경우가 아니면 기계적으로 손절매를 통해 손실이 더 커지는 것을 막을 필요가 있다. 예를 들어 매수가격에서 5% 이상 하락하면 매도해서 최대 손실을 5% 정도로 제한하는 것이다. 손절매의 기준은 −5%, −10%, −20% 등으로 사람마다 다르다. 여러 종목으로 포트폴리오를 구성해서 투자할 때는 개별 종목의 하락률을 기준으로 하지 않고 포트폴리오의 하락률을 기준으로 손절매 기준을 정하기도 한다.

　투자 대가 중에는 손절매를 권하지 않는 사람도 많다. 주식을 매수할 때 제대로 분석했다면 가격이 좀 하락했다고 매도하는 것은 성급한 행동이라는 것이다. 하지만 월스트리트의 유명한 투자자인 윌리엄 오닐William O'Neil은 손절매를 고려하지 않는 투자자는 주식을 매수해서는 안 된다고 잘라 말한다. 오닐은 손절매를 투자 생명을 유지하는 기본 장치라고 여기는 듯하다. 그는 손절매를 이용하지 않는 것은 전투기 조종사가 낙하산도 없이 전투에 뛰어드는 것과 같다고 말한다.

"손실이 커지도록 방치하는 것은 거의 모든 투자자가 범하는 가장 심각한 실수다. 당신은 전문 투자자 중에서 가장 경험이 풍부한 사람조차도 종목 선택과 시점 선택에서 빈번하게 실수하게 된다는 사실을 받아들여야 한다. 심지어 나는 만일 당신이 손절매를 통해 손실을 제한할 생각이 없다면 주식을 매수해서는 안 된다고 말할 것이다."[60]

그런데 손절매는 생각만큼 쉽지 않다. 펀드매니저의 경우에도 내부 규정에 따라 의무적으로 하는 경우를 제외하면, 손절매를 기계적으로 할 수 있기까지는 실전에서 5년 정도의 경험이 쌓여야 한다고 말할 정도로 손절매는 어렵다. 예를 들어 10% 수익이 나면 곧바로 매도하기는 쉽지만 10% 손실이 발생하면 곧바로 매도하기는 어렵다. 본전 생각이 나기 때문이기도 하고, 자신의 판단이 잘못되었다는 것을 인정하기 싫기 때문이기도 하다. 이것은 우리가 앞서 살펴본 '손실회피'의 영향이다. 게다가 주가란 오르락내리락하는 것이므로 기다리면 언젠가는 원금을 회복할 수 있다는 생각이 손절매를 어렵게 한다. 하지만 어느 분야에서나 그렇듯 제대로 잃은 법을 배우는 것이 투자의 고수로 가는 지름길이라고 말한다.

유명한 트레이더와 투자 전문가를 인터뷰한 잭 슈웨거Jack Schwager의 《시장의 마법사들Market Wizards》에는 매매 심리학과 관련된 내용이 나온다. 여기에 심리학자이자 성공 투자 전문 연구가인 반 타프Van K. Tharp 박사의 인터뷰가 실려 있다. 타프 박사는 성공적인 매매를 하려면 큰돈을 벌어야겠다는 생각을 잠시 접어두고 매매를 하나의 게임이라고 가볍게 생각하는 것이 좋다고 말한다. 그렇게 하면 규칙에 따라 투자 게임을 하게 되고, 적시에 손절하는 일이 아주 쉬워진다고 말한다.

손절매를 투자 기법의 하나로 활용하려면 매수 주식에 대해 자신의 손절매 기준에 따라 항상 매도주문stop-loss order을 걸어놓을 필요가 있다. 그렇지 않으면 주가 급락 시 매도하려고 해도 매도할 수 없는 상황에 직면할 수 있다. 주가 변동을 실시간으로 확인하면서 손절매를 하려면 항상 호가창을 주시해야만 한다. 더구나 급락하는 상황에서 매수자가 많지 않아 매도 자체가 불가능한 경우도 많다. 투자금액이 큰 경우에는 더욱 그렇다.

⠿ 분할매도

손절매와 관련하여 분할매도라는 것이 언급되기도 한다. 분할매도는 분할매수와 대칭을 이루는 개념으로 보유한 종목을 부분적으로 매도해가는 것이다. 손절매가 일시에 특정 종목 전부를 일시에 처분한다는 의미가 강하다면 분할매도는 특정 종목을 여러 차례 나누어 매도하는 것이다. 분할매도는 자신이 정한 손절매 기준에 이르지 않은 종목에 대해서도 가능하며, 수익을 보이는 종목에 대해서도 가능하다. 특히 수익을 보이는 종목을 분할매도하는 것은 투자자가 지금까지 생각하고 있던 해당 기업의 스토리가 어떻게 전개될지 더는 알 수 없는 경우에 많이 이루어진다. 이로써 투자이익의 일부를 실현하면서 주가 하락 또는 주가 상승에 대비하는 것이다.

⁝포뮬러 플랜

그런데 시간을 분할해 거래한다고 했을 때 최적의 매수와 매도 시점을 파악해 거래하는 것이 쉬울까? 내가 사면 내리고, 내가 팔면 오른다는 말처럼 시점 선택은 쉽지 않다. 투자자는 종목 선택이나 시점 선택을 위해 생각할 것이 너무 많아 스트레스를 받는다. 그렇다면 간단한 수학 공식처럼 기계적으로 적용할 투자의 해법은 없을까? 그 해법의 하나가 포뮬러 투자formula investing 혹은 포뮬러 플랜formula plan이다. 포뮬러 투자는 미리 정한 실행계획에 따라 기계적으로 투자하는 것이다.

예를 들어 금리가 1% 오르면, 다른 생각 할 것 없이, 보유하고 있는 주식 비중을 10% 줄여 그 돈으로 채권을 매입하고, 금리가 1% 내리면 채권 비중을 줄여 그 돈으로 주식을 매입하는 것이다. 또 다른 예는 주식과 현금의 비율을 정기적으로 50:50으로 유지하는 것이다. 주가가 오르면 주식 일부를 매도해 현금화하고, 주가가 내리면 주식을 추가로 매수해서 주식과 현금의 비율을 일정하게 유지한다. 따라서 포뮬러 투자는 투자에 자동항법장치를 다는 것과 같다고 할 수 있다.

정액매입법dollar cost averaging도 전통적인 포뮬러 투자의 한 방법이다. 정액매입법은 비용평균법이라고도 하는데 정기적으로 일정

금액을 한 종목이나 복수 종목에 투자하는 것이다. 예를 들어 정기 적금처럼 매월 월급날 또는 시장이 열리는 마지막 날에 30만 원을 특정 종목에 투자하는 것이다. 벤저민 그레이엄은《현명한 투자자》 에서 정액매입법이 보수적인 투자자가 활용할 수 있는 대표적인 포 뮬러 투자라고 말한다. 그리고 그 효과에 대해서는 포뮬러 투자에 관한 연구를 집대성한 루실 톰린슨Lucile Tomlinson의 표현을 인용하 는 것으로 대신하고 있다.

> "지금까지 정액매입법 말고는 증권가격이 어떻게 되든 궁극적으로 성공한다는 강한 믿음을 가지고 이용할 만한 다른 포뮬러 투자법을 발견하지 못했다."[61]

정액매입법은 매월 혹은 매 분기 등 정해진 시간에 일정한 금액 으로 주식을 매수하는 적립식 투자이다. 따라서 주가가 하락하면 매수하는 주식 수는 늘어나고, 주가가 상승하면 매수하는 주식 수 는 줄어든다. 매수하는 주식 수만 보면 시장의 흐름과 반대로 가는 역행 투자라고 할 수 있다.

다음 표는 매월 말에 30만 원으로 다섯 달 동안 주식을 사는 적 립식 투자와 첫 달에 150만 원으로 한꺼번에 매수하는 거치식 투자 의 결과를 보여준다. 거치식은 첫 달에 150만 원으로 125주를 사서 보유하는 것으로 가정한다. 참고로 이 예에서 두 방법의 결과를 비 교할 때 1주 미만은 매수할 수 없어 정액매입법은 매월 30만 원이 모두 사용되지 않을 수도 있다는 점을 고려해야 한다. 최종 투자 결

적립식 투자와 거치식 투자의 비교					
	M1	M2	M3	M4	M5
하락장: 주가	12,000	11,500	11,000	10,500	10,000
매수 주식 수	25	26	27	28	30
누적 가치(원)	30만	58.8만	86.2만	112.3만	137만
vs. 거치식(원)	150만	143.8만	137.5만	131.3만	125만
상승장: 주가	12,000	12,500	13,000	13,500	14,000
매수 주식 수	25	24	23	22	21
누적 가치(원)	30만	61.3만	93.7만	127.3만	162만
vs. 거치식(원)	150만	156.3만	162.5만	168.8만	175만

과를 보면 하락장에서는 비록 손실 상태이지만 적립식 투자의 성과가 더 좋고, 상승장에서는 거치식 투자의 성과가 더 좋다.

정기적금과 투자의 결합인 정액매입법은 적극적인 시점 선택을 포기하는 것이다. 이것은 등락을 반복하는 시장에서 최적의 매매 타이밍을 제대로 포착하기 어렵다는 점을 받아들인 것이라 할 수 있다. 달리 말하면 잘못된 시점 선택으로 인한 피해를 줄일 수 있다는 것이다. 또한 인간 심리를 배제하고 원칙에 따라 거래를 실행함으로써 휴먼의 불합리한 선택 가능성을 줄이는 효과가 있다. 적립식 투자는 투자상품의 다양화와 투자 인구의 저변 확대에도 크게 기여했다. 다양한 형태의 적립식 펀드가 만들어지고 투자에 저축 개념을 결합함으로써 주식투자에 미온적이던 사람들의 관심을 끌었다.

하지만 정액매입법에 대해 부정적인 견해를 가진 사람도 있다. 투자회사를 운영하는 켄 피셔는 적립식 투자보다 거치식 투자를 추천한다. 그는 거치식 투자가 정액매입법보다 수익률이 높다고 말한다. 그 이유는 역사가 진보하듯 주식시장은 상승하는 경향이 더 크기 때문이라는 것이다. 위의 예에서 보듯 상승장에서는 거치식 투자의 성과가 더 좋다.

"시장은 시간이 지나며 상승하는 경우가 더 많아서 일반적으로 거치식 투자가 정액매입법보다 성과가 좋다."[62]

시장이 오랫동안 상승할 것으로 확신하고 한꺼번에 큰 금액을 투자할 수 있다면 거치식 투자가 좋은 선택이 될 수 있다. 하지만 시장은 상승과 하락을 반복한다. 적립식 투자는 하락장에서는 거치식 투자보다 수익률이 좋으며, 상승장에서도 거치식보다는 상대적으로 낮다고 해도 어느 정도의 수익률은 가능하다. 하락과 상승이 거듭되는 시기에는 적립식 투자가 더 좋은 결과를 가져올 수도 있다. 적립식 투자는 시점 선택을 해야 하는 스트레스를 피할 수 있을 뿐만 아니라 잘못된 시점 선택으로 인한 큰 손실을 막을 수 있다. 또한 자신의 자금 상황을 고려하여 일정한 시기에 소액의 일정 금액으로 안정적인 투자가 가능하다는 장점도 있다.

18

능력 범위 내에서 집중하라

위험이 크면 수익도 크다는 '하이 리스크, 하이 리턴high risk, high return'은 투자에 관한 만고의 진리처럼 여겨진다. 그런데 사람들은 위험을 줄이기 위해 분산투자를 한다. 분산투자를 한다고 해도 개인투자자가 보유하는 종목은 대개 3~5개 정도이다. 전통적인 분산투자이론에서 이 정도는 집중투자에 속한다. 그렇다면 위험을 줄이기 위해 투자종목을 최소한 20~30개로 늘려야 할까? 아니면 더 큰 수익을 위해 위험을 감수해야 할까?

: 능력 범위

워런 버핏은 집중투자자로 알려져 있다. 물론 자금 규모를 생각할 때 버핏의 투자종목 수가 일반 투자자보다 훨씬 많은 것은 당연하다. 버핏은 현명한 투자를 원하는 투자자에게 필요한 것은 '선별된' 수수의 기업을 제대로 평가하는 능력이라고 말한다. 투자자가 수많은 기업에 대해 알 수도 없고 또 그럴 필요도 없다는 것이다.

> "여러분은 모든 기업, 아니 그게 아니더라도 많은 기업에 대한 전문가일 필요조차 없습니다. 여러분은 단지 여러분의 능력 범위 안에서 기업들을 평가할 수 있으면 됩니다. 능력 범위의 크기는 그렇게 중요하지 않습니다. 하지만 그 능력 범위의 경계를 아는 것은 매우 중요합니다."[63]

버핏은 능력 범위circle of competence의 크기는 문제가 아니며, 중요한 것은 자신의 한계를 제대로 아는 것이라고 역설한다. "너 자신을 알라"라는 말과 일맥상통한다. 버핏은 1990년대 말 닷컴 열풍이 불어 모두가 닷컴기업에 열광하고 있을 때 닷컴기업에 투자하지 않았던 것으로 유명하다. 닷컴기업에 대해 잘 모른다는 것이 그 이유였다. 버핏은 자신이 이해할 수 있는 것에 집중한다고 말한다.

버핏은 능력과 시간이 부족한 사람들은 인덱스펀드에 투자할 것을 권한다. 하지만 기업의 메커니즘을 이해하고 소수의 기업에 대해 장기적인 경쟁우위, 즉 경제적 해자를 발견할 수 있는 투자자라면 무조건 분산투자를 하는 것은 바람직하지 않다고 말한다. 자신이 잘 이해하고 투자위험이 낮다고 판단한 기업 중에서 투자수익률이 높은 순서대로 투자 대상을 선별했다고 하자. 그렇다면 가장 높은 수익률이 기대되는 소수의 기업에 집중투자하는 것이 합리적이지, 군이 수익률이 한참 뒤처지는 기업에 투자할 이유가 없다는 것이다. 버핏은 지식과 경험을 통해 능력을 쌓은 투자자라면 자신의 능력 범위 안에서 집중투자할 것을 권한다.

> "만일 당신이 뭔가 좀 아는 투자자여서 기업경제학을 이해할 수 있고, 다섯 개 내지 열 개 정도의 중요한 장기 경쟁우위를 지닌, 힙리적인 가격의 기업을 발견할 수 있다면, 관습적인 분산투자는 당신에게 의미가 없습니다. … 나는 그런 투자자가 최고의 선택에 자금을 집중 투입하지 않고 왜 스무 번째로 좋아하는 기업에 돈을 투입하려는지 이해할 수 없습니다."[64]

버핏은 자신의 능력 범위 내에서 집중투자를 하면 위험과 보상의 관계가 '하이 리스크, 하이 리턴'과는 정반대라고 말한다. 집중투자를 하면 투자 대상을 심도 있게 이해하고 보다 면밀하게 검토하게 되므로 오히려 위험을 줄일 수 있다는 것이다. 그는 1달러 주식을 60센트에 사는 것보다 40센트에 사는 것이 위험은 작지만 기대되는 보상은 더 크다고 말한다. 버핏에게 위험은 투자이론에서 말하는 주가 변동성이 아니라 잘못된 투자로 인해 입게 될 손실 가능성이다.

버핏은 가격 변동성을 축소해 위험을 줄이려는 분산투자와 달리 주식을 싸게 사는 것이 위험은 낮추면서 수익은 높이는 방법이라고 말한다. 즉 안전마진을 확보하라는 것이다. 그는 학자들이 정교한 통계 기법을 이용해 측정한 변동성을 위험이라고 주장하는 것은 위험의 근본 원리를 망각한 것이라고 비판한다. 버핏은 학자들의 주장에 대해 "정밀하게 맞추려다 확실하게 틀리는 것보다 대략적으로라도 맞추는 편이 낫다"라고 말한다.

그렇다면 버핏이 말하는 집중투자의 전제조건은 무엇일까? 그것은 투자 대상 기업에 대한 진지한 분석이다. 집중투자는 종목 수가 제한적이어서 특정 종목의 주가 하락이 전체 수익률에 큰 영향을 미칠 수 있다. 따라서 이러한 위험을 줄이기 위해 안전마진을 확보해 위험에 대비할 필요가 있다. 이를 위해 지금까지 살펴본 내용을 바탕으로 해당 기업을 진지하게 분석해 주식의 가치를 확인해야 한다.

버핏은 투자 대상 기업을 발굴하기 위해 수많은 기업의 사업보고서를 읽는 것으로 유명하다. 특별한 집기도 없는 조그만 사무실에서 종일 사업보고서만 읽기도 했다고 한다. 버핏처럼 집중투자를 하려면 최소한 해당 기업의 사업보고서 정도는 읽어야 한다. 이를 통해 개괄적이나마 사업의 내용, 주요주주, 주요 경영진에 대해 알 수 있고, 재무제표를 검토해 이익률과 같은 수익성이나 부채비율과 같은 재무안정성 등에 대해 더욱 꼼꼼하게 확인할 수 있다. 아울러 기업이 수시로 공시한 내용도 함께 확인하는 것이 좋다. 이 모든 정보는 금융감독원과 증권거래소의 공시 시스템DART, KIND 사이트에서 확인할 수 있다.

: 생활 속 비교우위

문제는 좋은 투자 대상 기업을 '선별'하는 것이다. 좋은 기업을 찾아내려면 어느 정도 역량이 필요하기 때문이다. 여기서 유명한 펀드매니저인 피터 린치는 일반 투자자에게 좋은 기업을 찾는 공개된 비밀을 알려준다. 바로 각자의 '생활 속에서' 주가가 10배로 상승하는 10루타 종목을 찾는 것이다. 자신의 능력 범위 안이라고 할 수 있는 일상생활 속에서 좋은 기업을 선별하라는 것이다.

> "10루타 종목 발굴을 시작하기 가장 좋은 곳은 집 근처다. 만일 집
> 근처에서 찾지 못하면 쇼핑몰에 가서 찾아보고, 특히 그곳이 어디
> 든 당신이 일하는 곳을 살펴보라."[65]

예를 들어 자신이 구매하는 새로운 제품이 마음에 들면 다른 사람들의 반응을 살피고 긍정적이라고 판단하면 해당 기업을 좀 더 자세히 조사하는 것이다. 만일 완성차 업체에 종사한다면 반도체 부품업체보다는 자동차 부품업체 중에서 투자 대상을 찾는 것이 좋다. 직업적 전문성을 기반으로 정보와 분석에서 자신의 비교우위를 잘 활용하라는 것이다.

: 기질과 투자

투자자의 능력 범위는 단순히 종목 선정의 범위, 즉 집중투자와 분산투자에만 국한된 것은 아니다. 사실 투자의 모든 분야에서 능력 범위는 투자행위의 중요한 준거점이 된다. 여기서 능력이란 지적 능력만을 의미하지도 않는다. 각 투자자의 경제적 여건, 기질 character 등도 능력 범위를 가르는 중요한 요소이다. 물론 이런 지적·경제적·기질적인 능력은 시간이 지나고 경험이나 노력으로 달라질 수 있다. 이 중에서 아마도 가장 변하기 어려운 것은 투자자의 기질일 것이다. 기질은 대개 가치에 근거한 투자를 할 것인가, 아니면 패턴을 추구할 것인가와 관련되는 경우가 많다. 이는 곧바로 장기투자인가, 아니면 단기투자인가로 연결된다.

통상 장기투자를 모범적인 주식투자로 여긴다. 장기투자는 주로 가치 지향의 투자와 연결되는데, 가치투자는 저평가된 주식을 매수해서 제값을 받을 때까지 상당히 오랫동안 보유하는 경향이 있기 때문이다. 하지만 가치투자를 게으른 투자라고 비난하는 사람도 있다. 불확실한 가치를 믿고 시시각각 변하는 시장 상황에 무대응으로 일관하는 것은 올바른 대처라고 할 수 없다는 것이다. 이들은 주가 흐름이나 패턴을 중시하는 경향이 있는데, 이들의 투자기간은 상대적으로 짧을 수밖에 없을 것이다.

⠿ 데이트레이딩

주식을 매수한 후 당일에 매도하여 포지션을 청산하는 거래를 데이트레이딩day trading이라고 한다. 일중매매나 당일매매 혹은 단타라고도 하는 데이트레이딩은 개인투자자가 실행하는 가장 대표적인 초단기 매매전략이다. 이 전략을 구사하는 데이트레이더는 주식을 재고처럼 보유할 경우 주가 하락에 따르는 위험, 즉 재고위험을 단 하루라도 부담하지 않으려고 한다. 데이트레이딩은 초단기 매매이므로 정보에 바탕을 둔 기본적 분석을 통해 장기 투자수익을 추구하는 전략이 아니다. 이는 주가의 단기 변동을 이용해 거래차익을 추구하는 것으로 기술적 분석이나 투자자들의 심리에 기초한 전략이다.

데이트레이딩은 매일매일 적지 않은 시간을 써야만 가능한 전략이다. 더구나 주가 변화에 민첩한 대응이 필요한 데이트레이딩에는 상당한 경험과 노하우가 필요하다. 이 때문에 개인투자자 중 데이트레이더는 많지 않다. 그러나 실제 데이트레이더는 아니지만 스마트폰이나 컴퓨터를 통해 수시로 주가를 확인하는 투자자도 마음속으로는 가상의 데이트레이딩을 할지 모른다. 이런 투자자를 '심리적 데이트레이더'라고 부를 수 있을 것이다.

나는 2013년에 시작했던 독립리서치회사를 2015년에 접었다. 그후 나는 규칙적인 생활을 위해 집 근처의 작은 오피스텔을 빌려 개인 사무실처럼 사용하며 지냈다. 저술가로서 새로운 삶을 준비하는 과정이라고 생각하며 독서와 공부에 몰두할 계획이었다. 개인 블로

그를 개설하고 여기에 유명한 투자 서적들의 내용을 정리하고, 증권용어를 해설하는 글을 쓰기 시작했다. 그런데 그 전에 새로운 경험이 하고 싶어졌다. 데이트레이딩을 경험해보고 싶다는 생각이 든 것이다. 그래서 짧은 시간이었지만 데이트레이딩에 나섰다.

아침에 오피스텔에 들어서면 노트북을 열고 증권사 HTS를 켰다. 관심 종목은 주로 독립리서치회사를 운영할 때 보고서를 냈던 중소기업이었는데, 이미 HTS 화면에 입력해놓은 상태였다. 장이 시작되면 약 30개 주식의 주가 등락이 빨강과 파랑의 숫자를 통해 한눈에 들어왔다. 이 중 전일 급등락을 보였던 종목이나 당일 개장 이후 평소와 다르게 등락폭이 확대된 종목을 예의주시하다가 계속 상승하거나 반등할 것으로 판단되는 시점에 매수주문을 냈다. 물론 그 전에 해당 기업의 특별한 공시는 없는지 확인했다. 그러고 나서 계속해서 주가 흐름을 지켜보다가 1~2% 혹은 당시 주가 흐름에서 적당하다고 생각되는 수익률이 나면 곧바로 매도했다. 데이트레이딩을 시작하고 얼마 동안은 계속 이익을 보았다.

데이트레이딩은 엄청난 집중력을 요한다. 계속해서 스크린을 응시하면서 새로 들어오는 호가와 취소되는 호가, 거래가 체결되는 가격과 수량 등을 모니터링하면서 매매 시점을 판단해야 한다. 데이트레이딩을 시작할 때의 마음은 매일 아침에 1~2시간 정도만 하고 마무리할 생각이었다. 그런데 이익을 볼 때는 욕심이 생기고, 손실을 볼 때는 만회해야 한다는 생각으로 스크린을 보는 시간이 점차 늘어났다. 점심을 먹을 때까지 마무리가 안 되면 점심도 빵이나 편의점 김밥으로 때우면서 장 마감 때까지 스크린을 노려봤다. 어떤 날은 손실을 현실화하지 않고 재고위험을 떠안아 매도를 다음 날로 미루기도 했다. 하루하루가 지나면서 눈의 피로감은 더해갔고 머리는 묵직해졌다. 손실을 보는 경우가 늘어나면서 점차 심신이 피폐해지는 느낌이 들었다. 결국 나의 데이트레이딩 경험은 한 달 정도로 짧게 끝이 났다. 비록 짧은 기간이었지만 데이트레이딩 경험을 통해 전업 투자자가 아닌 경우 데이트레이딩과 같은 단타매매를 계속하면 삶의 질이 크게 떨어질 수 있다는 것을 피부로 느꼈다. 무엇보다 데이트레이딩은 나의 기질과 어울리지 않았다.

⁝ 견물생심

투자자가 자신이 투자한 주식의 등락을 더 자주 확인하게 되면 그렇지 않은 경우에 비해 손실이 발생하는 상황을 더 빈번하게 접하게 된다. 그 결과 투자자는 약간의 투자위험도 감수하지 않으려는 경향이 더 커진다. 이렇게 강박적으로 손실을 차단하려는 심리는 투자자의 단기거래를 부추긴다. 또한 지속적으로 단기간의 주가 움직임을 지켜보게 되면 무작위하게 변하는 가격들 속에서 무슨 의미 있는 추세라도 발견한 착각에 빠지기도 한다. 이것도 단기거래를 부추기는 요인이 된다. 결국 주가의 등락을 빈번하게 확인할수록 단기거래의 가능성은 커진다. 견물생심見物生心이라고 보면 볼수록 뭔가 하고 싶어지는 것이다.

경험을 통해 단련된 투자자라면 투자기간을 정할 때 영향을 미친

262

결정적 요인에 큰 변화가 없다고 판단되면 단기간의 주가 등락에 크게 신경을 쓰지 않겠지만, 그렇지 않은 투자자라면 주가 등락에 민감하게 대응해 거래할 가능성이 크다. 스스로 시시각각 변하는 빨강과 파랑의 유혹에 흔들리지 않을 자신이 있는 사람이 아니라면 주가를 확인하는 시간 간격을 늘리는 것이 좋다.

⠿ 투자 근육과 능력 범위

가치 기반의 장기투자를 할 것인가, 아니면 패턴 중심의 단기거래를 할 것인가는 자신의 투자 근육에 따라 정해야 할 것이다. 육상에서 스프린터와 마라톤 선수에게 요구되는 신체 조건은 다르다. 우수한 스타팅 기술과 폭발적 가속력을 내는 데 필요한 스프린터의 근육과 레이스 동안 강약의 조절과 지구력을 유지하는 데 필요한 마라토너의 근육은 다르다.

마찬가지로 장기투자와 단기거래에 요구되는 투자자의 지식, 기질, 생활 여건 등은 다르다. 따라서 우리가 할 일은 자신의 투자 근육에 어울리는 투자전략을 택하는 것이다. 투자자 대부분은 자신의 어떤 근육이 발달되어 있는지 알고 있다. 마라톤 투자자가 될 것인지, 아니면 스프린터 투자자가 될 것인지는 어떤 투자 근육이 발달되어 있는지에 달려 있다. 기업가치를 기반으로 한 장기투자를 하면서 주가 확인의 시간 간격을 아주 짧게 가져가는 것도 문제이지만, 단기거래를 하면서 시황을 감안한 시의적절한 대응을 등한시하는 것도 문제이다. 자신의 능력 범위를 벗어난 영역에서 타인과 경쟁하는 것은 패배의 지름길이다.

19

투자 대가의 관점을 이해하라

가로세로 각각 19줄로 이루어진 네모 판에서 벌어지는 바둑의 수는 무궁무진하다. 따라서 대국에서 승리하기 위해 가능한 모든 수를 익히는 것은 불가능하다. 그렇다면 승률을 높일 수 있는 가장 효과적인 방법은 없을까? 그것은 오랜 기간에 걸쳐 축적된 정석을 익히고 바둑 고수로부터 한 수 배우는 것이다. 주식투자도 이와 같다. 수많은 요인이 주가에 영향을 미치므로 모든 요인을 고려한 투자는 불가능하다. 따라서 승률을 높이기 위해서는 지금까지 축적된 투자의 정석을 익히고 투자 대가에게 한 수 배울 필요가 있다.

투자의 정석은 좋은 투자 대상을 고르는 것에서 시작되는데, 대개 기업의 자산이나 이익창출력이 선택 기준이 된다. 그런데 투자 대가마다 이에 대한 접근법이 다르다. 사용하는 밸류에이션 지표에서도 차이가 난다. PBR이나 PER을 계산하고 활용하는 방식이 조금씩 다르기도 하다. 아울러 기술적 분석이나 시장심리의 활용 여부도 같지 않다. 아래에서는 대표적인 투자의 정석을 널리 알려진 몇몇 투자 대가의 관점을 통해 살펴본다.

: 벤저민 그레이엄

벤저민 그레이엄(1894~1976)은 증권분석을 통한 내재가치 산출과 안전마진을 기반으로 한 투자를 주창했다. 그레이엄 방식은 기본적으로 사실에 기초한 가치평가를 통해 내재가치에서 할인되어 거래되는 염가주식에 투자하는 것이다. 그는 내재가치를 자산, 이익, 배당 등 사실에 의해 정당화되는 가치라고 생각했다. 투자자는 이익혹은 이익 전망뿐만 아니라 기업의 자산도 함께 검토해야 한다는 것이다.

증권분석의 아버지답게 그레이엄은 투자종목을 선정할 때 재무제표를 철저하게 분석하는 방법을 선호했다. 불확실한 추정이나 자의적인 판단에 의존하기보다는 검증된 수치를 투자 판단의 기초로 삼은 것이다. 그레이엄은 미래 이익의 예측은 특별한 이유가 없다면 과거 실적에서 출발해야 한다고 말한다. 그에 따르면 기업의 이익창출력은 과거 실적과 미래에 대한 합리적인 기대를 통합하여 평가한 결과이다. 그는 통상 5~10년의 평균이익에서 출발하여 이익 증가의 추세나 산업 성장성 등을 확인하여 내재가치를 조정할 수 있다고 말한다. 하지만 보수적 관점에서 주식의 가치는 확인된 평균 이익창출력으로만 입증할 수 있다고 지적하고, 이러한 평균이익을 고려해서 매수가격에 일정한 제한을 둘 것을 권고한다.

> "일반적인 보통주의 가치는 확인된, 즉 평균 이익창출력에 의해서만 입증될 수 있다."[66]

> "투자자는 과거 7년간의 평균이익에 대비하여 매수 종목의 가격에 어떤 제한을 두어야 한다. 우리는 그런 평균이익의 25배, 그리고 최근 12개월 평균이익의 20배를 한도로 설정할 것을 제안한다."[67]

그레이엄은 투자자가 기업 자산의 축적 결과를 보여주는 대차대조표, 즉 재무상태표에 더 많은 관심을 기울여야 한다고 말한다. 기업의 자산을 무시하고 이익에만 초점을 맞추는 것은 잘못된 접근이라는 것이다. 손익계산서는 상대적으로 자의적인 회계처리와 잘못된 추론의 영향을 훨씬 많이 받는다는 이유에서다.

그레이엄은 이익, 특히 미래 추정이익에만 초점을 맞추어 투자 기업을 선정하는 것을 경계했다. 투자자는 기업의 자산과 이익창출력을 함께 검토해야 한다는 것이다. 이런 인식을 바탕으로 그는 실제 투자에서 활용할 수 있도록 '계량적으로 검증된 포트폴리오quantitatively-tested portfolio'를 구성하는 일곱 가지 기준을 다음과 같이 제시했다. 그리고 포트폴리오는 최소 10개에서 최대 30개 종목으로 구성할 것을 권장했다. 참고로 이 기준은 '방어적인 투자자

defensive investor'—안전을 중시해 평균 정도의 수익을 추구하며 증권분석의 수고로움을 피하려는 투자자—를 위한 것이지만, 그레이엄은 '공격적인 투자자aggressive investor, enterprising investor'—평균 이상의 수익을 낼 종목 발굴을 위해 기꺼이 시간과 노력을 투입하는 투자자—에 대해서도, 완화된 요건이기는 하지만, 비슷한 접근법을 적용하고 있다.

1. 적정 기업 규모
2. 매우 견실한 재무상태
3. 이익의 안정성
4. 배당 실적
5. 이익의 성장
6. 적정한 PER
7. 적정한 PBR

비록 그레이엄이 자산과 이익을 함께 고려하기는 했지만, 투자의 무게중심은 미래의 이익창출력보다는 자산에 있었던 것으로 보인다. 그레이엄이 기업의 자산 상태를 얼마나 중시했는가는 두 번째 기준인 재무상태 요건에서 확인할 수 있다. 두 번째 기준에 따르면 제조업의 경우 유동자산이 유동부채의 두 배 이상이어야 하고, 장기부채가 순유동자산(유동자산-유동부채, 즉 운전자본)을 초과하지 않아야 한다는 것이다. 지금 기준으로 보면 매우 엄격한 요건이다. 또한 PER은 최근 3년의 평균이익 대비 15배 이하이고, PBR은 최근 장부가치(순자산)를 기준으로 1.5배 이하여야 한다. 이와 함께 그는 PER과 PBR 기준을 통합 적용해서 PER이 기준 상한(15배)보다 낮은 경우에는 PBR이 다소 높더라도 PER과 PBR을 곱한 값이 22.5 이하라면 투자종목으로 선택 가능하다고 말한다.

한편 그는 유형자산가치tangible-asset value 수준에서 거래되는 종목에 한정해서 투자할 것을 권고하기도 했다. 이때 유형자산가치란 회계상 순자산(자산-부채)에서 영업권, 상표권, 기타 무형자산 등을 차감한 것이다. 그레이엄이 PBR을 계산하면서 사용하는 장부가치 book value(순자산가치)도 회계상 순자산에서 무형자산을 추가로 차감한 유형자산가치를 말한다. 따라서 영업권 등 무형자산이 많은 기업의 경우 그레이엄의 PBR은 일반 기준에 의한 PBR보다 높게 나타난다.

> "우리는 독자들이 기업의 유형자산가치를 크게 넘어서지 않는 수준에서 거래되는 종목에 한정할 것을 핵심 요건의 하나로 제시하고자 한다."
> "투자자는 유형자산가치에 합리적으로 근접한 수준, 가령 유형자산가치에서 1/3을 초과하지 않는 가격에 거래되는 종목에 집중하는 것이 최선일 것이다."[69]

심지어 그레이엄은 주당 순유동자산가치net current asset value(유동자산에서 유동부채뿐만 아니라 고정부채 등도 모두 차감한 값) 이하의 가격으로 거래되는 염가주식을 찾기도 했다. 흔히 '넷-넷net-net' 투자로 불리는 이 방식은 투자종목을 선정할 때 기업이 보유한 건물이나 설비 등 유형고정자산의 가치는 아예 고려하지도 않는 것이다. 이처럼 그레이엄은 미래의 이익창출력은 불확실하므로 현재까지 축적된 기업의 자산을 기초로, 그것도 안전마진을 강조하여, 기업 청산과 같은 상황을 가정하고 평가한 값을 주식 가치의 대용치로 활용했다고 할 수 있다.

그레이엄의 염가주식 발굴 방식은 오늘날 그 유효성이 크게 감소했다. 하지만 그레이엄이 제시한 내재가치, 안전마진, 사실에 기초한 철저한 분석, 투자와 투기 등의 개념은 시대가 달라져도 여전히 유효하다. 그는 투자자라면 측정하고 계량화하는 습관을 들여야 한다고 피력한다. 이를 통해 가격과 가치를 연관 지어 생각하는 매우 귀중한 습관을 얻을 수 있기 때문이다. 철저한 분석을 추구했던 그레이엄은 투자수익률은 감수하는 위험에 비례하기보다는 투자자가 쏟은 지적인 노력에 비례한다고 말한다.

"위험을 감수하지 못하는 사람은 자신의 투자금액에 대해 상대적으로 낮은 수익률에 만족해야만 한다는 것이 오래된 그럴듯한 원칙이다. 이로부터 투자자가 목표로 해야 하는 수익률은 대략 그가 기꺼이 감수하려고 하는 위험의 정도에 비례한다는 일반적인 관념이 생겨났다. 우리 생각은 다르다. 추구되는 수익률은 오히려 투자자가 자신의 임무에 기꺼이 쏟고자 하고 또 쏟을 수 있는 지적 노력의 양에 달려 있는 것이다."[70]

：필립 피셔

성장주 투자의 아버지라고 불리는 필립 피셔Philip A. Fisher(1907~2004)는 1950년대 처음으로 '성장주growth stock'라는 개념을 소개해 투자 흐름에 큰 영향을 미친 사람이다. 피셔는 우수한 경영진과 지속 가능한 높은 기술 수준을 갖춘 소수의 성장기업에 장기투자하는 것이 최고의 수익률을 얻는 방법이라고 말한다. 그는 1958년 출간된 《Common Stocks and Uncommon Profits(역서: 위대한 기업에 투자하라)》에서 저평가된 주식이 제 가치를 찾아가는 데는 오랜 시간이 걸릴 뿐만 아니라 투자수익률도 성장주에 비해 낮다고 지적한다. 그는 염가주식보다는 성장하는 기업의 주식을 합리적인 가격으로 매수하는 방법을 선호했다.

> "진정한 염가주식이라고 해도 저평가된 정도는 대개 제한적이다. 염가주식이 자신의 진정한 가치를 찾아가는 데는 상당한 시간이 걸리는 경우가 많다. 내가 지금까지 관찰한 바에 따르면 이것이 의미하는 바는, 공정한 비교를 위해 충분한 기간—가령 5년—을 대상으로 했을 때, 가장 기량이 뛰어난 증권분석을 하는 염가매수자는 결국에는 이익을 보기는 하지만, 그 이익은 탁월하게 경영되는 성장기업의 사업 특성을 평가하는 데 합리적인 수준의 지능을 사용하는 사람들이 얻는 이익에 비하면 작은 일부에 불과하다."[71]

피셔는 사람들이 성공 투자의 핵심이라고 여기는 회계 수치에 기초한 재무분석을 이용하면 때로는 진정한 염가주식을 찾기도 하겠지만, 해당 기업에 심각한 문제가 발생해 결과적으로 염가주식이 아닌 것으로 판명되는 경우도 적지 않다고 말한다. 이와 반대로 어떤 주식은 지금은 PER이 높아 고평가된 주식처럼 보이지만 미래 성장성을 감안하면 실제로는 저PER 주식일 수 있다고 말한다. 문제는 아직 다른 사람이 알아보지 못한 이런 주식을 어떻게 찾는가이다.

피셔는 재무제표분석을 중시했던 그레이엄과 달리 엄밀한 수치분석보다는 사람과 조직에 중점을 두고 기업을 분석했다. 이것이 그가 성장주를 발굴하는 방법이었다. 그는 기업경영의 질적 분석을 통해 투자기업을 발굴한 최초의 투자자일지도 모른다. 그가 발굴한 성장기업에는 다우케미컬, 모토로라, 텍사스 인스트루먼트, IBM 등이 있다.

피셔는 투자종목을 고르는 15가지 포인트를 제시했는데, 여기에는 제품이나 재무적인 사항을 포함한 기본적인 내용뿐만 아니라 연구개발 인력 및 관련 조직, 노사 관계, 경영진의 역량 및 도덕성 등도 포함되어 있다. 이를 통해 우리는 양적 분석과 더불어 질적 평가를 매우 중요하게 생각하는 피셔의 투자 철학을 읽을 수 있다. 피셔는 이 기준 중에서 두세 가지 정도를 충족하지 못하더라도 큰 수익을 거둘 수 있지만, 다수의 기준을 충족하지 못한다면 투자할 만한 가치가 없다고 말한다.

피셔는 15가지 포인트를 기준으로 성장주를 발굴할 때 '사실 수집scuttlebutt(세간의 평판)'이라는 방법을 활용했다. 1947년 다우케미컬을 발굴할 때도 화학산업과 관련된 화학기업 종사자, 화학 교수,

판매상, 화학공장 건설자 등 화학기업에 대해 새로운 정보를 얻을 수 있는 사람은 가능한 한 모두 만나려고 노력했다. 그는 경쟁업체, 납품업체, 유통업체, 연구소, 해당 산업의 협회, 과거 해당 기업 종사자, 고객 등을 만나 투자 후보 기업과 관련된 정보는 무엇이든 조사했다. 그리고 나서야 해당 기업을 방문해 15가지 포인트를 최종적으로 점검했다. 물론 개인투자자는 이렇게까지 할 수 없지만 피셔가 성장주를 발굴하기 위해 어느 정도까지 발로 뛰며 정보를 수집하고 분석했는가를 알 수 있다.

피셔는 고수익을 얻는 투자 방법은 여러 가지가 있지만 자신의 방법이 위험은 가장 적으면서 수익은 최대가 되는 최선의 방법이라고 말한다. 하지만 피셔는 성장주라고 해서 단기간에 수익을 낼 수 있는 것으로 생각하지는 않았다. 주식투자에서 큰 수익을 내려면 인내가 필요하다는 것이다. 그는 성장주에 투자해 수익률 내려면 자신의 경험상 최소 3년은 지켜보아야 한다고 피력했다. 이것이 그가 말하는 '3년 규칙three-year rule'이다. 그는 자신에게 자금을 맡긴 투자고객에 대해서도 자신의 3년 규칙을 적용했다. 그가 이렇게 할 수 있었던 이유는 기업경영의 질적 분석을 통해 자신이 발굴한 기업이 장기적으로 평균 이상의 이익률을 올릴 수 있는 제품, 조직, 인력 및 기술을 보유하고 있다고 믿었기 때문이었다.

"나는 내가 3년 규칙이라고 부르는 것을 만들었다. 나는 내 고객들을 위해 무언가를 매수한다면 그들에게 겨우 한 달 혹은 1년의 결과로 판단하지 말고 나에게 3년을 달라고 반복해서 말했다. … 만일 3년이 끝날 때까지 성과를 내지 못할 것으로 확신하는 주식이라면 나는 그 주식을 팔 것이다. 만일 그 주식이 1년 혹은 2년 동안 시장보다 좋지 않은 성과를 보였다면 그 주식을 좋아하지는 않을 것이다. 하지만 그 회사에 대해 내가 가졌던 본래 생각에 변함이 없다면 나는 그 주식을 3년간 계속 보유할 것이다."[72]

⋮ 워런 버핏

투자를 주식이라는 종잇조각을 거래하는 것이 아니라 기업 소유권을 가지는 것으로 여기는 워런 버핏(1930~)은 경제적 해자를 가진 기업에 장기투자해서 성공한 투자 사업가이다. 그는 자신이 사업 내용을 제대로 이해하는 기업에만 투자하는 것으로 유명하다. 그는 그레이엄에게서 내재가치나 안전마진과 같은 가치투자의 개념을 배웠지만, 염가주식을 사서 적당한 이익을 보는 '담배꽁초식 투자cigar butt approach to investing'를 버리고 지속 가능한 경쟁우위를 가진 탁월한 기업의 주식을 합리적인 가격에 사는 쪽으로 방향을 잡았다.

"만일 여러분이 충분히 낮은 가격으로 주식을 산다면 비록 그 기업의 장기 성과가 아주 형편없다고 해도 대개는 상황이 좋아지는 어떤 계기로 인해 괜찮은 이익을 볼 기회가 있을 것입니다. 나는 이것을 '담배꽁초'식 투자라고 부릅니다. 단지 한 모금 더 피울 수 있는 상태로 길거리에 버려진 담배꽁초는 많은 연기를 내뿜을 수는 없지만 '염가매수'는 그 한 모금 전체가 이익이 되도록 하기는 할 것입니다."[73]

　버핏이 담배꽁초식 투자를 버리고 훌륭한 기업에 투자해 그들과 함께 성장하는 투자전략을 택한 것은 무엇 때문이었을까? 버핏은 가격이 싸다고 생각해 매수한 주식이 장기적으로는 변변치 않은 실적을 보인 경험을 했기 때문이다. 이런 경험을 통해 정립된 버핏의 투자 기준을 요약하면 자신이 이해할 수 있고, 장기 전망이 좋으며, 경영진이 정직하고 능력 있는 기업으로서 매력적인 가격에 거래된다는 것이다. 여기서 버핏이 말하는 매력적인 가격이란 단순히 내재가치보다 아주 낮은 가격을 의미하는 것은 아니다. 그는 가치와 성장을 함께 고려할 때 진정으로 매력적인 합리적인 가격 여부를 평가할 수 있다고 말한다. 이것이 버핏이 벤저민 그레이엄을 넘어 필립 피셔와 생각을 공유하는 지점이다.

　"대부분의 분석가들은 관습적으로 상반된 것으로 받아들여지는 '가치'와 '성장'이라는 두 접근법 중에서 선택해야 한다고 생각합니다. 사실 많은 투자 전문가는 이 두 용어를 조금이라도 섞어 쓰는 것을 일종의 지적인 복장도착증으로 간주합니다. 우리는 그것을 퍼지식 사고 fuzzy thinking라고 생각합니다. … 우리 생각에 이 두 접근법은 따로 떼어놓을 수 없는 것입니다. 성장은 항상 가치평가의 한 요소로서 그 중요성은 무시할 정도로 미미한 수준에서 엄청난 수준에까지 이를 수 있고, 그 영향은 긍정적일 수도 부정적일 수도 있는 하나 그렇다면 버핏은 기업의 가치를 어떻게 산출할까? 버핏의 가치평가는 세부적인 방법론에서 약간의 차이가 있지만 오늘날 널리 쓰이는 '현금흐름할인법discounted cash flow, DCF'이라고 할 수 있다. 각 연도의 현금흐름을 CFt, 할인율을 r이라고 하면 DCF에 의한 주식의 가치v는 다음과 같은 식으로 나타낼 수 있다. 이때 먼 미래까지 현금흐름을 추정하는 것은 불가능하므로 대개 5년 정도의 현금흐름을 추정하고 그 이후의 현금흐름은 합리적인 가정하에서 일괄적으로 산출하는 방법을 사용한다.

$$V = \frac{CF_1}{(1+r)^1} + \frac{CF_2}{(1+r)^2} + \frac{CF_3}{(1+r)^3} + \frac{CF_4}{(1+r)^4} + \frac{CF_5}{(1+r)^5} + \cdots$$

기업의 가치를 산출하기 위해 버핏이 사용하는 현금흐름은 '주주이익owner earning'이라는 개념으로 알려져 있다. 버핏은 1986년 주주에게 보내는 서신에서 주주이익이라는 개념을 제시했다. 버핏이 말하는 주주이익이란 회계상 당기순이익에 감가상각비 등 현금 유출입이 없는 비현금비용을 더하고, 건물 및 설비 등에 대해 투입되는 연간 자본적 지출액을 뺀 값이다. 자본적 지출capital expenditure, capex은 장기적으로 기업의 경쟁력과 매출을 유지하기 위해 고정자산을 취득하거나 유지보수를 위해 필요한 지출이다. 자본적 지출은 재무제표에 정확한 수치가 별도 항목으로 표시되지 않는다.

"우리는 '주주이익'이라고 부를 만한 그 어떤 것에 대한 약간의 통찰력을 얻을 수 있습니다. 이것은 (a) 회계이익에 (b) 감가상각 depreciation, 감모상각depletion, 상각amortization 및 기타 특정 비현금비 용을 더하고 … (c) 기업이 장기적인 경쟁지위와 매출을 온전하게 유 지하는 데 필요한 건물 및 설비 등에 대한 연평균 자본적 지출액을 뺀 것입니다."[75]

버핏은 기업의 현금흐름을 계산할 때 수익에서 비용을 차감한 이 익에 회계상 비용이지만 실제 현금의 유출이 없는 항목을 더하는 방식에 의문을 제기했다. 그는 감가상각비 등은 회계상으로 현금의 유출이 없는 비용이지만, 기업의 경쟁력이나 매출 유지를 위해 필요 한 투자로 인해 발생하는 것이라고 지적한다. 즉 비현금비용은 아 무런 대가 없이 벌어들이는 현금이 아니며, 당장은 현금의 유출이 없지만 기업경영에 필요한 투자라는 것이다. 그런데 현금흐름을 기 준으로 기업이 창출하는 가치를 계산할 때 회계이익에 이러한 비현 금비용을 더한다면 비슷한 논리로 이익창출을 위해 투입해야 하는 자본적 지출을 차감하는 것이 균형 잡힌 처리라고 말한다.

버핏은 재무제표에 정확한 수치로 표시되지 않는 자본적 지출을 추정해야 하므로 주주이익은 회계원칙GAAP에 따라 산출된 수치와 달리 정확한 수치라고 하기는 어렵다는 점을 인정한다. 그럼에도 불 구하고 버핏은 투자자에게는 주주이익이 적절한 가치평가 방법이라 고 역설한다. 오늘날에는 버핏의 방식과 같이 자본적 지출을 차감 하여 현금흐름을 산출하는 것이 일반적이다.

버핏은 기업을 고를 때 뛰어난 경영진이 있는가를 중요하게 생각한다. 그렇다고 우수한 경영진이 투자 대상을 고르는 필요충분조건은 아니다. 탁월한 기업은 궁극적으로 제품이나 서비스에서 얼마나 강력한 경제적 해자를 구축하고 있는가에 달려 있기 때문이다. 버핏은 아무리 뛰어난 경영진이라도 사업성이 떨어지는 기업을 탁월한 기업으로 변모시킬 수는 없다고 말한다.

> "좋은 기수가 좋은 말을 타면 잘할 것입니다. 하지만 완전히 쇠진한 말을 타면 그렇지 못할 것입니다. … 여러 번 말씀드리지만 뛰어난 경영진이 사업적 경제성이 부실한 기업과 맞붙으면 온전히 버티는 것은 그 부실한 기업입니다."[76]

버핏은 장기투자자다. 그는 투자의 목적이 5년, 10년 혹은 20년 후에 이익이 거의 확실하게 큰 폭으로 증가할 것으로 보이면서 이해하기 쉬운 기업의 주식을 합리적인 가격에 사는 것이어야 한다고 피력한다. 그는 뛰어난 경영진이 있는 탁월한 기업의 주식은 영원히 보유하는 것을 선호한다고 말한다. 물론 영원히 보유할 생각으로 매수한 주식도 해당 기업의 펀더멘털이 약해져 매력을 잃으면 매도했다.

> "만일 어떤 주식을 10년 동안 보유할 생각이 아니라면 10분간 보유한다는 생각조차도 하지 마세요."
> "우리가 선호하는 보유기간은 영원입니다."[77]

⦁ 존 템플턴

존 템플턴(1912~2008)은 바겐 헌터로서 주식의 내재가치보다 훨씬 낮은 가격에 매입하는 것을 성공 투자의 관건으로 생각했다. 그는 강세장과 약세장의 흐름을 파악하고 시장에 싼 주식이 넘쳐날 때 집중 매수했다. 즉 비관론이 팽배할 때 투자한 것이다. 그는 주식이 싸게 거래되는 유일한 이유는 투자자가 비관적이어서 주식을 내다 팔기 때문인데, 이때가 투자 적기라고 말한다.

> "주식이 염가에 나오는 이유는 단 하나밖에 없다. 즉 사람들이 팔기 때문이다. 다른 이유는 없다. 염가로 매수하려면 대중이 가장 두려워하고 비관적인 지점이 어딘가를 살펴보아야 한다."[78]

물론 템플턴은 약세장에 편승한 단순한 바겐 헌터는 아니었다. 그는 가격에 가치가 제대로 반영되지 않은 주식을 찾아 전 세계를 대상으로 투자의 지평을 넓혔다. 그는 글로벌 투자의 개척자였다. 정보 부족으로 방치된 소외된 주식을 세계 곳곳에서 찾았다. 템플턴은 1950년대를 시작으로 1960년대 초부터 일본 주식에 본격적으로 투자하기 시작했고, 가격이 크게 상승한 1980년대 후반에 도쿄 주식시장을 떠난 것으로 알려졌다.

템플턴은 기본적으로 PER을 기준으로 가치를 평가했다. 예를 들어 그는 5년 후의 이익을 추정하고 이것으로 현재의 주가를 나눈 PER이 5배 이하인 주식을 찾았다. 하지만 그는 PER을 유일한 기준으로 삼지는 않았다. 그는 '가치'와 '성장'을 함께 고려했다. 물론 기업의 성장성이 아직은 주가에 충분히 반영되어 있지 않은 주식을 선별했다. 이를 가려내기 위해 템플턴은 주가순이익성장비율price-earnings to growth ratio(주가수익성장비율)을 이용했다. PEG 비율은 PER을 예상 주당순이익EPS 증가율(%)로 나눈 값이다. 예상 EPS 증가율이 높을수록 PEG 비율은 낮아진다.

예를 들어 A주식은 PER 15배, 예상 EPS 증가율 10%, B주식은 PER 30배, 예상 EPS 증가율 30%라면 PEG 비율은 각각 1.5(15/10)와 1(30/30)이 된다. B주식의 PER이 더 높지만 성장성을 반영한 PEG 비율에 따르면 B주식이 A주식에 비해 상대적으로 저평가된 것으로 여겨진다. 일반적으로 PEG가 1보다 작으면 저평가된 것으로 간주된다. 주의할 점은 예상 EPS 성장률을 추정하는 기간을 어떻게 할 것인가에 따라 PEG 비율이 달라질 수 있다는 사실이다. 따라서 해당 기업의 장기적인 경영성과를 가장 적절하게 반영할 수 있는 기간(예: 5년)을 이용하는 것이 중요하다.

PEG 비율은 기업의 성장성을 고려하지 않고 PER만을 단순 비교할 경우 저평가 여부를 제대로 확인할 수 없다는 인식에서 출발한다. 템플턴은 이 비율을 이용해 여러 주식의 저평가 상태를 비교 분석했는데, 이런 의미에서 PEG 비율을 활용한 이 방법을 비교매수법comparison shopping이라고 부른다.

템플턴은 염가주식을 발굴하기 위해 PER과 PEG 이외에도 다양한 가치 척도를 활용했다. PBR이나 EV/EBIDTA를 사용하기도 했다. 때로는 자사주를 매입하는 기업의 주식을 저평가된 것으로 여기기도 했고, 때로는 연기금과 같은 기관투자자들이 투자기업을 찾지 못해 평소보다 더 많은 현금을 보유하고 있으면 시장이 저평가된 상태라고 평가하기도 했다. 이처럼 템플턴은 다양한 가치 척도를 이용하여 염가주식을 찾아냈는데, 한 가지 방법만을 사용할 경우 좋은 기회를 놓치게 된다는 것이 이유였다.

> "존 템플턴은 오랫동안 성공적인 것으로 증명된 모든 종목 선정 방법은 널리 채택되어 궁극적으로 모든 사람이 일제히 그 방법을 쓰면 효과가 사라진다고 생각한다. 예를 들어 여러분이 시장가격이 순운전자본이나 재고보다 낮은 기업의 주식을 매입하는 것처럼 벤저민 그레이엄이 *증권분석*에서 자세히 다룬 널리 입증된 종목 선정 방법을 쓰기로 했다면 여러분은 아마도 그 기준에 맞는 주식을 찾기 힘들 것이다. … 요컨대 여러분이 염가주식을 고르는 데 단 하나의 방법만을 쓴다면 여러분은 다른 곳에 있는 명백한 기회를 놓치게 될 것이다."[79]

템플턴은 염가주식에 투자했지만 그렇다고 모든 염가주식에 투자한 것은 아니다. 그는 경제환경이 나빠지면 무너질 위험이 있는 주식은 걸러내야 한다고 말한다. 기업 필터링filtering을 할 때 템플턴이 가장 중요하게 생각한 것은 기업의 부채비율이나 이자보상배율과 같은 재무건전성 지표이다. 이와 함께 그는 장기간에 걸쳐 기업 이익이 어떻게 변해왔는지를 살펴보고 투자에 반영했다.

: 윌리엄 오닐

윌리엄 오닐(1933~2023)은 앞서 본 투자 대가들과는 달리 기본적 분석에 기술적 분석을 접목시킨 추세추종전략으로 성공한 투자자이다. 오닐은 투자에서 성공하려면 감정을 배제하고 시스템을 따르라고 말한다. 그는 1950년대부터 최고의 수익률을 기록했던 주식들을 토대로 우량주 프로파일을 만들고 최고의 주식을 최적의 타이밍에 매수하는 방법을 제시했다. 실제 발생했던 역사적 패턴에서 답을 찾았다는 의미에서 최근 유행하는 퀀트와도 일맥상통하는 방식이라고 할 수 있다.

"주식시장에서 크게 성공하는 종목을 고르는 방법을 배우는 첫 단계는 … 과거의 주도주를 조사해서 가장 성공적인 주식의 제반 특성을 알아내는 것이다. 이렇게 관찰함으로써 여러분은 극적인 주가 상승에 앞서 이들 주식에 나타나는 가격 유형과 이익 패턴을 알아볼 수 있게 될 것이다."[80]

오닐은 먼저 최고의 주식이 가지는 일곱 가지 특성을 각 특성의 머리글자를 따서 CAN SLIM(캔 슬림)이라고 이름 붙였다. 이것은 최고의 수익률을 보인 주식들이 큰 폭의 상승 바로 직전에 보여주는 특성으로 매출과 이익의 성장률, 신제품이나 경영혁신 또는 신고가의 여부, 주식 수급 상황, 주도주인지의 여부, 기관투자자의 신규편입 정도, 시장의 방향성 등이다. 오닐에 따르면 CAN SLIM은 투자자나 이론가의 의견이 아니라 현실의 주식시장에 근거한 것이므로 시장 사이클이나 경기 사이클이 반복되어도 계속 유효하다고 말한다.

> "시장에서 작동하는 인간의 본성은 쉽게 변하지 않는다. 따라서 유행이나 경기 사이클이 변한다고 해서 CAN SLIM이 쓸모없게 되는 일은 없다. 그것은 언제나 자아도취, 개인적 의견, 그리고 감정을 이겨낼 것이다."[81]

오닐은 최고의 주식을 고르는 기준으로 순이익과 매출을 중요하게 생각했다. 그는 주당순이익 증가율이 연간 25~50% 이상이고 최근 분기 순이익이 전년 같은 분기 대비 큰 폭으로 증가한 기업을 선별하라고 말한다. 물론 이익증가율이 가속화되고 있다면 더욱 좋다. 이와 더불어 오닐은 매출액도 살펴야 한다고 강조한다. 최근 분기 매출액이 25% 이상 증가했거나 최근 세 분기의 매출액이 가속적으로 증가해야 한다는 것이다. 몇 분기 정도는 광고비, 연구개발비 또는 다른 비용을 의도적으로 줄임으로써 이익을 부풀릴 수 있으므로 이익의 진실성을 담보하기 위해서는 매출액의 추이도 함께 검토해야 한다는 것이다.

한편 오닐은 주가순이익비율PER을 기준으로 주식의 고평가나 저평가 여부를 판단하는 것에 반대했다. 그보다는 주당순이익EPS이 얼마나 큰 폭으로 증가하느냐가 훨씬 중요하다는 것이다. 이런 면에서 오닐은 가치주 투자자라기보다 성장주 투자자라고 할 수 있다.

"우리가 계속해서 1880년부터 현재까지 최고의 성과를 보인 주식을 분석한 결과, 투자자 대부분의 믿음과는 달리, PER은 주가 움직임과 관련된 요인이 아니었으며, 주식을 살지 혹은 팔지의 여부와도 거의 관계가 없다. 우리는 주당순이익의 증가율이 훨씬 더 결정적이라는 것을 알게 되었다. 주식이 낮은 PER에서 거래된다는 이유로 혹은 역사적 PER 범위의 하단에 있다는 이유로 그 주식이 '저평가되었다'고 말하는 것은 난센스일 수 있다. 무엇보다 중요하게 염두에 두어야 할 것은 이익증가율이 눈에 띄게 증가하고 있는지 아니면 감소하고 있는지 하는 것이다."[82]

오닐은 "쌀 때 사서 비쌀 때 팔아라"라는 시장의 오래된 격언은 완전히 틀렸다고 말한다. 분석한 바에 따르면 가격이 너무 높아 위험해 보이는 주식은 대개 더 상승하고, 가격이 낮아 싸 보이는 주식은 대개 더 하락한다는 것이다. 그는 이것을 주식시장의 '대역설 Great Paradox'이라고 불렀다. 오닐은 특히 강세장에서 많은 거래량을 동반하면서 신고가를 기록한 주식은 큰 폭의 주가 상승이 기대되는 종목이라고 말한다.

오닐은 CAN SLIM에 의해 선별한 최고의 주식을 매수하는 최고의 타이밍을 차트의 패턴을 통해 알려준다. 바로 '손잡이가 달린 컵 cup with handle'이라고 이름 붙인 패턴이다. 참고로 오닐은 주봉을 이용했다. 다음 그림에서 바닥은 V자가 아닌 U자형이어야 하는데, 바닥이 형성되는 기간은 3~6개월이 가장 일반적이다. 이때 주가는 고점에서 저점까지 12~15% 정도 하락하는데, 많게는 33%까지도

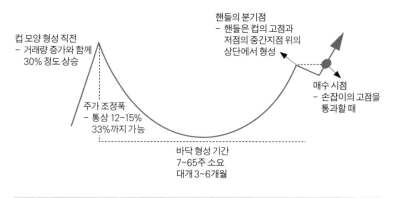

컵 모양 형성 직전
– 거래량 증가와 함께
 30% 정도 상승

핸들의 분기점
– 핸들은 컵의 고점과
 저점의 중간지점 위의
 상단에서 형성

주가 조정폭
– 통상 12~15%
 33%까지 가능

매수 시점
– 손잡이의 고점을
 통과할 때

바닥 형성 기간
7~65주 소요
대개 3~6개월

출처: *How to Make Money in Stocks*, p.113, 설명 추가.

하락할 수 있다. U자 모양의 컵을 형성하기에 앞서 주가는 상당한 거래량의 증가를 동반하며 상승해야 하는데, 최소한 30% 정도 상승한 종목이 좋다. 아울러 손잡이는 컵의 저점과 고점의 중간지점 위의 상단에서 형성되어야 하고 손잡이를 만들며 하락하던 주가가 재상승하여 손잡이의 고점을 통과하는 때가 매수 시점이라고 말한다. 이때 손잡이는 반드시 10주 이동평균선 위에 위치해야 한다. 이것이 오닐이 말하는 최고의 주식을 최적의 시점에 매수하는 방법이다.

:앙드레 코스톨라니

앙드레 코스톨라니(1906~1999)는 유럽을 중심으로 활동했던 투기 거래자이다. 그는 투기를 자기 생각이 옳은지를 확인하는 지적인 도전행위로 여겼다. 그는 증권시장을 지배하는 유일한 논리는 수급이라고 말한다. 주가가 오르는 것은 수요가 공급을 초과하기 때문이라는 것이다. 그는 자신이 개발한 주식의 수급 논리를 기반으로 시장의 움직임을 관찰해 투자했다.

코스톨라니는 시장참가자를 크게 '투자자Anleger', '시장놀이꾼 Börsenspieler', '투기자Spekulant' 등 세 부류로 나눈다. 그가 말하는 투자자는 시장의 마라토너로서 우량주 중심의 장기투자자다. 시장놀이꾼은 투자자와 정반대인 사람들로 아주 미미한 시세변동을 이용하려는 단기거래자라고 할 수 있다. 한편 투기자는 시장놀이꾼과 투자자 사이에 있는 사람들로 자신만의 아이디어를 가지고 장기적인 전략을 세워 거래하는 사람을 의미한다. 이런 의미에서 코스톨라니는 자신의 기준으로는, 통상 투기자라고 여겨지는 시장놀이꾼은 투기자로 불릴 자격이 없다고 말한다.

코스톨라니는 평균적으로 투자자가 가장 좋은 성과를 올리며, 시장놀이꾼은 시장 활성화를 위해 꼭 필요한 존재이지만 장기적으로 성공한 사람을 본 적이 없다고 말한다. 그는 투기자 중 승자가 되는 사람은 소수라고 말하며 투자자가 될 것을 권하면서도 '놀이하는 인간homo ludens'의 속성상 투기는 사라지지 않을 것이라고 암시한다. 이런 이유로 그는 일반적인 의미에서의 '투자'가 아닌 자신이 추구했던 '지적인 투기'의 방법론을 '돈에 대해 숙고하는 예술'이라는 제목의 책《Die Kunst über Geld nachzudenken》을 통해 제시한 것이다. 강조하지만 코스톨라니는 자신을 투자자라고 칭하지 않았다. 대신 그는 자신이 70년 동안 전 세계 원자재, 외환 그리고 유가 증권시장에서 활동한 '순종투기자'였다고 말한다. 그는 말년이 되어서야 투자자가 되었다고 고백한다. 투기거래를 하기에는 자신이 너무 늙었고 다른 일 때문에 투기에 집중할 수 없다는 이유에서였다.

> "나는 나 자신을 기꺼이 투기자라고 칭한다. … 나에게 투기자는 경제, 정치 및 사회의 발전을 예측하고 이를 토대로 이익을 추구하는, 지적이면서 신중한 증권거래자를 의미한다."[83]

사실 코스톨라니를 많은 독자가 생각하고 있는 것처럼 긍정적인 의미의 투자자로 간주해도 별문제가 안 된다. 아니 어쩌면 그렇게 하는 것이 그를 더 정당하게 평가하는 것일지도 모른다. 코스톨라니가 생각하는 투기란 흔히 말하듯 운에 기댄 순수한 베팅이나 무모한 베팅 혹은 부도덕한 거래행위가 아니다. 그가 생각하는 투기는 사람들이 좋은 뜻으로 받아들이는 투자의 의미와 겹치는 부분이 많다. 그런데도 이 책에서 그를 굳이 투기자로 칭하는 것은 그가 스스로 그렇게 불렀다는 사실과 더불어 그래야만 지적인 투기거래를 다루고 있는 그의 책을 혼란 없이 제대로 이해할 수 있다고 생각하기 때문이다.

코스톨라니는 주식시장의 수급에 영향을 미치는 요인을 장기와 중기로 나눈다. 장기 영향요인은 전쟁과 평화, 그리고 장기적인 경제발전인데, 이것들이 10년 정도의 흐름을 결정한다. 중기 영향요인은 돈과 심리다. 여기서 중기란 대개 1~3년, 혹은 5년 정도를 말한다. 이때 돈이란 시장유동성을 의미한다. 예를 들어 금리가 떨어지면 주식시장으로 자금이 흘러들어 시장유동성이 풍부해진다. 코스톨라니는 돈과 심리가 만나서 추세를 형성한다고 설명한다. 두 요소가 긍정적이냐 부정적이냐에 따라 주식시장의 흐름이 결정된다는 것이다.

"시장은 돈만으로 움직이지 않는다. 두 번째 요소는 심리인데, 투자 대중의 심리가 하나같이 부정적이면 아무도 주식을 사려고 하지 않아 시장 역시 오를 수 없다. 돈과 심리라는 두 요소가 긍정적이면 시세는 올라간다. 두 요소가 부정적이면 시세는 하락한다. 한 요소는 긍정적이고 다른 요소는 부정적이면 추세는 중화된다. 즉 큰 등락 없이 생기를 잃고 재미없는 시장이 펼쳐진다. 여기에서 나의 신조인 다음 등식이 나왔다. 돈 + 심리 = 추세"[84]

코스톨라니는 장기적으로는 대중의 심리는 결정적인 것이 아니라고 말한다. 사람들이 장기적으로 국제정치의 변화나 금리, 물가 등을 예상하지 못하기 때문에 장기 영향요인이 중단기적으로 중요한 시장심리에 개입할 여지가 별로 없다는 것이다. 코스톨라니가 말하는 심리는 시장참가자의 개인심리가 아니라 이들의 집단심리를 말한다. 그는 낙관주의 또는 비관주의로 나타나는 시장심리가 중단기적으로 주식시장의 90%를 결정한다고까지 말한다.

코스톨라니는 증권거래자를 심약한 거래자(부화뇌동파)와 완숙한 거래자(소신파)로 구분하고, 주식이 누구의 손에 더 많이 들려 있는가를 기준으로 시장의 상태를 판단한다. 완숙한 거래자란 투자자와 투기자를 말한다. 코스톨라니에 따르면 완숙한 거래자가 되려면 네 가지가 있어야 하는데, 4G(돈Geld, 생각Gedanke, 인내Geduld, 운Glück)가 그것이다. 여기서 생각이란 지적인 거래자가 미래에 전개될 상황에 대해 상상하는 것을 의미하는데, 코스톨라니는 그것이 옳은지 그른지는 중요하지 않다고 말한다. 충분히 생각하고 전략을 세웠다면 자신을 믿고 친구나 여론이나 일상의 사건에 흔들리지 않아야 한다고 피력한다. 한편 운이 포함되는 이유에 대해 코스톨라니는 계속해서 거래자에게 필요한 조그마한 운이 따르지 않으면 언젠가는 자기 자신과 본인의 생각에 대한 믿음을 잃고 결국 인내심을 잃게 되기 때문이라고 말한다.

"시장이 좋은 소식이나 나쁜 소식에 대해 얼마나 강하게 반응하는가는 단 하나의 질문에 달려 있다. 즉 증권이 완숙한 거래자의 수중에 있는가, 아니면 심약한 거래자의 수중에 있는가? 증권이 심약한 거래자의 수중에 있다면 매우 좋은 소식이 있어도 별다른 영향이 없다. 반대로 나쁜 소식은 폭락으로 이어진다. 반면 완숙한 거래자가 주식 대부분을 가지고 있다면 좋은 소식은 매우 행복한 영향을 미치지만 나쁜 소식은 아무런 반응도 일으키지 못한다. 나는 첫 번째 상황을 '과매수시장', 두 번째 상황을 '과매도시장'이라고 부른다."[85]

코스톨라니는 시장이 과매수 혹은 과매도 상태인가를 파악하려면 주식시장이 조정 국면에서 동행 국면을 거쳐 과장 국면으로 넘어가는 상승과 하강운동의 구조를 알아야 한다고 말한다. 이 구조를 설명하는 것이 '코스톨라니의 달걀'인데, 상승과 하강운동을 나타내는 그림이 달걀 모양을 닮아서 코스톨라니가 붙인 이름이다. 강세장으로 가는 상승운동에서 조정 국면은 완숙한 거래자가 주요 매수자이다. 동행 국면의 주요 매수자는 심약한 거래자와 완숙한 거래자의 특성이 반반씩 섞인 사람이다. 마지막 단계인 과장 국면에서는 심약한 거래자가 주요 매수자가 된다. 상승운동에서는 조정 국면에서 과장 국면으로 진행되면서 거래량과 주식 소유자 수가 증가한다. 반면 약세장으로 가는 하강운동이 진행되면서 거래량은 점차 증가하지만 주식 소유자 수는 줄어든다. 하강운동의 과장 국면에 이르면 완숙한 거래자가 주요 매수자가 된다. 결국 코스톨라니에게 투기거래란 상승운동의 조정 국면과 하강운동의 과장 국면에서 매수해 상승운동의 과장 국면과 하강운동의 조정 국면에서 매

코스톨라니의 달걀

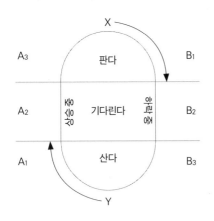

- 상승 운동(강세장으로 가는 길)
  조정(A₁) → 동행(A₂) → 과장(A₃)
  A₁에서 A₃로 올라갈수록 거래량과 주식 소유자 수가 증가하여 X점에서 최대가 되며 심약한 투자자가 다수가 된다.

- 하강 운동(약세장으로 가는 길)
  조정(B₁) → 동행(B₂) → 과장(B₃)
  B₁에서 B₃로 내려갈수록 거래량은 증가하나 주식 소유자 수는 감소하여 Y점에서 최소가 되며 완숙한 투자자가 다수가 된다.

출처: *Die Kunst über Geld nachzudenken*, p.131.

도하는 것을 의미한다.

코스톨라니는 투기종목을 고를 때 상향식보다는 하향식 접근법을 사용했다. 즉 거시적 흐름을 관찰한 후 성장산업을 파악하고 후보 기업을 선별한 것이다. 코스톨라니는 투기를 위해 주요국의 외교, 재정정책, 통화정책 및 세계 무역 관련 뉴스와 현상을 자세히 관찰했다. 이에 대한 분석이 코스톨라니가 잘하는 것, 즉 지적 도전이었다.

아울러 그는 가치평가의 지표로 사용되는 PER도 심리적인 영향을 받는다고 생각했다. 따라서 PER을 기준으로 고평가나 저평가를 판단하는 것은 바람직하지 않다고 지적한다. 그는 자신이 PER에만 의존해서 투기했다면 돈을 벌지 못했을 것이라고 말한다. 예를 들어 그는 적자인 기업이 조만간 상황이 반전되어 재기할 것으로 보이는 턴어라운드 종목을 선호했다.

> "(미국에서 PER이라고 불리는) 주식의 시세와 이익의 비율에 대한 판단도 순전히 심리적인 것이다. … 이러한 판단에 근거해서 먼 미래에 대한 추론을 끌어낼 수는 없다. 왜냐하면 '저평가 또는 고평가'라는 주장은 산술적으로 자명한 공리公理가 아니라 크게 보면 심리적 제약을 받는 상대적 평가이기 때문이다."[86]

: 선택

위에서 살펴본 것처럼 그레이엄은 가능하면 불확실성을 제거하는 방향에서 가치를 산정하는 걸 선호했다. 그 결과 재무제표를 중심으로 한 양적 분석에 중점을 두었다. 이에 반해 피셔는 미래 이익 창출력이 뛰어난 기업을 찾아 기업에 대한 질적 분석에 더 많은 노력을 기울였다. 버핏은 그레이엄을 계승하면서도 자산에서 미래 이익창출력으로 가치평가의 무게중심을 옮겨놓았다.

한편 템플턴은 주로 주가배수로 나타난 시장의 평가와 시장 분위기를 기반으로 염가주식을 발굴하고 최적의 매매 타이밍을 찾으려고 노력했다. 오닐은 다른 투자 대가와 달리 역사적 자료에 근거한 귀납적 방법을 통해 최고의 주식을 선별하고 기술적 분석을 통해 최적의 매수 시점을 도출해냈다. 끝으로 코스톨라니는 정치와 경제 등 거시적 환경 변화가 돈과 심리에 미치는 영향을 관찰해 성장기업을 발굴하고 집단심리가 지배하는 주식시장의 작동 원리에 근거해 지적인 투기거래를 했다.

주식시장에는 위에서 언급한 투자 대가 이외에도 다양한 투자 방법이 있다. 이 중 절대반지는 없으며 모두 나름의 장점과 더불어 단점도 가지고 있다. 시대에 따라 특정 투자 방법의 실효성이 커지기도 하고 작아지기도 한다.

여러분은 어떤 투자 대가의 방법을 선호하는가? 정해진 답은 없다. 여러 대가의 방법을 융합하는 것도 좋은 선택지가 될 수 있다. 이런 점에서 투자에 대한 그들의 관점을 이해하는 것이 자신의 지

식, 기질 및 여건에 맞는 방법을 찾는 데 도움이 될 것이다. 선택은
여러분 몫이다.

나가며

두 얼굴을 가진 주식시장에서 투자자가 계속해서 성공적인 거래를 하는 것은 생각처럼 그리 쉽지 않다. 주식시장에는 투자자뿐만 아니라 도박꾼, 투기자, 그리고 주가조작 세력도 존재한다. 이들 때문에 주식시장은 복잡해지고 주식투자는 한층 어려운 도전이 된다. 더구나 주가를 움직이는 변수는 기업의 실적, 시중 자금 유동성, 투자자의 기대는 물론 기업의 통제 범위를 벗어난 정치·경제적 환경 변화나 사건·사고 등 수없이 많다. 이 때문에 위험은 주식시장의 본질적 특성인 것이다. 이런 이유로 두 얼굴을 가진 주식시장은 투자자에게 때로는 협력자의 모습을, 때로는 약탈자의 모습을 보이기도 한다. 주식시장의 이런 특성 때문에 투자자는 누구나 실수를 한다. 중요한 것은 그 실수가 자신의 투자 의지를 상실하게 할 정도로 치명적이지 않도록 하는 것이다.

이를 위해 지켜야 하는 제일 중요한 원칙은 자기 돈으로 투자하는 것이다. 여유가 있는 돈이라면 더욱 좋다. 친척이나 지인의 돈을 빌려 거래한 후 막대한 손실을 보게 되면 경제적 치명상을 입을 뿐만 아니라 인간관계가 무너질 수 있다. 미수거래나 신용거래는 하지 않는 것이 좋다. 빌린 돈을 잃게 되면 우리의 머리는 제대로 작동하지 않는다. 따라서 투자금액은 자신이 감당할 수 있는 수준으로 제한해야 한다. 특히 시작한 지 얼마 안 된 초보자는 적은 금액으로 시장과 자신을 테스트한다는 자세로 투자 여행을 시작하는 것이 바람직하다. 주식을 매수한 후 밤에 잠을 제대로 자지 못한다면 손실이 발생했을 때 큰 고통을 느낄 가능성이 크다. 그렇다면 편히 잠들 수 있을 정도로 포지션을 줄여야 한다. 해당 거래에서 발생할 수 있는 손실을 가늠했을 때 자신이 감당할 수 있는 수준을 넘어선다면 이는 투자가 아니다.

주식투자는 몇 번의 경험이나 몇 권의 책으로 습득할 수 있을 만큼 단순하지 않다. 주식투자에서 고수익을 보장하는 '현자의 돌'은 없다. 자신의 지식이나 기질, 생활 여건 등을 생각하지 않고 투자 대가의 투자 기법을 그대로 모방하는 것은 연금술을 이용해 비금속을 귀금속으로 변환시키려고 애쓰는 것과 같다. 그렇다면 우리가 투자 대가에게 궁극적으로 배울 것은 그들의 투자 기법이라기보다 그들의 관점, 즉 투자 철학이 아닐까.

학계와 업계는 그동안 수많은 연구와 분석을 통해 효과적인 투자 기법을 찾으려고 노력했다. PER이나 PBR, 기업 규모 등을 기준으로 한 투자는 그러한 노력의 결과였다. 하지만 개인투자자가 주의할 게 있다. 개인은 기관이 아니라는 것이다. 개인투자자는 기관투자자처럼 수십에서 수백 종목에 걸쳐 분산투자를 하기 어렵고, 기관처럼 휴먼의 비합리성을 줄여줄 내부 통제 시스템이 구비되어 있는 것도 아니다.

수십 종목이나 수백 종목을 하나의 그룹으로 묶어 '평균적'으로 일반화한 주식투자의 원칙들은 개별 주식에 투자하는 개인투자자가 실행하기 어렵다. 예를 들어 저PER주나 소규모 기업에 대한 투자, 경기 사이클에 따른 업종 순환매 등의 결과는 대부분 수십 종목 혹은 수백 종목을 그룹으로 묶어 분석한 평균치다. 따라서 개인투자자가 시장을 이기는 전략이라고 알려진 투자 기법을 무조건 따르는 것은 위험하다. 대개 3~5종목 정도에 투자하는 개인투자자가 투자 기법 일반화의 오류에 빠지지 않기 위해서는 각각의 종목에 대한 개별적 분석이 필요하다.

우리는 1장에서 주식시장이 어떤 곳인가를 적나라하게 묘사했던 데 라 베가를 기억한다. 시장의 양면적 속성을 누구보다도 잘 알고 있었던 데 라 베가는 《혼돈 속의 혼돈》에서 주식시장에서 지켜야 할 네 가지 행동 원칙을 제시하고 있다. 첫째, "결코 다른 사람에게 주식을 사거나 팔라고 조언하지 말라." 당신이 통찰력이 있다고 해도 그것이 언제나 좋은 결과로 이어지는 것은 아니기 때문이다. 이것은 결국 투자는 다른 사람의 조언에 의존하기보다는 자신의 판단에 따라야 한다는 의미로 해석할 수 있다. 둘째, "놓친 이익을 후회하지 않도록 모든 이익을 취하라." 미실현이익은 생각보다 빨리 사라질 수 있다. 당신에게 우호적인 국면이 계속될 것으로 기대하면서 이익 실현을 과도하게 미루는 것은 현명한 자세가 아니라는 뜻일 것이다. 어쩌면 '무릎에서 사서 어깨에서 팔아라'는 복팔분腹八分의 조언일 수도 있다. 셋째, "주식투자로 얻은 이익은 마귀의 보물임을 명심하라." 데 라 베가는 이익은 보석이었다가 부싯돌이었다가 눈물이 되기도 한다고 비유한다. 한 번 이익을 냈다고 자만하거나 방심하지 말라는 뜻으로 이런 조언을 했을 것이다. 넷째, "이 게임에서 이기고자 하는 자는 누구나 인내와 자금이 있어야 한다." 주식시장에서는 가치가 변하기도 하고, 모든 정보가 사실에 기반한 것도 아니고, 꿈과 예언 그리고 환상과 분위기에 이끌리는 사람들이 어우러진다. 이곳에서 살아남으려면 인내와 자금을 기반으로 천둥소리를 되받아 포효하는 사자처럼 어려운 시기를 버텨낼 수 있어야 한다는 것이다. 330여 년 전의 투자 조언이지만 오늘날에도 여전히 의미 있는 조언이다.

　주식시장은 소수가 안고 있는 재무적 제약을 완화하고 투자위험을 다수가 공유하기 위해 발전한 것이다. 물론 위험을 공유하는 사람들의 투자수익에 대한 기대, 즉 인간의 욕망 또한 주식시장을 이끌어온 원동력이다. 그리고 욕망은 위험에 대한 인식을 동반할 때 건전해진다. 그것이 우리가 주식시장을 즐기는 가장 좋은 길이다.

주

1   Lodewijk Petram, *The World's First Stock Exchange*, translated by Lynne Richards, Columbia University Press, 2014, pp.15-16.

2   SEC Historical Society, Buttonwood Agreement - Original Articles of Agreement founding the New York Stock and Exchange Board.

3   Josef de la Vega, *Confusion de confusiones*, 1688, adapted by Baker Library, Harvard University Printing Office, 1957, p.3.

4   Richard Nixon, Address to the Nation Outlining a New Economic Policy: "The Challenge of Peace", August 15, 1971.

5   Milton Friedman, "The Need for Futures Markets in Currencies", *Cato Journal*, Vol.31, No.3 (Fall 2011), p.p.636-638.
    ＊ 원자료: CME가 Milton Friedman에 의뢰한 연구용역 보고서(1971.12).

6   Franco Modigliani and Merton H. Miller, "The Cost of Capital, Corporation Finance and the Theory of Investment", *The American Economic Review*, Vol.48, No.3, Jun., 1958, p.269.

7   Donald MacKenzie and Yuval Millo, "Negotiating a Market, Performing Theory: The Historical Sociology of a Financial Derivatives Exchange", 2001, p.13.
    ＊ 원자료: "Public Policy Aspects of a Futures-type Market in Options on Securities" prepared for the CBOT, Robert R. Nathan Associates, 1969, Vol.2, p.14 and p.20.

8   Fischer Black & Myron Scholes, "The Pricing of Options and Corporate Liabilities", *The Journal of Political Economy*, Vol.81, No.3, 1973, p.637.

9 Edward O. Thorp and Sheen T. Kassouf, *Beat the Market: A Scientific Stock Market System*, Random House, 1967, p.4.

10 Burton G. Malkiel, *A Random Walk down Wall Street*, 1999, p.374. * 초판 1973년.

11 Charels D. Ellis, "The Loser's Game", Financial Analysts Journal, January-February 1995, p.95, p.99. * reprinted from *Financial Analysts Journal*, July/August 1975: 19-26.

12 Jim Wiandt and Will McClatchy, *Exchange Traded Funds*, John Wiley & Sons, 2002, p.xi. * 이 책의 '서문'을 Nathan Most가 씀.

13 Louis Bachelier, "Théorie de la spéculation", *Annales scientifiques de l'É.N.S.* 3e série, tome 17 (1900), p.34.

14 Louis Bachelier, "Théorie de la spéculation", *Annales scientifiques de l'É.N.S.* 3e série, tome 17 (1900), p.21.

15 Louis Bachelier, "Théorie de la spéculation", *Annales scientifiques de l'É.N.S.* 3e série, tome 17 (1900), pp.31-32.

16 Louis Bachelier, "Théorie de la spéculation", *Annales scientifiques de l'É.N.S.* 3e série, tome 17 (1900), p.45.

17 Eugene F. Fama, "Random Walks in Stock Market Prices", *Financial Analysts Journal*, January-February 1995, p.76. * reprinted from Financial Analysts Journal, September/October 1965.

18 Benjamin Graham, *The Intelligent Investor*, HarperCollins, 2006, pp.204-205. * 초판 1949년.

19 Benjamin Graham, A Conversation with Benjamin Graham, *Financial Analysts Journal*, Vol.32, No.5, Sep-Oct, 1976, pp.20-23.

20 Harry Markowitz, "Portfolio Selection", *The Journal of Finance*, Vol.7, No.1. Mar., 1952, p.82.

21 Harry Markowitz, "Portfolio Selection", *The Journal of Finance*, Vol.7, No.1. Mar., 1952, p.89.

22 Benoit B. Mandelbrot, "The Variation of Certain Speculative Prices", *The Journal of Business*, Vol.36, No.4, Oct., 1963, p.395.

23 Benoit B. Mandelbrot, "A Multifractal Walk down Wall Street",

Scientific American, February 1999, p.70.

24 Nassim Nicholas Taleb, *The Black Swan*, Random House, 2007, pp. x vii-x viii.

25 Nassim Nicholas Taleb, *The Black Swan*, Random House, 2007, p.205.

26 Alan Greenspan, The Challenge of Central Banking in a Democratic Society, speech before the American Enterprise Institute, 1996.12.5..

27 Daniel Kahneman and Amos Tversky, "Prospect Theory: An Analysis of Decision under Risk", *Econometrica*, Vol.47, No.2, March 1979, p.263, p.277.

28 Daniel Kahneman and Amos Tversky, "Prospect Theory: An Analysis of Decision under Risk", *Econometrica*, Vol.47, No.2, March 1979, p.279.

29 John M. Keynes, *The General Theory of Employment, Interest and Money*, Palgrave Macmillan, 2018, p.137. * 초판 1936년.

30 John Burr Williams, *The Theory of Investment Value*, North-Holland Publishing Company, 1938, p.55.

31 Benjamin Graham and David Dodd, *Security Analysis*, McGraw-Hill, 1940 edition, pp.20-21. * 초판 1934년.

32 John Burr Williams, *The Theory of Investment Value*, North-Holland Publishing Company, 1938, p.4.

33 Benjamin Graham and David Dodd, *Security Analysis*, McGraw-Hill, 1940 edition, p.63. * 초판 1934년.

34 John M. Keynes, *The General Theory of Employment, Interest, and Money*, Palgrave Macmillan, 2018, p.139. * 초판 1936년.

35 Warren Buffett, Berkshire Hathaway Shareholder Letter 1992.

36 William Peter Hamilton, *The Stock Market Barometer*, Harper & Brothers Publishers, 1922, pp.40-41.

37 S. A. Nelson, *The ABC of Stock Speculation*, Doubleday, Page & Company, Nelson's Wall Street Library, Volume V, 1912, p.39. * 초

판 1903년.

* 원자료: *WSJ* 1902.1.4. 'Review and Outlook' - "Swings within Swings"

38 Peter L. Bernstein, *Capital Ideas: The Improbable Origins of Modern Wall Street*, 2005, John Wiley & Sons, p.26.
   * 원자료: Charles Dow, Wall Street Journal, Jan. 31, 1901.

39 Ralph N. Elliott, *The Wave Principle*, Snowball Publishing, 2012, p.11. * 초판 1938년.

40 Nicolas Darvas, *How I Made $2,000,000 in the Stock Market*, Martino Publishing, 2011, p.51.

41 Gary P. Brinson, L. Randolph Hood, and Gilbert L. Beebower, "Determinants of Portfolio Performance", *Financial Analysts Journal*, Jan.-Feb. 1995, p.136. * reprinted from FAJ July / August 1986.

42 The Federal Reserve Board, "Humphrey-Hawkins Report", Section 2: Economic and Financial Developments in 1997, 1997.7.22.

43 Ben S. Bernanke and Kenneth N. Kuttner, "What Explains the Stock Market's Reaction to Federal Reserve Policy?", Federal Reserve Bank of New York Staff Reports, No.174, 2004.3.

44 Anthony Crescenzi, *Investing from the Top Down*, McGraw-Hill, 2009, pp.11-12.

45 Peter Navarro, *If it's raining in Brazil, Buy Starbucks*, McGraw-Hill, 2002, p.66.

46 Warren Buffett, "Warren Buffett On The Stock Market", *Fortune*, Dec. 10, 2001
   * 원 내용은 2001년 7월 Allen & Co.의 연례행사에서 행한 연설.

47 Lauren C. Templeton and Scott Phillips, *Investing The Templeton Way*, McGraw-Hill, 2008, p.xi.

48 Anthony Crescenzi, *Investing from the Top Down*, McGraw-Hill, 2009, p.68.

49 Warren Buffett, Berkshire Hathaway Shareholder Letter 1993.

50 Warren Buffett, Berkshire Hathaway Shareholder Letter 2005.

51 Pat Dorsey, *The Five Rules for Successful Stock Investing*, John Wiley & Sons, 2004, p.25.

52 Michael E. Porter, *Competitive Strategy*, The Free Press, 1998, p.6. * 초판 1980년.

53 Report of the Committee on the Financial Aspects of Corporate Governance, Gee, 1992, p.11.

54 Benjamin Graham and David Dodd, *Security Analysis*, McGraw-Hill, 1940 edition, p.530. * 초판 1934년.

55 Benjamin Graham and David Dodd, *Security Analysis*, McGraw-Hill, 1940 edition, p.532. * 초판 1934년.

56 David Dreman, *Contrarian Investment Strategies: The Next Generation*, Free Press, 1998, p.140.

57 Benjamin Graham and David Dodd, *Security Analysis*, McGraw-Hill, 1940 edition, p.369. * 초판 1934년.

58 Benjamin Graham and David Dodd, *Security Analysis*, McGraw-Hill, 1940 edition, p.720. * 초판 1934년.

59 Edwin Lefèbre, *Reminiscences of A Stock Operator*, John Wiley & Sons, 1998, 75th anniversary edition, pp.71-72. * 초판 1923년.

60 William J. O'Neil, *How to Make Money in Stocks*, McGraw-Hill, 2009, p.247. * 초판 1988년.

61 Benjamin Graham, *The Intelligent Investor*, Harper, 2006, p.118. * 원자료: Lucile Tomlinson, Practical Formulas for Successful Investing, Wilfred Funk, Inc., 1953.

62 Ken Fisher, *The Only Three Questions That Count*, John Wiley & Sons, 2007, p.315.

63 Warren Buffett, Berkshire Hathaway Shareholder Letter 1996.

64 Warren Buffett, Berkshire Hathaway Shareholder Letter 1993.

65 Peter Lynch, *One up on Wall Street*, Simon & Schuster Paperbacks, 2000, p.95. * 초판 1989년.

66 Benjamin Graham and David Dodd, *Security Analysis*, McGraw-

Hill, 1940 edition, p.532. * 초판 1934년.

67 Benjamin Graham, *The Intelligent Investor*, HarperCollins, 2006, p.115. * 초판 1949년.

68 Benjamin Graham, The Intelligent Investor, *The Intelligent Investor*, pp.348-349.

69 Benjamin Graham, The Intelligent Investor, *The Intelligent Investor*, p.199.

70 Benjamin Graham, The Intelligent Investor, *The Intelligent Investor*, p.88.

71 Philip A. Fisher, *Common Stocks and Uncommon Profits*, John Wiley & Sons, 2003, p.80. * 초판 1958년.

72 Philip A. Fisher, *Common Stocks and Uncommon Profits*, pp.244-245.

73 Warren Buffett, Berkshire Hathaway Shareholder Letter 1989.

74 Warren Buffett, Shareholder Letter 1992.

75 Warren Buffett, Shareholder Letter 1986 appendix.

76 Warren Buffett, Shareholder Letter 1989.

77 Warren Buffett, Shareholder Letter 1996, 1988.

78 Lauren C. Templeton and Scott Phillips, *Investing The Templeton Way*, McGraw-Hill, 2008, p.x.

79 Lauren C. Templeton and Scott Phillips, *Investing The Templeton Way*, p.117.

80 William J. O'Neil, *How to Make Money in Stocks*, McGraw-Hill, 2009, p.6. * 초판 1988년.

81 William J. O'Neil, *How to Make Money in Stocks*, p.8.

82 William J. O'Neil, *How to Make Money in Stocks*, p.166.

83 André Kostolany, *Die Kunst über Geld nachzudenken*, Econ, 2000, p.25.

84 André Kostolany, *Die Kunst über Geld nachzudenken*, pp.99-100.

85 André Kostolany, *Die Kunst über Geld nachzudenken*, p.129-130.

86 André Kostolany, *Die Kunst über Geld nachzudenken*, p.208.

400년 주식시장 절대지식

지은이 | 이대규

1판 1쇄 발행 | 2023년 7월 31일

펴낸곳 | (주)지식노마드
펴낸이 | 노창현
등록번호 |제313-2007-000148호
등록일자 | 2007. 7. 10
(04032) 서울특별시 마포구 양화로 133, 1201호(서교동, 서교타워)
전화 | 02) 323-1410
팩스 | 02) 6499-1411
홈페이지 | knomad.co.kr
이메일 | knomad@knomad.co.kr

값 20,000원

ISBN 979-11-92248-11-0   13320